Fotografieren heute

John Ingledew

DUMONT

I

Hochladen

II

Das Bild der Bilder

III

Motiv und Medium

IV

Da ist die Kamera – an die Arbeit!

V

Eine Karriere als Fotograf

VI

Nachladen

Impressum

© 2010 der deutschen Ausgabe
DuMont Buchverlag, Köln

www.dumont-buchverlag.de

ISBN 978-3-8321-9296-9

Erschienen bei Laurence King Publishing, London

Grafische Gestaltung
Ross Cooper Studios

Deutsche Ausgabe

Übersetzung
Susanne Ochs, explicit translations, Heidelberg
Lektorat
Niehaus & Stirl, Berlin
Satz
Dirk Brauns, Berlin
Umschlaggestaltung
Studio Lambl/Homburger, Berlin

Printed in China

Frontispiz: Alec East, *Door Door,* 1994

Hochladen I

Ein Fotograf ist ... Fotofreak, Amateurfotog
Fotofan, Dokumentarist, Lichtbi
Fotoreporter, Fotojournalist, Fot
Bildreporter, Bildermacher, Knips
Kameramann, Kamerafrau, Chro
Paparazzo Fotos heißen auch ... Bild, Fotograf
Darstellung, Close-up, Pic, Schn
Nahaufnahme, Makroaufnahme,
Digitalfoto, digitale Aufnahme,
Print, Negativ, Dia, Diapositiv, B
sag mal „Cheese“, verhalte dic
bitte recht freundlich, hier ko
eins, sieh mich an, sieh mich nic
nicht in die Kamera, schau ins
dreh dich nach rechts, noch ei

f, Fotoamateur, Fotobegeisterter,
ner, Bildjournalist, Fotokünstler,
produzent, Beobachter, Künstler,
, Lichtbildkünstler, Fotodesigner,
st, Pressefotograf, Profifotograf,
, Abbildung, Standbild, Lichtbild,
pschuss, Vergrößerung, Filmbild,
ontaktabzug, Abzug, Aufnahme,
usbelichtung, Papierbild, Proof,
lmaterial Fotografen sagen ... bitte lächeln,
ganz natürlich, nicht bewegen,
mt das Vögelchen, drei, zwei,
an, schau in die Kamera, schau
Objektiv, dreh dich nach links,
fürs Album, danke, das war's.

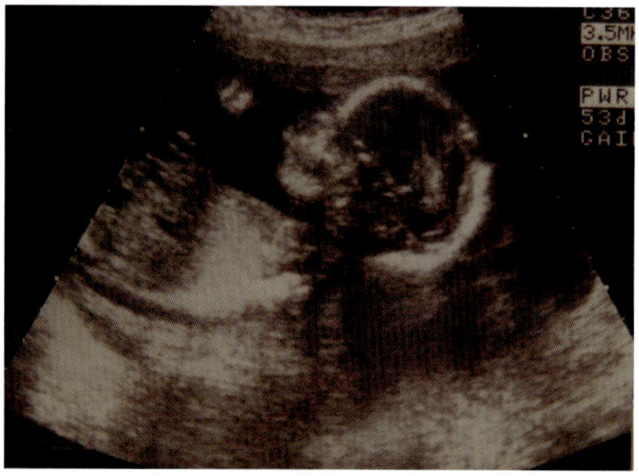

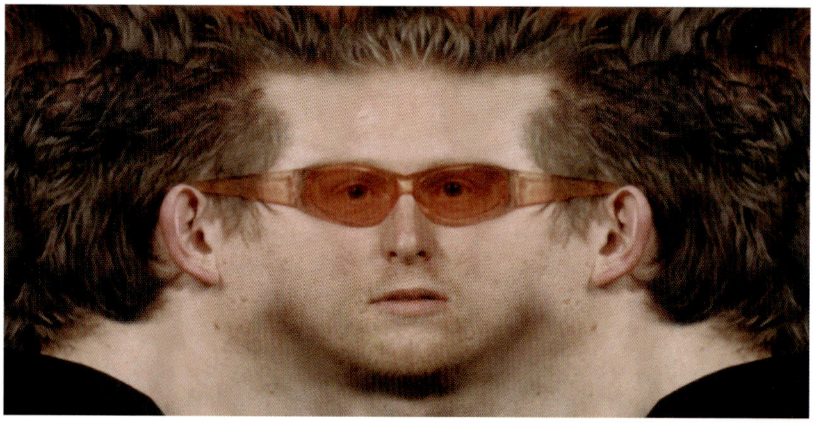

FRIDAY'S WEST END FINAL
HOSTAGE BRITON SEIZED: DRAMATIC PICTURES
Evening Standard
www.thisislondon.co

15
This is not
a photo
opportunity

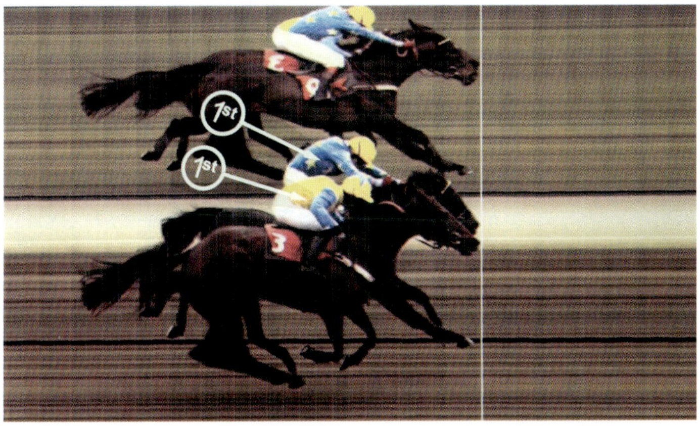
1st
1st
3

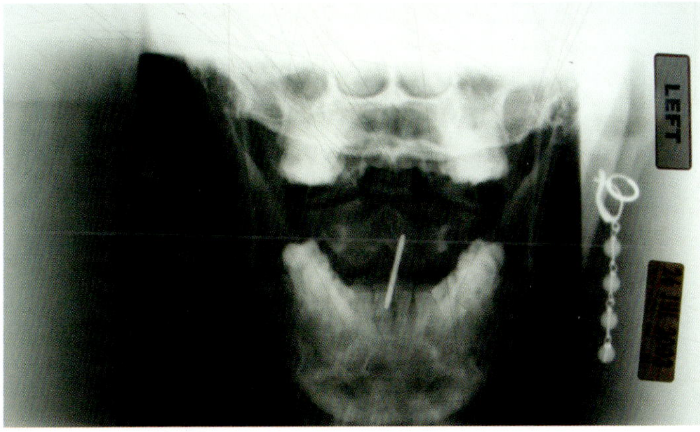
LEFT

1 HOUR
FILM
PROCESSING

KODAK COLOUR FILMS

THE LONDON INSTITUTE
Hiroshi Kariya
LISU
LI P12067652

Alles auf „Foto"

Fotograf, Fotojournalist, Fotostory, Foto-Lovestory, Fotokopie, fotografisch, fotogen, fotorealistisch, Photoshop, Fotostrecke, Fotogramm, Fotomontage, Fototermin, Fotoshooting, Fotosession, Fotomodell, Fototagebuch, Fotofalle, fotografisches Gedächtnis, Fotogalerie, Fotothek, Fotodruck, Fotografie, Fotoapparat, Fotos – bitte nicht knicken, Fotofinish

Autorenfoto, Babyfoto, Porträtfoto, Klassenfoto, Schulfoto, Schulabgangsfoto, Jahrgangsfoto, offizielles Foto, inoffizielles Foto, Passfoto, Automatenfoto, Ausweisfoto, Brieftaschenfoto, Mannschaftsfoto, Sportfoto, Action-Foto, Touristenfoto, Erinnerungsfoto, Urlaubsfoto, Pressefoto, Erpressungsfoto, Hochzeitsfoto, Schauspielerfoto, Werbefoto, Promifoto, Zielfoto, Reisefoto, Probefoto, Gruppenfoto, Architekturfoto, Produktfoto, Makrofoto, Schwarz-Weiß-Foto, Farbfoto, Food-Foto, Lifestyle-Foto, Beauty-Foto, Modefoto, Archivfoto, Pin-up-Foto, Radarfoto, Doppelseitenfoto, Glamour-Foto, Cover-Foto, Stilllebenfoto, Tierfoto, Haustierfoto, Vorher-Nachher-Foto, Publicity-Foto, Premierenfoto, Sexfoto, Konzertfoto, Verbrecherfoto, Tatortfoto, Gerichtsfoto, Polizeifoto, Fahndungsfoto, Naturfoto, Röntgenfoto, Landschaftsfoto, Panoramafoto, Luftbildfoto, Scherzfoto, Beweisfoto, Aktfoto, Phantomfoto, Begrüßungsfoto, Abschiedsfoto

„Die Fotografie ist so jung, dass wir uns noch im Stadium der Höhlenmalerei befinden. Nach weiteren 500 Jahren werden wir vielleicht die Renaissance der Fotografie erreichen."
Michael Hoppen, Fotosammler, Kurator und Händler

Faszination Fotografie

„Fotografie ist Zauberei" – Jacques-Henri Lartigue

Das Großartige an der Fotografie ist, dass sie jedem offensteht und jedem die Chance gibt, ein Bild vollkommen nach seinen eigenen Vorstellungen zu gestalten. Die Fotografie besitzt eine starke Ausdruckskraft: Ein einziges Bild kann eine ganze Geschichte erzählen. Die vielfältigen Möglichkeiten sind schier unbegrenzt, und als junges Medium entwickelt sich die Fotografie unaufhörlich und mit großer Geschwindigkeit in immer neue, interessante Richtungen weiter. Im Vergleich zu anderen künstlerischen Ausdrucksformen existiert die Fotografie erst seit kurzer Zeit, weshalb ihr ganzes Potenzial noch gar nicht absehbar ist.

Die Fotografie besitzt eine erstaunliche Bandbreite, sie ist die Basis vieler moderner Kommunikationsbereiche wie Design, Werbung, Printmedien und Internet. Immer häufiger greifen auch Künstler auf das Foto als kreatives Ausdrucksmittel zurück. Es gibt Fotografen, die nur mit Spitzengeräten arbeiten, dabei lassen sich auch mit selbstgebauten Kameras, die fast nichts kosten, Bilder machen, ja sogar ganz ohne Kamera. Die Qualität eines guten Fotos hängt nicht von der Ausrüstung ab. Es geht allein darum, seinen Blick auf die Welt und seinen eigenen, unverwechselbaren Ausdruck zu finden. Dies erreicht zu haben, zeichnet alle Fotografen aus, die in diesem Buch vorgestellt werden.

Es ist ein Erlebnis, wenn die Ergebnisse fotografischer Experimente alle Erwartungen übertreffen, und wenn man in der Dunkelkammer steht und beobachtet, wie ganz allmählich das Bild auf dem weißen Blatt erscheint, ist das ein magischer Moment. Blitzlichtgewitter, Chemikalien und diverse Formeln – die Fotografie hat etwas von Zauberei. Wir sagen, ein Foto könne Erinnerungen und Gefühle „heraufbeschwören", und sind immer wieder aufs Neue bewegt von dem Umstand, dass ein Bild die Zeit anhalten und einen flüchtigen Moment für die Ewigkeit festhalten kann.

Worum geht es in diesem Buch und für wen ist es geschrieben?

Das vorliegende Buch erkundet auf einfache, verständliche und praxisorientierte Weise Themen, mit denen sich Fotografen seit jeher beschäftigen, die sie fasziniert und angetrieben haben, und öffnet dem Leser die Augen für die vielen gestalterischen Möglichkeiten der Fotografie. Es beschreibt die Entstehung des Mediums, den gegenwärtigen Stand und mögliche zukünftige Entwicklungen. Das Buch will zum Ausprobieren und Experimentieren anregen. Als praktisches Nachschlagewerk umfasst es einen Überblick über Berufschancen und Ausbildungsmöglichkeiten sowie einen umfangreichen Informationsteil samt Glossar.

Gedacht als Ausgangspunkt für viele fotografische Abenteuer, ist es für alle Menschen geschrieben, die mehr über Fotografie erfahren wollen – allerdings vor allem auf aktive Weise und nicht in allzu technischer oder theoretischer Form. Wir lernen am besten, wenn wir etwas selbst ausprobieren können!

Der Aufbau des Buches

Hochladen ist eine Einführung und erzählt die Entstehungsgeschichte des Mediums bis in das entscheidende Jahr 1900, in dem die Entwicklung der Fotografie durch die Markteinführung der ersten für jedermann erschwinglichen Kamera eine vollkommen neue Richtung nahm.
Das Bild der Bilder nennt die wichtigsten Motive und Stilrichtungen und deren Entwicklung. Die Fotografie bezieht viel von ihrer Ausdruckskraft direkt aus der Leidenschaft, mit der Fotografen Themen wie Porträt, Selbstporträt, Stadt, Landschaft, Stillleben, Körper, Mode und Reportage auf immer neue Art und Weise erforschen. In diesem Kapitel geht es auch um Werbe- und Propagandafotografie, Fotomontage, Bildreihen und Bildmanipulation.
Motiv und Medium befasst sich mit Inspiration und Kreativität. Das Kapitel bildet eine Brücke von den Themenbereichen der Fotografie hin zur Praxis.
Da ist die Kamera – an die Arbeit zeigt, welche Gestaltungsmittel der Fotograf zur Verfügung hat und welche Grundtechniken er beherrschen muss.
Eine Karriere als Fotograf beschreibt fotografische Berufe.
Nachladen ist ein nützlicher Nachschlage- und Hinweisteil.

Woher stammt der Name „Fotografie"?

„Photo" ist eine Ableitung von dem griechischen Wort *phos* für Licht. Der hintere Wortteil ist auf *graphein* für schreiben zurückzuführen. Fotografien sind mit Licht geschriebene, deutlich erkennbare Bilder.

Was macht ein Foto aus?

Bei einem Foto kommt es auf Beleuchtung, Scharfeinstellung, Farbe, Kontrast, Qualität und Schärfentiefe an. Diese Aspekte zum Zeitpunkt der Aufnahme zu kontrollieren, bedeutet ein Bild zu machen.

Fotografie ist eine Mixtur

In der Fotografie stecken viele verschiedene Zutaten: Chemie, Physik, Optik, EDV, Elektronik, Kommerz und selbstverständlich Kreativität. Die Chemie war von Anfang an im Spiel. Den ersten Verfahren für die dauerhafte Aufzeichnung von Abbildungen gingen unzählige chemische Experimente voraus. Und auch heute noch bringen viele Amateure und auch Profis ihre Filme ins „Labor", wo sie sie entwickeln und Abzüge machen lassen.

Die Fotografie auf Film basiert auf Chemie: Chemische Substanzen garantieren bei sorgfältiger und korrekter Mischung gleichbleibend gelungene Ergebnisse. Elektronik und Computertechnik führten zur Entwicklung der Digitalfotografie. Kommerzielle Aspekte sind Ursache dafür, dass sich die Fotografie sowohl in technischer als auch in künstlerischer Hinsicht wesentlich schneller entwickelt als andere kreative Medien. Hersteller beauftragen Wissenschaftler und Techniker mit der Erfindung immer neuer Methoden der Bilderzeugung. Bei jeder Produkteinführung heißt es, mit dieser Neuentwicklung sei der Weg in die Zukunft des Mediums endgültig eingeschlagen. In Wirklichkeit kann der Fotograf von heute zwischen den neuesten technischen Wunderwerken und den Materialien und Methoden aus früheren Phasen der Fotografie wählen – oder beide in Kombination verwenden. Fehlt noch die letzte Zutat: Kreativität. Nur durch die einfallsreiche Erforschung und Anwendung des Materials, das Erfinder und Fotoindustrie zur Verfügung stellen, können eindrucksvolle Fotos entstehen.

Die Fotografie im digitalen Zeitalter

Die Digitalfotografie ist viel mehr als die Aufnahme von Bildern mit einem neuen, anderen Kameratyp. Sie verbindet Fotografie und Computertechnik. Dabei müssen die Ausgangsbilder nicht unbedingt bereits digital aufgenommen worden sein. Ein Scanner wandelt Filmnegative, Dias oder Papierabzüge in digitale Daten um, die sich dann am Computer bearbeiten, verfremden, ausdrucken, an E-Mails anhängen und im Internet veröffentlichen lassen. Die Digitaltechnik hat die Fotografie revolutioniert und unsere Einstellung zu diesem Medium und dem Gebrauch von Kameras vollkommen verändert.

Die digitale Bilderzeugung und Nachbearbeitung eröffnet dem Fotografen völlig neue Möglichkeiten der Aufnahme und der Manipulation seiner Bilder und erweitert das Spektrum des Mediums Fotografie enorm.

Heute werden weitaus mehr Digitalkameras verkauft als filmbasierte Modelle. Man kann ein Fotograf sein, ohne jemals einen Film zu kaufen, einen Fuß in eine Dunkelkammer zu setzen oder seine Bilder zur Entwicklung in ein Fotolabor zu bringen. Beschränkt man sich jedoch auf die neue Technik, bringt man sich selbst um das Vergnügen, das Potenzial dieses Mediums voll und ganz auszuschöpfen.

Warum mögen wir Fotos?

Fotos sind eine Quelle der Inspiration:

> „Als Kind kann man stundenlang ein gut gemachtes CD-Cover oder ein Buch voller Bilder anschauen – wenn man später selbst fotografiert, will man genau das erreichen, dass jemand anderes die Bilder stundenlang ansieht."
> Kjell Ekhorn, Fotograf und Artdirector

> „Von meinem Vater habe ich viel gelernt. Er brachte mir zum Beispiel bei, wie das Licht durch ein Objektiv einfällt und auf dem lichtempfindlichen Film eine negative Abbildung erzeugt. Irgendwann kam mir die Idee, dass meine Haut ja auch eine lichtempfindliche Fläche sein könnte. Da [meine Schwester] Louise bei uns zu Hause das Lieblingsmotiv war, klebte ich mit Heftpflaster ein Negativ von ihr auf meinen Oberarm. Ich war acht oder neun, und wir lebten damals noch in Cedarhurst. Mit dem Negativ auf meinem Arm ging ich hinaus in die Sonne. Ich ließ das Negativ zwei oder drei Tage auf meinem Arm, dann zog ich es ab, und siehe da, eingebrannt in meine Haut war Louise. Das war mein erstes Porträtfoto."
> Richard Avedon in einem Interview mit dem Magazin *The New Yorker*

Fotos erfassen das Wesentliche einer Sache. Sie können Aufmerksamkeit wecken, informieren und inspirieren. Die Fotografie ist ein demokratisches Medium: global, preiswert und frei zugänglich. Wir schätzen ihre Unmittelbarkeit und Klarheit. Schnell, wenn nicht gar augenblicklich, begreifen wir ein Bild und wissen sofort, ob es uns anspricht oder nicht.

Fotos sind Verführer, sie beflügeln unsere Fantasien darüber, wie wir gern aussehen oder leben möchten. Sie rufen Wünsche wach und helfen uns, etwas in Ehren zu halten. Die Fotografin Nan Goldin drückt es so aus: Durch die Fotografie „verliert man nichts mehr".

Fotos sind Bestandteil unseres Lebens. Sie halten sämtliche Übergangsriten in unserem Lebenslauf fest – Geburt, Geburtstage, Schulabschluss, Heirat, ja sogar Tod –, verewigen unsere Lieben, unsere Begegnungen und Reisen. Alles Erreichte und jeden Aufbruch. Die allgegenwärtige Kamera gleicht dabei dem Gedächtnis: Auch das Gehirn speichert Erinnerungen überwiegend in Bildern. Wir erinnern uns an Geschehnisse oder Menschen, indem wir uns ein inneres Bild von ihnen machen.

Fotografen sind Zeugen, die uns durch ihre Augen von den Ereignissen berichten. Die Kamera konserviert Momente, die vorbei sind, und lässt uns etwas sehen, das wir ohne sie niemals hätten sehen können.

Derek Dawson, *A Life in Pictures*, 1922 – 2001

Von der Geburt bis zum Tod halten wir unser Leben in Bildern fest. Diese Fotos stammen aus den Familienalben der Dawsons.

Dem Fotovirus auf der Spur

Fotografen sind neugierig. Neugierig auf die Welt, die Menschen, Orte und einzelne Objekte. Sie lieben den fotografischen Prozess, sie sind begeistert von dem Material und den Geräten, mit denen sie arbeiten. Jeder dieser Aspekte hat seinen Anteil am Ergebnis.

Fotografen sind Besessene, von der Leidenschaft getriebene. Wo ihnen Bilder und Bildreihen in die Hände fallen, müssen sie diese an sich nehmen und sammeln.

Das Bedürfnis, ein Bildnis von der eigenen Person zu besitzen und weiterzugeben, ist ein tiefer menschlicher Wunsch. Jahrtausende lang ließ er sich nur mit Zeichnungen und Gemälden befriedigen, die Fotografie hat es einfach gemacht. Konfrontiert mit dem Verblassen der eigenen Erinnerungen und angesichts unserer Sterblichkeit, wollen wir einen bleibenden Eindruck und Zeugnis von uns und unserem Leben hinterlassen. Mit Fotos kann jeder von uns diesem Bedürfnis nachkommen.

Die Macht der Fotografie

Formulierungen wie „ein Foto schießen" und „Momente einfangen" lassen erahnen, welche spannenden Abenteuer dieses Medium für uns bereithält. Fotos können ungeheure Macht haben. Sie können Tabus brechen, die öffentliche Meinung beeinflussen und Regierungen dazu bringen, entscheidende Veränderungen herbeizuführen.

Ein flimmerndes Fernsehbild ist vergänglich im Vergleich zu einer fotografischen Aufnahme, die sich in die Hand nehmen und immer wieder betrachten lässt. Fotos bringen Geschehnisse oder Persönlichkeiten sofort auf den Punkt. Bilder können sehr beredt sein. Ein gutes Foto sagt mehr als tausend Worte. Alison Jackson hat beobachtet, wie Fotos den Betrachter in ihren Bann ziehen: „Stellt man das Foto einer Person direkt neben dem porträtierten Menschen auf, möchte man immerzu das Foto ansehen, nicht die Person." Aber Kameras liefern nicht nur kraftvolle Bilder, sie verleihen auch dem Fotografen Macht. Je nach Fotograf zeichnet ein und dieselbe Kamera eine distanzierte, unparteiische Dokumentation oder aber faszinierende Fantasiewelten auf. Eine Kamera kann ein rein visuelles Notizbuch sein oder als persönliches Ausdrucksmittel dienen, mit dem der Fotograf seine innersten Gefühle mitteilt. Im Gegensatz zum geschriebenen oder gesprochenen Wort ist die Sprache der Fotografie international. Nichts geht durch Übersetzung verloren.

Nick Knight nennt die Kamera eine „Eintrittskarte": „Durch sie war ich plötzlich mittendrin in Szenen, zu denen ich sonst nie zugelassen worden wäre." Doch die Kamera öffnet nicht nur Türen, die andernfalls verschlossen blieben, man bekommt als Fotograf auch Gelegenheit, selbst ein anderer zu sein. Man spricht mit Fremden, mischt sich in Situationen ein, setzt alles daran, einen neuen Blickwinkel zu finden und äußert seine Vorstellungen auf eine Art und Weise, wie man es ohne Kamera vor dem Auge niemals wagen würde. Auf diese Weise macht die Kamera jede dieser Begegnungen zu einer bleibenden und befriedigenden Erfahrung.

Giles Revell, *Scarab*, 2002

Die Kamera sieht erstaunliche Dinge, die wir mit bloßem Auge nicht erkennen könnten. Die faszinierenden und eindrucksvollen Insektenfotos von Giles Revell **(gegenüber)** entstehen durch sorgfältige Bearbeitung und Zusammenfügen von Hunderten von Bildern eines Rasterelektronenmikroskops. Nach seinem Geologiestudium wandte sich Revell der Fotografie zu. Er präsentiert seine Insektenfotos in einer Größe von bis zu 2,5 m Höhe.

„Als Fotograf hat man immer eine gute Ausrede für seine Neugier."
Martin Parr, Fotograf

„Wir fotografieren, um etwas mitzuteilen. Die Fotografie ist ein direktes Mittel, um ein Publikum aufmerksam zu machen und anzusprechen."
Andy Watson, Fotograf und Lehrer

„Ein Bild kann mehr sagen als Worte. Es transportiert gleichzeitig Sinn und Gefühle."
Vincent Lee, Fotograf

Der Bildhauer Duane Hanson gestaltete die lebensgroße Skulptur eines Fotografen, der gerade ein Bild aufnimmt. Die Figur wurde in der Saatchi Gallery in London ausgestellt, und die Galeriebesucher warteten stets höflich, damit der Fotograf sein Foto machen konnte.

Eine Kamera für jedermann

1900 revolutionierte eine ursprünglich für Kinder entwickelte Kamera die Fotografie: die Kodak Brownie, die nur einen Dollar kostete. Bald schon wurde die in einer bunten Schachtel verpackte Kamera nicht nur von Kindern benutzt. Das bis dahin kostspielige, einer Elite vorbehaltene Medium war für jedermann zugänglich geworden.

Wir alle lieben Fotos, die wir selbst gemacht haben. Überall auf der Welt werden zu Hause und am Arbeitsplatz Bilder von der Familie und Freunden aufgestellt. Die Fotografie ist eine simple Technik, in der man schon nach kurzer Zeit zufriedenstellende Ergebnisse erreichen kann.

Vielleicht gibt es heute schon ebenso viele Kameras wie Menschen, und bestimmt wurden niemals mehr Bilder pro Sekunde gemacht als heute. Wir sind von Kameras umgeben – das bedeutet fantastische kreative Möglichkeiten.

Wie funktioniert die analoge Fotografie?

Filme – Schnee von gestern?

Dieses Buch behandelt das gesamte Spektrum der Fotografie. Eine Unterscheidung zwischen Digitalfotografie und Fotografie auf Film ist falsch – es gibt nur *die* Fotografie.

Schwarz-Weiß

Wenn Sie vergessen, einen Silberpokal oder die silberne Teekanne Ihrer Großmutter zu polieren, laufen diese Gegenstände irgendwann schwarz an. Die gleiche chemische Reaktion liegt der Fotografie zugrunde. Silber ist lichtempfindlich: Je stärker es dem Sonnenlicht ausgesetzt wird, desto schwärzer wird es.

Die Schwarz-Weiß-Fotografie basiert auf dieser Reaktion: Film und Fotopapier sind mit einer dünnen Silberschicht überzogen, die sich je nach Dauer der Lichteinwirkung mehr oder weniger stark verfärbt.

Farbe

Auch die analoge Farbfotografie nutzt die Lichtempfindlichkeit des Silbers und dazu das Phänomen, dass man aus nur drei Grundfarben alle für das menschliche Auge sichtbaren Farben erzeugen kann. Schon vor langer Zeit stellten Farbforscher fest, dass sich durch Mischen der Farben Rot, Grün und Blau in unterschiedlichen Verhältnissen alle Farben des Regenbogens herstellen lassen.

Der Farbfilm hat drei verschiedene Silberüberzüge, ähnlich denen beim Schwarz-Weiß-Film, aber übereinander aufgetragen. Jede Schicht ist so präpariert, dass sie eine der drei Grundfarben aufzeichnet – Rot, Grün oder Blau.

Während der Belichtung verfärbt sich jeder Überzug je nachdem, wie viel Licht in der jeweiligen Farbe darauf einwirkt. Bei der Entwicklung werden in jeder Schicht Farbstoffe in einer der drei Farben aktiviert, wiederum in Abhängigkeit von der Lichtmenge. Ein Bleichbad löst das Silber heraus, zurückbleibt ein Bild, das von den auf dem Film verbliebenen drei Farbschichten erzeugt wird, die zusammen die unzähligen Farben reproduzieren, die der Fotograf bei der Aufnahme durch das Objektiv gesehen hat.

Wie funktioniert die Digitalfotografie?

Digitalfotos setzen sich aus Millionen von Pixeln zusammen, die ein glaubhaftes Bild ergeben, sobald unser Auge sie zu zusammenhängenden Tonflächen verschmolzen hat. Jeder Pixel ist ein Farbpunkt. Das Wort entstand durch eine Zusammenziehung der englischen Wörter *picture* und *element*. Ein Pixel ist das kleinste Element des ganzen Bildes.

Bei einer Aufnahme mit einer Digitalkamera rastert der Sensor der Kamera das Bild in diese winzigen kleinen Farbpunkte auf und ordnet ihnen eine der vielen Millionen von unterschiedlichen Farben zu, die er erfassen kann. Fast wie bei Malen-nach-Zahlen, aber mit Millionen von verschiedenen Farbtöpfchen. Die Pixel eines Digitalfotos kommen zum Vorschein, wenn man einen Teil so lange vergrößert, bis die Punkte sichtbar werden.

Die Farbe jedes Pixels wird als Zahlenwert bzw. binär aufgezeichnet. Zusammengenommen dienen alle diese Werte dazu, das Bild zu speichern, es anzuzeigen und es durch Anordnung aller Farbpunkte in der gleichen Reihenfolge wieder zusammenzusetzen.

Ist ein Bild einmal digitalisiert, das heißt in dieser Form erfasst, können beliebig viele Pixel manipuliert werden, um Farb-, Kontrast- und Helligkeitsumfang zu verändern. Dazu wird der Zahlenwert der betreffenden Bildpunkte am Computer geändert. So lassen sich die Bilder nicht nur verbessern, durch die gezielte Bearbeitung von Pixelgruppen können auch ganz neue Bilder geschaffen werden. Fotos können zusammengefügt, Farben verstärkt oder zurückgenommen und Kanten geschärft oder geglättet werden.

Zwischen der Analog- und der Digitalfotografie gibt es keine Trennlinie. Fotografen verbinden beide Arbeitsmethoden auf vielerlei Art und Weise.

> „Ich kombiniere gerne verschiedene Techniken, nehme Bilder mit einer Lomo oder einer Wechselobjektiv-Kamera auf Film auf und wende dann die neuste Technologie an – so kannst Du Dinge verschmelzen, überblenden und hinzufügen."
> Fabian Monheim, Fotograf

Woher kam die Idee einer Digitalkamera?

Digitalkameras gingen aus der zur Aufzeichnung von Fernsehbildern entwickelten Technologie hervor. Anfang der 1950er Jahre wurde der Videorekorder erfunden, der Bilder von Fernsehkameras aufzeichnen konnte, indem er sie in digitale Informationen umwandelte und auf Kassette speicherte.

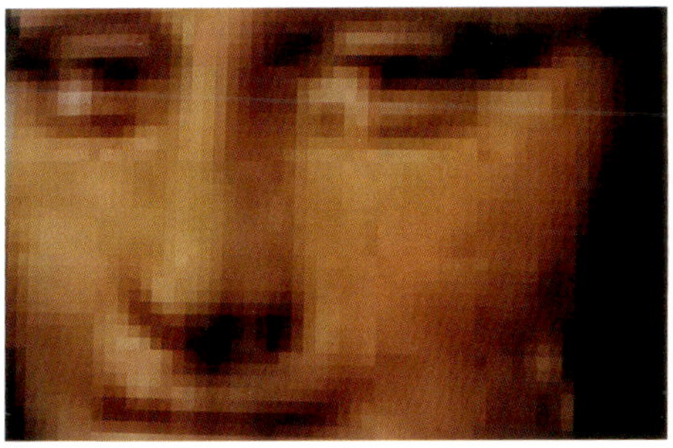

Digitalfotos bestehen aus Millionen von winzigen Farbpunkten, die bei starker Vergrößerung sichtbar werden.

Der Brite Mat Collishaw ist einer von vielen Künstlern, die sich vom grafischen Muster der Pixel inspirieren lassen. Aus kleinen Badezimmerfliesen schuf er riesige Kunstwerke, um den Pixeleffekt zu imitieren. Der amerikanische Künstler Chuck Close zerlegte schon vor der Pixel-Ära Frontalansichten menschlicher Gesichter in Bildpunkte, zum Teil in reduzierten Farben.

Auge und Kamera – ein Vergleich

Das menschliche Gesichtsfeld hat eine ovale Form und zu den Rändern hin sehen wir immer unschärfer. Im Unterschied dazu liefert das Objektiv ein rundes Bild, aus dem die Kamera einen quadratischen bzw. rechteckigen Ausschnitt nimmt.

Sowohl Auge als auch Kamera sind mit einer Linse ausgestattet, die das reflektierte Licht bündelt. Auch das Auge hat einen Verschluss – das Augenlid – und eine veränderliche Blende – die Pupille. Beide arbeiten mit lichtempfindlichen Oberflächen: Beim Auge ist es die Netzhaut mit ihren unzähligen lichtempfindlichen Zellen, bei der Kamera der Film oder ein Sensor.

Wir sehen stereo. Unsere beiden Augen erfassen etwas verschiedene Ansichten, die dann von unserem Gehirn zusammengeführt werden. Durch den leicht unterschiedlichen Blickwinkel beider Augen wird das räumliche oder binokulare Sehen möglich. Fotos stellen die Welt vor der Kamera zweidimensional dar. Stereoskopien, die durch binokulare Betrachtungsgeräte angesehen werden, oder Anaglyphen, zu deren Betrachtung eine meist rotgrüne 3D-Brille erforderlich ist, imitieren das räumliche Sehen.

Wenn wir uns in einem Raum umschauen, fokussieren unsere Augen so schnell immer wieder neu, dass wir das Gefühl haben, ständig alles scharf zu sehen. In Wirklichkeit ist unsere Wahrnehmung selektiv: Unsere Augen stellen nur auf ein Objekt scharf, das wir ins Visier genommen haben, egal ob fern oder nah, aber auf nichts anderes. Auch eine Kamera kann so fokussieren, aber sie kann auch ein Bild liefern, bei dem alle Bildelemente von nah bis fern scharf abgebildet sind. Das könnte das menschliche Auge niemals. Der geringste Abstand, aus dem das Auge die Dinge noch scharf sehen kann, ist zwanzig Zentimeter. Dem Scharfeinstellbereich einer Kamera ist nach unten keine Grenze gesetzt.

Unsere Augen können starke Kontraste zwischen hellem Licht und dunklen Schatten bewältigen. Daher sehen wir auch an sonnigen Tagen alle Details klar, und unsere Augen passen sich schnell an, wenn wir von einem dunklen Raum ins helle Tageslicht treten. Die Pupille reguliert die auf die Netzhaut treffende Lichtmenge sofort, wohingegen die Blende der Kamera entweder automatisch oder manuell an Veränderungen der Beleuchtung angepasst werden muss. Auf der anderen Seite kann die Kamera mit Belichtungen von Bruchteilen von Sekunden oder von vielen Sekunden, Minuten oder gar Stunden Abläufe oder Objekte erfassen, die mit bloßem Auge nicht sichtbar sind.

Katrin Geilhausen, *Eye*, 1995

Viele Fotografen schaffen sich ihre eigene Farbpalette, so auch die in Deutschland geborene Fotografin, Illustratorin und Animatorin Katrin Geilhausen (**gegenüber**). „Das Bild wurde auf Diafilm aufgenommen, dann entwickelt und als Negativ verwendet. Die Wimpern des Modells waren weiß getuscht, sodass sie bei der Vergrößerung des Negativs positiv erschienen. Ich verbringe gerne viele Stunden im Farblabor – bei diesem langsamen Prozess in völliger Dunkelheit dringen neue Ideen in meinen Kopf wie ein großer Regenbogen."

Farbe und Schwarz-Weiß

Zwar kann auch das Auge ein breites Spektrum von Farben wahrnehmen, aber dem Fotografen steht eine wesentlich größere Palette zur Verfügung: Er kann Bilder in Farben schaffen, die es in der Wirklichkeit nicht gibt. Mithilfe eines besonderen Films oder der Bearbeitung von Digitalfotos am Computer entstehen Bilder mit feinsten Farbnuancen oder extrem satten Farben oder auch in Schwarz-Weiß. Wissenschaftler behaupten, dass wir Schwarz-Weiß sehen, wenn wir uns in Gefahr befinden. Der Körper schaltet dann alle unnötigen Funktionen ab, um sich ganz auf die überlebenswichtigen Reflexe zu konzentrieren.

Das menschliche Auge kann Farben nur unterscheiden, wenn es hell genug ist. Im hellen Tageslicht sieht man alle Farben deutlich. Je dunkler es wird, desto mehr wirken sie wie Grautöne. Die Kamera erfasst Farben bei schwachem Licht besser als unser Auge. Allerdings korrigiert und adaptiert unser Gehirn das, was unsere Augen sehen, auf verschiedene Arten. So wird zum Beispiel das Bild, das sie liefern, umgedreht und ein Wechsel im Farbeindruck des Umgebungslichtes wird automatisch ausgeglichen. Deshalb sehen wir, oder meinen es jedenfalls, viele Lichtquellen als gleich weiß, zum Beispiel Lampenlicht, Tageslicht, Neonlicht oder Kerzenschein. Ein Film reagiert dagegen sehr empfindlich auf kleinste Veränderungen der Farbe des Lichts und hält diese fest.

Die Künstler Calum Colvin, Bernard Pras und Chris Ekins machen sich die Unterschiede zwischen der menschlichen Wahrnehmung und der Aufnahmetechnik der Kamera zunutze. Sie bauen dreidimensionale Objekt-Installationen, die sie bemalen und anschließend fotografieren. Erst auf dem aus einem bestimmten Blickwinkel aufgenommenen zweidimensionalen Foto erscheint das Motiv kohärent.

Hiroshi Sugimoto, *Cabot Street Cinema, Massachusetts*, 1978

Die Fotografie vermag unsere Vorstellungswelt zu erweitern. Sugimoto machte diese Aufnahme bei laufender Filmvorführung mit anderthalbstündiger Belichtungszeit. Die Kamera zeichnete weder die Kinobilder noch die Zuschauer auf, nur die solide Architektur ist erfasst. Sugimoto benutzt eine 10-x-8-inch-Großformatkamera mit Stativ und arbeitet mit sehr langen Belichtungszeiten, um Ansichten festzuhalten, die so nur auf einem Foto existieren können (*siehe* Landschaft S. 54).

Die Erfindung der Fotografie

Die Zutaten

Heutige Kameras funktionieren nach genau dem gleichen Prinzip wie die Geräte der Fotopioniere – es sind schwarze Kästen mit einer Öffnung, durch die Licht einfallen kann, einem Objektiv und lichtempfindlichem Material, das belichtet wird. Jede dieser „Zutaten" war bereits Jahrhunderte vor der Erfindung der Fotografie weit genug entwickelt, sie mussten aber noch zu zusammengefügt werden.

Seit der Antike war die „Camera obscura" (lat. dunkle Kammer) bekannt, von der die Kamera ihren Namen hat: Fällt durch ein winziges Loch in der Wand eines dunklen Raumes Licht, so erzeugt es auf der gegenüberliegenden Wand ein seitenverkehrtes und umgekehrtes Bild von der Szene draußen.

Die Linse und der schwarze Zauberkasten

Dass eine Linse Licht beugen kann, wusste man auch bereits in der Antike. Schon die Gelehrten im alten Rom benutzten Glaskugeln als Lesehilfe.

Glaskugelsegmente, sogenannte Lesesteine, wurden als Lupe benutzt und mit der planen Seite auf die Buchseiten aufgelegt. Sie waren bereits um 1300 weit verbreitet. In Venedig, einer Hochburg der Glasherstellung, fertigten Glasschleifer kleine, bikonvexe Glasscheiben, die in eine Fassung eingesetzt werden konnten. Das waren die ersten Lesebrillen. Die kleinen Glasscheiben wurden „Glaslinsen" genannt, da sie geformt waren wie die gleichnamigen Hülsenfrüchte. Die älteste bekannte Darstellung einer solchen Brille stammt ungefähr von 1350.

Eine begehbare Camera obscura gibt es heute noch vielerorts zu besichtigen, zum Beispiel in Greenwich in London. Eine besonders große, die „Giant Camera", befindet sich San Francisco, direkt am Meer.

Gegen Ende des 16. Jahrhunderts experimentierte der neapolitanische Arzt, Universalgelehrte und Dramatiker Giambattista della Porta mit Linsen, die er in das Loch in der Wand seiner Camera obscura steckte. Er entdeckte, dass die Linse ein sehr viel schärferes und helleres Bild auf die Wand warf. Della Porta lud Freunde zu einer Vorführung ein. Er nahm den Deckel von der Linse und draußen begannen im hellen Sonnenlicht einige Schauspieler mit einer kleinen Vorführung. Die Gäste flohen in Panik, als sie die kleinen Figuren auf dem Kopf stehend auf der Wand umherspringen sahen. Della Porta wurde von der Inquisition der Zauberei beschuldigt, zu einer Verurteilung kam es aber nicht.

Lichtempfindliche Materialien: Silberrausch

Seit der Renaissance suchte man nach Wegen, das projizierte Bild festzuhalten. Silbersalze, die sich bei Lichteinwirkung dunkel verfärben, konnten der Schlüssel zur dauerhaften Aufzeichnung sein. Im frühen 19. Jahrhundert suchten viele Wissenschaftler, Erfinder und Geschäftsleute – einige aus Entdeckergeist, andere aus Profitgier – nach der magischen Formel. Jeder wollte der erste sein.

Nach Jahren vergeblichen Experimentierens gelang es, auf mit Silbernitrat beschichtetem Papier oder Leder die Schatten von Gegenständen sichtbar zu machen. Die Fixierung dieser Bilder wollte aber nicht glücken, denn das Papier reagierte immer weiter auf das Licht, bis die gesamte Fläche dunkel und die Abbildung verloren war.

Die erste Fotografie der Welt

Der französische Lithograf Joseph Nicéphore Niépce machte Versuche mit Zinnplatten, die er mit Judäapech bestrich, einer lichtempfindlichen Lösung, die bei Sonneneinstrahlung aushärtete. An einem Sommertag des Jahres 1826 schob er eine solche Platte in seine Camera obscura und stellte das Gerät auf den Sims seines Dachfensters mit Blick auf die Dächer, einen Birnbaum und einen Taubenschlag. Nach etwa achtstündiger Belichtung tauchte er die Platte in Lavendelöl, um das nicht belichtete und daher flüssig gebliebene Judäapech auszuwaschen. Das Ergebnis war zwar verschwommen, denn während der langen Belichtungszeit war die Sonne gewandert und hatte unterschiedliche Schatten geworfen, aber die Szene war deutlich erkennbar.

Niépce hatte ein direktes Positiv – ein Foto ohne Negativ – geschaffen, das er als das „erste von der Natur abgenommene Bild" bezeichnete. Es war die erste lichtbeständige Fotografie der Welt. Sein Verfahren nannte er „Heliografie" (von griech. *helios*, die Sonne, und *graphein*, schreiben).

Die Daguerreotypie bannt das Licht

Niépce fand bald heraus, dass sich die Qualität der Abbildung durch die Verwendung von polierten Silberplatten erheblich verbessern ließ. Zur weiteren Entwicklung seines Verfahrens tat er sich mit seinem Landsmann Louis-Jacques-Mandé Daguerre zusammen. Daguerre war Theatermaler und betrieb in Paris sein berühmtes Diorama: In einem riesigen Rundbau stellte er auf großen, durchscheinenden Leinwänden und mit raffinierten Licht- und Geräuscheffekten historische Ereignisse und Naturschauspiele wie Sonnenaufgänge oder Gewitter mit Blitz und Donner nach. Um sich das Anfertigen der Prospekte zu erleichtern, suchte er nach einer Methode, mit der er die Projektionen einer Camera obscura auf die Leinwände aufbringen konnte, ohne sie nachzeichnen zu müssen.

Nach dem plötzlichen Tod von Niépce 1833 setzte Daguerre die Arbeit fort und entwickelte schließlich ein praktikables Abbildungsverfahren, das er „Daguerreotypie" nannte – den Beitrag von Niépce ließ er unter den Tisch fallen. Daguerre verkündete: „Ich habe das Licht zu fassen bekommen, ich habe seinen Flug gebannt."

Bei der Daguerreotypie wurden die Silberplatten vor der Aufnahme mit Jod bedampft, wobei eine lichtempfindliche Silberjodidschicht entstand. Nach der bis zu dreißig Minuten langen Belichtung in der Camera obscura wurde das zunächst unsichtbare (latente) Bild mithilfe von Quecksilberdampf entwickelt. Daguerre hatte außerdem herausgefunden, dass er mit Kochsalz die chemische Reaktion auf der Platte unterbrechen und das Bild fixieren konnte. Das Verfahren brachte eine seitenverkehrte Aufnahme. Da es kein Negativ gab, war jede Daguerreotypie ein Unikat.

Daguerreotypien sind erstaunlich fein, gestochen scharf und gut durchgezeichnet. Die Abbildung auf der polierten Oberfläche ist nur aus einem

Daguerreotypien werden auch heute noch hergestellt. Der amerikanische Künstler Chuck Close veröffentlichte ein Buch mit Studioporträts, die Detailreichtum, Brillanz und Tonwertumfang des Verfahren eindrucksvoll zeigen (*siehe* S. 31).

bestimmten Winkel sichtbar. Ansonsten sieht der Betrachter nur sein eigenes Spiegelbild, weshalb die Daguerreotypie auch als „Spiegel mit Gedächtnis“ bezeichnet wurde.

1839 sorgte Daguerre für eine Sensation, als er einem erwartungsvollen Pariser Publikum die Türen seines Ateliers öffnete, um seine Fotos zu zeigen. Die Beschreibung seiner Methoden in einem 79-seitigen Handbuch war sofort ein Bestseller. Drogerien und Optikerläden wurden von Fotografen in spe gestürmt, die die magischen Zutaten begehrten. Daguerre wurde als Mann gefeiert, der der Welt das Wissen um die erfolgreiche Herstellung von Fotografien geschenkt hatte. Die Regierung schrieb ihm eine Leibrente aus.

Eine Kamera reist um die Welt

Daguerres Verfahren und seine Kamera waren ein enormer Erfolg, trotz eines noch unausgereiften Objektivs und obwohl die Entwicklung der Bilder kompliziert und teuer war. 1840, ein Jahr nach der Vorstellung des Verfahrens, löste Josef Max Petzval, ein Mathematikprofessor aus Wien, einen Teil dieser Probleme durch die Berechnung eines neuen Objektivs. Zusammen mit dem Optiker und Mechanikermeister Peter von Voigtländer baute er ein Objektiv mit einer fast 16-fach höheren Lichtstärke als sie das Objektiv der Daguerre-Kamera besaß. Gleichzeitig arbeiteten Petzval und Voigtländer an der Konstruktion der ersten Kamera, die nicht bloß eine umgebaute Camera obscura war. Das Gerät sah aus wie ein kurzes, dickes Messingteleskop und produzierte kreisrunde Bilder. Das Objektiv von Petzval wurde sechzig Jahre lang verwendet und tausendfach hergestellt. Die Konstruktion wurde in ganz Europa und den USA kopiert.

Zu dieser Zeit erfolgte die Belichtung noch durch Abnehmen und Aufsetzen des Objektivdeckels und wegen der langen Belichtungszeiten war zur Stabilisierung der Kamera grundsätzlich ein Stativ notwendig.

Die Daguerreotypie löste eine regelrechte Euphorie aus. Schon bald kehrten betuchte Amateure mit Bildern von Menschen und Landschaften aus allen Teilen der Welt in die Heimat zurück, und die ersten illustrierten Zeitungen erschienen. Überall in Europa und den USA schossen Ateliers aus dem Boden, jede Stadt hatte ihren „Daguerreotypisten“, die ersten Profifotografen. 1850 waren es in New York 77.

Die Daguerreotypien wurden unter Glas aufbewahrt und in reich verzierten, satingefütterten Etuis präsentiert – signiert vom Fotografen, wie ein Gemälde.

Positiv und Negativ

Zeitgleich zu den Experimenten von Niépce und Daguerre in Frankreich machte der Wissenschaftler William Henry Fox Talbot in England seine eigenen fotografischen Entdeckungen. 1841 stellte er sein Verfahren vor, mit dem er Papiernegative herstellte. Sein erstes gelungenes Bild ist jenes berühmte, briefmarkengroße Foto vom Erkerfenster seiner Bibliothek von 1835. Talbot experimentierte mit einfachen Kameras, die er „Mausefallen“ nannte: winzige, vom Dorfschreiner hergestellte Holzkästen mit Objektiv, bestückt mit lichtempfindlichem Papier. Das Papiernegativ wurde in Wachs getaucht, um es transparent zu machen, und schließlich wiederum auf lichtempfindlichem Papier zum Positiv umkopiert. Damit war es möglich, die Aufnahme beliebig oft abzuziehen. Talbot ließ seine Methode, die er nach dem griechischen Wort *kalos* für schön „Kalotypie“ nannte, patentieren.

Die Beliebtheit der Daguerreotypie sank, weil die Herstellung der Bilder schwierig war und diese nicht reproduziert werden konnten. Anfang der 1850er Jahre löste die Kollodium-Nassplatte in Kombination mit dem Albuminpapierabzug die Daguerreotypie als fotografisches Standardverfahren ab. Dieses Negativ-Positiv-Verfahren, das auf Talbots Erfindung basierte, bildete bis zum Aufkommen der Digitalkamera die Grundlage der Fotografie.

Vergrößerungsgeräte

Die ersten Vergrößerungsgeräte gab es 1857, sie hießen Solarkameras. Mit direktem Sonnenlicht wurde die Abbildung vom Glasnegativ auf lichtempfindliches Papier projiziert. Davor konnten Fotos nur in Form von Kontaktkopien vervielfältigt werden. In den 1860er Jahren gab es die ersten Geräte mit elektrischer Beleuchtung.

Balgenkameras

Zur Verbesserung der Scharfeinstellung wurden bei den weiterentwickelten Kameras der 1850er und 1860er Jahre die Objektive standardmäßig mit einem flexiblen Lederbalgen vor- und zurückbewegt. Der Fotograf prüfte das Motiv auf einer Mattscheibe auf der Rückseite der Kamera, die er zur Aufnahme gegen den Plattenhalter austauschte.

Verschlüsse

In den 1870er Jahren kamen neue, wesentlich lichtempfindlichere Platten auf den Markt. Die neuen Belichtungszeiten waren so kurz, dass es sich als nahezu unmöglich erwies, den Objektivdeckel per Hand abzunehmen und rechtzeitig wieder aufzusetzen. Eine Verschlussvorrichtung wurde notwendig, die das Objektiv zuverlässig für Bruchteile von Sekunden öffnen und wieder schließen konnte.

Die ersten Verschlüsse waren vor dem Objektiv angebracht. Sie sahen wie kleine Guillotinen aus, die anstelle eines Fallbeils ein Brett mit einem Loch in der Mitte besaßen. Gab der Fotograf das Brett frei, glitt es am Objektiv herunter, und das Licht konnte für einen kurzen Moment durch das Loch einfallen. Mithilfe eines solchen mit einem Gummi betriebenen Verschlusses fotografierte Eadweard Muybridge 1872 ein galoppierendes Pferd mit Verschlusszeiten von etwa $1/500$ s (*siehe* Bildreihen, S. 89).

1878 wurden die Fotografen durch die Erfindung der Gelatine-Trockenplatte von der umständlichen Arbeit mit den Nassplatten befreit, die unmittelbar vor der Aufnahme in völliger Dunkelheit in eine Silbernitratlösung getaucht und danach sofort entwickelt werden mussten. Trockenplatten benötigten nur sehr geringe Belichtungszeiten, sodass die Fotografen endlich aus der Hand fotografieren konnten.

George Eastman

Einen großen Fortschritt in technischer wie kultureller Hinsicht verdankt die Fotografie dem amerikanischen Erfinder und Unternehmer George Eastman, der die wirtschaftlichen Möglichkeiten dieses Mediums voraussah und mit der industriellen Produktion und kommerziellen Vermarktung seiner fotografischen Erfindungen begann.

Eastmans erster großer Erfolg war ein Rollenhalter, mit dem man in eine konventionelle Plattenkamera eine lichtempfindliche Papierrolle einlegen konnte, auf der man bis zu 48 Aufnahmen machen konnte. Eine sensationelle Neuerung: Die zerbrechlichen, schweren Glas- oder Metallplatten, die vorsichtig in die Kamera gesteckt und wieder herausgenommen werden mussten, konnten nun durch eine leichte Filmrolle ersetzt werden, was den Fotografen die Arbeit enorm erleichterte und erstmalig die Aufnahme von mehreren Bildern in schneller Folge ermöglichte.

Kodak: „You press the button, we do the rest"

1888 brachte Eastman – mithilfe eines brillanten Werbefeldzugs – die erste Kamera mit Rollfilm auf den Markt. Er gab der kleinen Boxkamera den einprägsamen Fantasienamen „Kodak“, der überall auf der Welt gut auszusprechen war, und bewarb sie mit dem Slogan „Sie drücken auf den Auslöser, wir erledigen den Rest.“

Die Kodak kostete 25 Dollar und war mit einem Film für 100 kreisrunde Fotos bestückt – Eastmans neuster Erfindung, einem gelatinebeschichteten Film auf transparentem Trägermaterial (Zelluloid). War der Film voll, schickten die Benutzer die Kamera komplett an die Eastman Company, die die Bilder entwickelte und mit der Kamera samt neu eingelegtem Film an den Kunden zurückschickte.

Die Kodak Nr. 1 war ein Verkaufsschlager. Noch viel größeren Erfolg hatte ihr Nachfolgemodell, die Kodak Nr. 2, deren Gehäuse zum Teil aus Karton bestand und die daher nur noch fünf Dollar kostete. Schließlich kam im Jahr 1900 die Brownie (benannt nach ihrem Konstrukteur) auf den Markt: Sechs Bilder für nur einen Dollar. Diese Kamera revolutionierte die Fotografie von Grund auf. Eastman ebnete dem Medium den Weg in den Massenmarkt und läutete eine neue Ära ein.

Das Bild der Bilder II

Alastair Thain, *Richard Long*, 1990

Aus Unzufriedenheit mit der Bildqualität von Standard-Großformatkameras konstruierte Alastair Thain eine Reihe eigener, großvolumiger Großbildkameras für seine Porträtaufnahmen. Er benutzt Schwarz-Weiß-Filmmaterial mit höchster Auflösung, das sonst von der NASA bei der Satellitenaufklärung verwendet wird.

Das Porträt des Künstlers Richard Long (**gegenüber**) gehört zu einer Serie von Fotos über Künstler, Schauspieler und Musiker aus seinem Buch *Skin Deep*. Thain fotografierte Long vor einem seiner Wandbilder mit Schlammkreisen.

Das Porträt

Manche Fotografen sind leidenschaftlich fasziniert von Menschen und Gesichtern. Das Porträt war schon immer das beliebteste Genre der Fotografie. In jeder Zeitschrift und in jeder Zeitung, in unzähligen Büchern, Galerien und Museen begegnen wir Bildern von Menschen. Die National Portrait Gallery in London sammelt Porträts berühmter britischer Persönlichkeiten. Aber wodurch wird ein Bild von einem Menschen zum Porträt?

Was ist ein Porträt?

In einem Porträt ist ein Mensch auf eine Weise dargestellt, die seinen Charakter sowie seine Rolle, seinen Status und seine Bedeutung innerhalb seines gesellschaftlichen Umfelds zeigt. Ein Porträt gewährt uns über die Äußerlichkeiten hinaus Einblick in die unbekannten Seiten einer Persönlichkeit oder stellt einen uns gut bekannten Menschen in einem neuen Licht dar.

Um ein Porträt zu machen ist es nicht damit getan, einen Menschen vor die Kamera zu holen, ihn in den Sucher zu nehmen und auf den Auslöser zu drücken. So eine Aufnahme zeigt oft nichts weiter als äußere Erscheinung, Ort und Kleidung – obwohl mit der Zeit auch solche Bilder mehr Gewicht gewinnen können, denn Orte verändern sich, Kleidung kommt aus der Mode oder die fotografierte Person wird berühmt.

In der Porträtfotografie gibt es einige Hindernisse zu überwinden. Die meisten Menschen sind sich der Tatsache, dass sie vor einer Kamera stehen, deutlich bewusst und wollen sich von ihrer besten Seite präsentieren. Sie setzen ein „kamerageeignetes“ Gesicht auf oder nehmen eine bestimmte Haltung ein. Dennoch, so sehr wir uns auch bemühen – immer liegen in unserem Gesichtsausdruck und unserer Körpersprache kleine, verräterische Hinweise auf unsere wahre Identität. Um ein Porträt aufzunehmen, muss es dem Fotografen irgendwie gelingen, die inneren Wachposten seines Gegenübers aufzuspüren und hinter ihre Linien zu gelangen. „Bis in die Seele der Person vorstoßen“, wie es die Fotografin Eve Arnold ausdrückte.

Fotograf, Modell und Betrachter

In einem Porträt stecken immer zwei Personen: das Modell und der Fotograf. Sie zusammen schaffen das Porträt, ihre Begegnung wird in dem Bild festgehalten. Aber treffen sie sich auf Augenhöhe? John Szarkowski präsentierte einen Porträtband mit den Worten: „Ein Porträt ist der Kampf zweier Willen um die Kontrolle über die Seele des Modells.“ Er betrachtete Porträtaufnahmen als zähes Ringen. Auf manchen kann man diesen Kampf deutlich erkennen, andere wirken weitaus versöhnlicher.

John Szarkowski, Kurator, Kritiker und Autor von fotografischen Texten, war Direktor der fotografischen Abteilung des Museum of Modern Art in New York. Er „entdeckte" 1963 den 70-jährigen Jacques-Henri Lartigue und stellte 1967 in der MoMA-Ausstellung *New Documents* die Arbeiten von Diane Arbus, Garry Winogrand und Lee Friedlander aus. Die Präsentation von Fotos anstelle von Gemälden in einem großen öffentlichen Kunstmuseum war zu dieser Zeit eine bahnbrechende Idee und öffnete der zeitgenössischen Fotografie die Türen von Kunstgalerien und Sammlungen auf der ganzen Welt. Szarkowski wird als einer der „großen Sehenden" der Fotografie bezeichnet.

Neben dem Modell und dem Fotografen ist auch der Betrachter eng ins Geschehen eingebunden, denn er vervollständigt das Porträt. Jegliches Vorwissen fließt in seine Sicht ein. Alles, was ihm über das Modell bekannt ist, ist in seinem Gehirn präsent, das schließt auch andere Fotos von der Person ein. Wissen und der Lauf der Zeit verändern die Art, wie ein Bild aufgenommen wird. Auf ein schlichtes Foto eines vertrauten Gesichts oder einer berühmten Persönlichkeit reagieren wir anders als auf die gleiche Kompo-

sition mit einer unbekannten Person – das eine nehmen wir als erhellendes Porträt wahr, das andere als Schnappschuss.

Gute fotografische Porträts besitzen eine einzigartige, einprägsame Chemie, die aus dem Verhältnis und der Interaktion zwischen Modell, Fotograf und Betrachter hervorgeht.

Gemaltes gegen fotografisches Porträt

Das fotografische Porträt steht naturgemäß in der Tradition des gemalten Bildnisses – so in Bezug auf manche Posen und Kompositionen –, aber es gibt auch deutliche Unterschiede. Maler streben ein Ebenbild der Person an, auf einem Foto ist das unvermeidlich. Gemalte Porträts werden häufig von den meist mächtigen, reichen und berühmten Modellen selbst in Auftrag gegeben und sollen ihnen deshalb auch gefallen. Um das Modell möglichst ansprechend für die Nachwelt zu verewigen, lassen Maler Falten und Doppelkinn verschwinden. Fotografen haben eine andere Beziehung zu ihren Modellen, die sie überall suchen und finden, und ihre Porträts sind enthüllender, lebendiger und intimer als ein schmeichelhaftes Abbild.

Ein gemaltes Porträt verlangt vom Künstler eventuell stundenlange Zeichenarbeit zur Vorbereitung. Der Maler Lucian Freud braucht über hundert Stunden für ein Porträt, und seine Modelle müssen bis zu neun Monate lang in der gleichen Haltung posieren. Ein Foto hingegen ist schon nach 1/125 Sekunde gemacht.

Gemälde zeigen das Modell oft in Lebensgröße und von Kopf bis Fuß. Sie lassen sich, wie die Schriftstellerin Germaine Greer beobachtete, „grob in zwei Kategorien unterteilen – entweder schaut das Modell den Betrachter an, oder es sieht weg". Fotografen kennen keine solchen Konventionen und können sich auch für Detailansichten oder ungewöhnliche Perspektiven entscheiden.

Befragung eines fotografischen Porträts

Spiegelt das Bild das einmalige Aufeinandertreffen von Fotograf und Modell wider, oder könnte es auch von jemand anderem aufgenommen worden sein? Wer hat mehr Einfluss – das Modell oder der Fotograf? Wer gibt den Ton an?

Zeigt das Bild mehr als nur Äußerlichkeiten? Enthüllt es den inneren Zustand der Person? Fühlt sich das Modell wohl in seiner Haut? Erkennen wir sein Wesen? Ist die Ansicht originell? Wird das Modell ehrlich oder schmeichelhaft dargestellt? Sehen wir das vertraute oder das fremde Gesicht der Person? Ist ein Porträt ohne Pose überhaupt möglich? Gibt es vollkommene, unverhüllte Offenheit? Fühlen wir uns von der Aufnahme gefesselt, berührt, bewegt? Lohnt sich eine intensive, mehrmalige Betrachtung? Fordert das Foto uns heraus?

Ein Porträt hält Modell und Fotografen für die Ewigkeit fest. Wie wird die Nachwelt das Modell und den Fotografen beurteilen, wenn die beiden schon lange tot sind? Spricht Sie das Porträt eines längst verstorbenen Menschen auch Jahre später noch an?

Was ist es für ein Gefühl, porträtiert zu werden?

Ein fotografisches Porträt entsteht im Rahmen einer relativ kurzen Begegnung zwischen Modell und Fotograf, die ein paar Minuten oder auch Stunden dauern kann. Oft kennen sich beide nicht. Unter solchen Umständen Vertrautheit zu erwarten, wäre naiv. Viele Fotografen übernehmen die Kontrolle und sagen dem Modell, wo und wie es stehen oder sitzen, wie es schauen oder reagieren soll. Anweisungen dieser Art sind im alltäglichen Umgang unüblich, wir kennen sie nur im Rahmen einer Porträtsitzung.

Während die meisten Fotojournalisten oder Dokumentarfotografen niemals in das Geschehen eingreifen würden, das sie fotografieren, arrangiert ein Porträtfotograf eine Szene für das Bild oft vollkommen neu. Das Modell reagiert während der Aufnahmen meist passiv, wenngleich kooperativ – obwohl manche Fotografen auch ganz auf Anweisungen verzichten und so bewusst für Spannung zwischen sich und dem Modell sorgen.

„Eine Porträtsitzung ist für das Modell in etwa so wie ein Besuch beim Optiker oder beim Zahnarzt. Schauen Sie hierhin und dorthin, sagen Sie ‚Ahhh'."
Alan Latchley, Fotograf

Methoden der Porträtfotografie

Die vom Fotografen genutzten Mittel und Methoden haben großen Einfluss auf das Endergebnis. Man kann mit Blitz, bei künstlicher Beleuchtung oder Tageslicht, im Studio oder „on location" arbeiten und hat die Wahl zwischen unterschiedlichen Kameras, je nachdem, welche Wirkung man erzielen will. Einige Fotografen entscheiden sich aufgrund der besonderen Bildqualität für eine Großformatkamera, andere bevorzugen eine Lomo-Kamera. Die einen setzen auf sanftes Licht, die anderen auf grelle Farben, wieder andere bearbeiten ihre Bilder später digital. Ein guter Porträtfotograf wählt Kamera, Lichtquelle und Arbeitsmethode so, dass sie seinem eigenen kreativen Potenzial am besten entsprechen und setzt sie so ein, dass daraus ein individueller Porträtstil entsteht.

Die Bedeutung eines Gesichts

Fotografen gehen auf der Suche nach intimen Einblicken in die Persönlichkeit des Modells ganz unterschiedlich an Porträtaufnahmen heran. Viele konzentrieren sich auf Gesichtszüge und -ausdruck. Ein Kopfporträt kann sehr eindrucksvoll sein. Mit Mittel- oder Großformatkameras aufgenommene Bilder zeigen uns die Landschaft eines Gesichts in faszinierendem Detail. Nur ganz selten starren wir einem Menschen längere Zeit ins Gesicht. Das Kopfporträt gibt uns jedoch die Möglichkeit, die Augen, Augenlider, den Mund, die Haare und die Haut des Modells ausführlich zu erforschen.

Der kanadische Fotograf Yousuf Karsh vergrößerte seine mit einer 10-x-8-inch-Kamera aufgenommenen Kopfporträts überlebensgroß, sodass die Modelle so mächtig und monumental wirken wie die Präsidentenköpfe im Felsen von Mount Rushmore. Der amerikanische Künstler Chuck Close schuf riesige Nahaufnahmen nach dem Daguerreotypie-Verfahren, mit dem vor über 150 Jahren die allerersten Porträts gemacht wurden. Die extrem feine Zeichnung dieser Bilder ermöglicht die Erforschung mikroskopischer kleiner Details.

Siehe masters-of-photography.com

Siehe Chuck Close, *Daguerreotypes,* Mailand 2002

Hayley Leonard,
Nan's Hands, 2004

„Das Porträt meiner Großmutter sollte ihre Persönlichkeit und ihren Charakter zum Vorschein bringen. Das Bild sollte nicht gestellt wirken und auch die Gemütlichkeit ihrer Wohnung einfangen. Ich verwendete eine Bronica-Mittelformatkamera, das vorhandene Licht und zusätzlich das weiche Licht einer Kunstlichtlampe, die ich auf eine reflektierende Fläche richtete. Mit einer großen Blende verringerte ich die Schärfentiefe." Der Fotograf und Designer Hayley Leonard arbeitet in Liverpool.

Details

Ein sprechendes Porträt entsteht, wenn an einem Modell Details erforscht werden, die für seine Persönlichkeit von besonderer Bedeutung sind: die Hände eines Bildhauers oder Malers, die Fäuste eines Boxers oder die Füße eines Tänzers oder Sportlers. Bill Brandt fotografierte aus nächster Nähe die Augen visionärer Künstler wie zum Beispiel Henry Moore, Max Ernst, Georges Braque und Alberto Giacometti. Auch die Umgebung, in der eine Person lebt, kann viel über sie verraten.

Porträts vor einfachem Hintergrund

Seit den Anfängen der Fotografie nehmen Fotografen Porträts gern vor weißem oder neutralem Hintergrund auf. Die Person ist aus ihrer natürlichen Umgebung herausgelöst, sodass der Betrachter Pose, Kleidung und Gesicht genau erforschen kann. Richard Avedon verbrachte fünf Sommer mit der Aufnahme einer solchen Serie von Porträts, die er in seinem berühmten Buch *In the American West* zusammenstellte. Avedon brachte mit diesen Bildern viele Mythen und Stereotypen ins Wanken. Hier sieht man keine heldenhaften Cowboys, stattdessen ausgemergelte, völlig erschöpfte Arbeiter, Menschen ohne Perspektive, Arbeitslose, Enttäuschte und Desillusionierte. Die Menschen vor den ausgeblichenen weißen Hintergründen zeigen kaum ein Lächeln. Viele von ihnen scheinen vorzeitig gealtert. Das berühmteste Bild zeigt den Imker Ronald Fischer. Es wurde bis ins Kleinste geplant und vorbereitet. Der Imker starrt uns aus der Bildmitte unverwandt an, obwohl gerade einige seiner Bienen über seinen Körper und in seine Ohren hineinkrabbeln.

Siehe richardavedon.com

Avedon nahm jedes seiner Bilder für *In the American West* an unterschiedlichen Orten auf, aber immer mit einer 8-x-10-inch-Plattenkamera von Deardorff und immer an einem sonnigen Tag, jedoch nicht im direkten Licht, um dunkle Schatten zu vermeiden.

Seine puristische Vorgehensweise behielt Avedon sein ganzes Berufsleben bei. Ganz gleich, ob er die Reichen und Berühmten oder die Ärmsten der Armen fotografierte, immer stellte er seine Modelle vor einem weißen Hintergrund dar. Das Porträt von Ronald Fischer erinnert an Avedons zwanzig Jahre früher entstandenes Bildnis des Dichters W. H. Auden: Ebenfalls in der Bildmitte, steht Auden vor dem hellen Hintergrund einer verschneiten Straße in New York im Schneegestöber.

Siehe masters-of-photography.com

Auch Irving Penn liebte Porträts vor einfachem Fond. Diese Nüchternheit verlieh seinen Bildern seiner Meinung nach mehr Ehrlichkeit. Seine Motive leuchtete der Fotograf nur mit dem ins Studio einfallenden Tageslicht oder mit Fotolampen, die Tageslicht imitieren, aus. Penn schob zwei Kulissenwände zu einer Ecke zusammen und bat seine Modelle, sich hineinzustellen und zu positionieren. Eine schlichte Bühne, ohne die Möglichkeit zu flüchten oder sich zu verstecken. In diesem Aufbau schuf Penn vielsagende Porträts von weltberühmten, schon viele Male fotografierten Prominenten. Boxweltmeister Joe Louis sieht auf dem Porträt von Penn nicht nur verletzlich aus, er wirkt sogar besiegt.

Die niederländische Fotografin Rineke Dijkstra porträtiert Einzelpersonen vor einfachen Hintergründen. Ihre Serien zeigen junge Diskogänger, Mütter mit ihren neugeborenen Babys und Stierkämpfer, bespritzt mit dem Blut des getöteten Tiers. Für eine in Polen, Kroatien, der Ukraine, Belgien und Coney Island aufgenommene Serie mit schüchternen jungen Menschen in Badebekleidung diente ihr der Himmel als Folie. Der einfache Hintergrund vergrößert die Wirkung der frontalen Pose und verstärkt die Bildaussage.

Rineke Dijkstra, *Hilton Head Island, S.C., USA, June 24, 2004*

Rineke Dijkstra fotografiert ihre Modelle vor einfachen Hintergründen. Sie verstärken die Bildaussage und vergrößern die Wirkung der frontalen Pose der Modelle. Dieses Porträt erinnert an *Die Geburt der Venus* von Botticelli, es wurde mit einer Kombination aus Blitz- und Tageslicht aufgenommen.

Studioporträts

Im Studio kann der Fotograf die Stimmung eines Porträts sehr gut kontrollieren. Cecil Beaton schuf in den 1930er Jahren, also drei Jahrzehnte vor Warhols Silver Factory, faszinierende Hintergründe aus Papierfetzen, Zellophan und Alufolie. Madame Yevonde und Angus McBean inszenierten im Studio exzentrische Fantasiewelten. Die Porträts von McBean in surrealen Sandlandschaften vor einem stürmischen Himmel und mit verwirrenden Größenverhältnissen wirken wie Traumbilder. Madame Yevonde fotografierte Schönheiten der englischen Gesellschaft in fließenden griechischen und römischen Gewändern in lebhaften Farben und mit dramatischer Bühnenbeleuchtung. Ihre adligen Modelle schienen über ihre Darstellung als Göttinnen mehr als entzückt.

Robert Doisneau nutzte das Studio für ein heiteres, sprechendes Porträt des französischen Komikers Jacques Tati, der in einem Meer aus Weiß verwundert vor den Teilen eines Fahrrads steht, das anscheinend gerade unter ihn zusammengebrochen ist.

Der Erfolg eines Porträts kann sich aus der Reaktion des Modells auf eine originelle Idee ergeben, die entweder zufällig vor Ort entsteht oder sorgfältig geplant und im Studio umgesetzt wird, wie bei Doisneaus Porträt von Tati.

Philippe Halsman, *Dali Atomicus*, 1948

Die Idee zu diesem Bild unterbreitete Halsman Salvador Dalí, nachdem er dessen Gemälde *Leda Atomica* gesehen hatte, auf dem alles in der Luft zu schweben scheint.

Er ließ eine Staffelei, einen Hocker und zwei Gemälde von Dalí (darunter auch *Leda Atomica* rechts im Bild) von der Decke herunterhängen. Dalís Ehefrau hielt den Stuhl links, und bei drei sprang Dalí in die Höhe, während Halsmans Assistenten einen Eimer Wasser und drei Katzen in die Luft warfen. Einen halben Tag und 28 Versuche später hatten sie das perfekte Bild im Kasten.

Halsman und Dalí arbeiteten in den nächsten zwanzig Jahren weiter zusammen. Auch Cecil Beaton, Daniel Farson, Xavier Miserachs, Man Ray, Eric Schaal und viele andere haben großartige Porträts von Dalí aufgenommen.

Das ideale Modell

Salvador Dalí war ein ideales Porträtmodell. Seiner Zeit weit voraus, hatte er erkannt, welche Möglichkeiten ein fotografisches Porträt zur Förderung der Karriere des Modells bereithielt: Je dynamischer das Bild, desto häufiger würde es veröffentlicht und verwendet. Dalí reagierte positiv auf die verrücktesten Ideen und Vorschläge der Fotografen. Während manch andere Berühmtheit eine Porträtsitzung möglichst schnell hinter sich bringen wollte, saß Dalí bei Bedarf stundenlang Modell, damit der Fotograf bekam, was er wollte. Er arbeitete perfekt mit dem Fotografen zusammen: Für Philippe Halsman sprang er unzählige Male in die Luft, Peter Beard durfte sein in einem Vergrößerungsglas verzerrtes Gesicht fotografieren, und für Jean Dieuzaide stand er, Blumen im Schnurrbart, bis zum Hals im Meer.

On location

Ein Location-Porträt entsteht am Arbeitsplatz einer Person, bei ihr zu Hause oder auf der Straße. An solchen Aufnahmeorten stehen dem Fotografen eine Vielzahl von Objekten zur Verfügung, die ein Porträt bereichern können: Die Besitztümer des Modells, seine Umgebung und seine Arbeitsmittel sind großartige Requisiten, die etwas über die Persönlichkeit dieses Menschen sagen.

Ungestellte Porträts

Bei gestellten Porträts – zum Beispiel im Studio – gibt der Fotograf häufig vor, wohin das Modell schauen oder welchen Gesichtsausdruck es aufsetzen soll. Das kann schnell dazu führen, dass diese Bilder unnatürlich wirken. Ein ungestelltes Porträt gelingt manchmal besser. Dazu hält sich der Fotograf gewissermaßen unbemerkt im Hintergrund und wartet auf einen aussagestarken oder vertraulichen Moment.

Der Begriff „candid photography" (einfache, ungestellte Fotografie) wurde 1930 von einem Redakteur des *London Weekly Graphic* geprägt, der damit Erich Salomons aufschlussreiche Politikerporträts *(siehe* Sensation!, S. 74) bezeichnete.

Porträts mit versteckter Kamera

Laut Walker Evans entstehen die eindrucksvollsten Porträts, wenn sich das Modell der Kamera gar nicht bewusst ist. Für seine berühmten U-Bahn-Fotos fuhr Evans Hunderte von Stunden mit der U-Bahn, die Kamera in seiner Jacke versteckt und mit einem Kabelauslöser in seinem Hemdsärmel. Die Fahrgäste wurden sitzend und aus nächster Nähe porträtiert. Ihr Gesichtsausdruck ist vollkommen natürlich – völlig anders als bei Menschen, die genau wissen, dass sie fotografiert werden.

Siehe masters-of-photography.com

Auf der Suche nach einem ähnlichen Ansatz befestigte Paul Strand einen 45°-Winkelsucher an seiner Kamera, sodass die fotografierten Menschen glaubten, er schaue in eine andere Richtung. Philip-Lorca diCorcia fotografierte für seine Serie *Heads* unbemerkt Fußgänger in New York, Tokio, Kalkutta und Mexico City. Er installierte eine Kamera mit starkem Teleobjektiv, montierte an einem Baugerüst eine versteckte Blitzanlage und brachte auf dem Boden darunter eine unauffällige Markierung an. Wenn Menschen, die ihn interessierten, die markierte Stelle passierten, betätigte er den Auslöser. Die Porträts, die dabei entstanden, zeigen Menschen, die völlig in ihren Gedanken versunken sind.

Polizeifotos

Aus erkennungsdienstlichen Gründen werden auf einer Polizeiwache festgenommene Personen von Polizisten fotografiert. Die Bilder, von Laien aufgenommen, zeigen diese Menschen fast immer äußerst besorgt und sind deshalb aufschlussreiche Porträts. Auch von Prominenten gibt es solche Fotos: Der Schauspieler Hugh Grant wirkt etwas verkrampft und völlig eingeschüchtert, der Microsoft-Gründer Bill Gates lächelt, während die Schauspielerin und politische Aktivistin Jane Fonda triumphierend ihre geballte Faust zum Gruß erhebt.

Die ersten Starfotos

Mathew Brady war der erste Fotograf, der im 19. Jahrhundert die Möglichkeit erkannte, mit Bildern von Berühmtheiten Geld zu verdienen. Im Fenster seines Studios „Brady's of Broadway" stellte er Fotos aus, die er von Prominenten gemacht hatte, darunter Abraham Lincoln und Edgar Allan Poe. Die Leute stürmten das Atelier, sie wollten diese Bilder sehen, Abzüge kaufen oder sich selbst porträtieren lassen. Brady veröffentlichte auch das erste Buch mit Prominentenfotos, *The Gallery of Illustrious Americans* (1850).

Mitte des 19. Jahrhunderts gab es Porträts von den meisten Berühmtheiten. In Großbritannien waren nicht nur die Namen von Charles Dickens und Florence Nightingale wohl bekannt, sondern auch ihre Gesichter. Als sich Königin Viktoria und ihre Familie 1860 für Visitenkartenporträts ablichten ließen, brach eine regelrechte Manie aus: Die Bevölkerung sammelte Porträts von Mitgliedern des Königshauses und anderen Prominenten. Die Karten wurden millionenfach gehandelt und nicht anders als die Boulevardpresse heute, führte das zu einem Kult auch um recht mittelmäßige Talente.

Porträts einer ganzen Stadtbevölkerung

Viele Porträtfotografen arbeiten über Jahrzehnte am selben Ort und schaffen so auch ein historisch bedeutsames Werk. Philip Kwame Apagya in Ghana, Malick Sidibe und Seydou Keita in Mali, Ernest Dyche in Birmingham, Harry Jacobs in Brixton, London, Mike Disfarmer in der Kleinstadt Herber Springs in Arkansas und Hashem el Madani in Saida, Libanon – sie alle haben im Laufe der Jahre eine ganze Stadtbevölkerung porträtiert. Madani behauptet, 90 Prozent der Einwohner seiner Heimatstadt fotografiert zu haben. Diese Fotografen fanden wunderbare Motive direkt vor der eigenen Haustür.

Ihr Ziel war einfach: Ihre Kunden sollten gut aussehen. Sie stellten ihnen Requisiten zur Verfügung und eine Auswahl exotischer oder einfacher Hintergründe. Apagya ließ seine Modelle vor gemalten Idealwelten, Stadtansichten und Luxusapartments, posieren.

Selbst die Taliban in Afghanistan, bei denen alle Arten von Fotos außer Passbildern verboten waren, beschäftigten insgeheim einen Porträtfotografen, dessen handkolorierte Bilder nach dem Sturz des Regimes durch Zufall entdeckt wurden.

Eugene O. Goldbeck, *Indoctrination Division, Training Command, Lockland Airbase, San Antonio, Texas, July 19th, 1947*

Bereits zu Beginn seiner Karriere erkannte Goldbeck die Profitmöglichkeiten von Gruppenporträts, denn je mehr Menschen abgebildet waren, desto mehr Abzüge konnte man verkaufen. Er spezialisierte sich auf Gruppenporträts von Militärangehörigen (**gegenüber**).

Prominenten-Porträts

Der Kult um Prominente und deren Bedürfnis, ihr Image zu kontrollieren, haben zum Phänomen der Promifotografen geführt – eine um die Welt reisende Elite, die ebenso berühmt ist wie die Film- und Rockstars selbst. Zu dieser Riege gehören unter anderen Mario Testino, Annie Leibovitz, David LaChapelle und alle, die schon einmal Madonna vor der Linse hatten.

Der Celebrity-Fotograf ist der Komplize des Prominenten, denn er weiß, wie er ihn möglichst schmeichelhaft in Szene setzt. Seine Porträts machen sich in Galerien, in den Villen der Stars und in den Konferenzräumen der Plattenfirmen ganz hervorragend.

Wenn eine Berühmtheit von einem Promifotografen porträtiert wird, steht sie entweder ganz weit oben in der Rangliste der Stars oder ein neuer Star wird gerade geboren. Konzeptfotografie nennt Annie Leibovitz ihre Arbeit. An den ausgeklügelten, sorgfältig inszenierten Fotos arbeiten ganze Heerscharen von Assistenten, Visagisten, Friseuren und Bühnenbildnern mit. Prominentenporträts sind nichts anderes als Werbefotos.

Porträts von Präsidenten und Königsfamilien

Porträts von Staatsoberhäuptern dienen meist der positiven Darstellung eines Landes oder der Monarchie in der Öffentlichkeit. Zu bestimmten Anlässen geben Herrscherfamilien bis heute offizielle Fotos heraus. Vor einigen Jahren wurden mehrere angesagte junge Fotografen beauftragt, Königin Elisabeth II. zu fotografieren; keiner von ihnen brachte etwas Nennenswertes zustande. Die meisten Porträts königlicher Häupter eignen sich vor allem zum Gestalten von Pralinenschachteln.

Das beste Königsporträt aller Zeiten dürfte von Hiroshi Sugimoto sein: Ein gestochen scharfes, lebensgroßes Schwarz-Weiß-Foto von der Wachsfigur Elisabeths II., das in der National Portrait Gallery in London frech mitten unter lauter Ölgemälden von Mitgliedern der königlichen Familie hängt.

Gruppenporträts

Gruppenporträts sind eine Herausforderung, da sie die Persönlichkeiten vieler Personen gleichzeitig zum Vorschein bringen sollen. Da dies innerhalb kurzer Zeit kaum gelingen kann, ordnen die Fotografen die Mitglieder der Gruppe gern zu einer ausdrucksvollen Komposition an. Eugene O. Goldbeck und die Fotografen Mole & Thomas trieben diesen Ansatz ins Extrem: Sie nahmen Gruppenbilder mit Tausenden von Militärangehörigen auf. Goldbeck stellte militärische Abzeichen dar, und Mole & Thomas schufen mit 21 000 Soldaten ein monumentales Porträt von Präsident Woodrow Wilson.

Der Fotograf als Modell

Fotografen lassen sich meistens nicht gerne von anderen fotografieren. Sie ziehen das Selbstporträt oder gar kein Foto vor, vielleicht weil sie wissen, wie viel Macht die Fotografie hat. Das ist bedauerlich, denn Porträts bringen Aspekte unserer Persönlichkeit zum Vorschein, von deren Existenz wir selbst anders nie etwas erfahren.

Indoctrination Division, Air Training Command, Lackland Air Base
San Antonio, Texas, July 19, 1947
NATIONAL PHOTO
NEWS SERVICE
SAN ANTONIO, TEXAS,

Das Selbstporträt

Ein Bild von mir selbst

Selbstporträts sind meist persönliche Projekte. Sie entstehen aus eigenem kreativen Antrieb und ohne kommerziellen Hintergrund und sind daher meist kunstvoll und ambitioniert. Bei der Ausführung wird ein Kabelfernauslöser oder der Selbstauslöser verwendet oder eine zweite Person wird hinzugezogen, die auf Anweisung des Fotografen auf den Auslöser drückt.

Yasumasa Morimura, *Self-Portrait (Actress), Red Marilyn*, 1996

Der japanische Künstler Yasumasa Morimura stellt mit seinen Selbstporträts berühmte Pin-up-Fotos nach und wechselt dazu sein Geschlecht wie auch seine ethnische Zugehörigkeit.

Fotografen, die von Magazinen und Zeitungen mit einem Porträt beauftragt werden, müssen Grenzen hinnehmen, zum Beispiel bei der Bereitschaft und momentanen Stimmung des Modells oder bei der zur Verfügung stehenden Zeit. Oft hat der Fotograf nur wenige Minuten oder gar Sekunden für eine Aufnahme, Faktoren wie Aufnahmeort oder Sonnenstand liegen nicht in seiner Hand. Es kommt alles darauf an, ein vorzeigbares Ergebnis zu produzieren, seine eigenen Vorstellungen sind nachrangig. Da ein Selbstporträt ganz nach den Wünschen und Ideen des Fotografen entsteht, hat es eine andere Qualität als ein Porträt.

Tod, Sex und ethnische Herkunft

Aufgrund ihrer besonderen Freiheiten stellen Fotografen auf einem Selbstporträt häufig Traditionen infrage und erforschen Grundthemen wie Sterblichkeit, Sexualität und ethnische Zugehörigkeit. Auf einem der ersten bekannten Selbstporträts posiert der Fotopionier Hippolyte Bayard 1840 als Ertrunkener – möglicherweise ein Hinweis auf seine Verzweiflung darüber, dass Daguerre im Wettstreit um das erste erfolgreiche fotografische Verfahren im Jahr 1839 den Sieg davongetragen hatte.

Das Werk von Cindy Sherman besteht fast ausschließlich aus Selbstporträts. Die Fotografin untersucht und kritisiert darin, wie Frauen auf Fotos dargestellt werden. Sherman (die ihren Vorname passenderweise mit einer Barbie-Puppe teilt) trägt historische Kostüme, Masken, Perücken und Schichten von Make-up und imitiert Posen der Mode-, Pin-up- und Pornofotografie auf satirische Weise. Einige Bilder haben durch die Gewalt, den Horror und den schwarzen Humor, der ihnen innewohnt, eine abstoßende Wirkung.

Die Aufnahmen der Serie *Untitled Film Stills* sehen aus wie Standfotos aus Kinofilmen. Die Fotografin bringt den Betrachter dazu, sich vorzustellen, was in diesem „Film" vorher passiert ist und was noch kommen wird. In *Untitled No. 122* steckt sie im engen Kostüm eines erfolgreichen Wall-Street-Yuppies der 1980er Jahre. Hart von oben ausgeleuchtet, mit einem Schlagschatten auf der weißen Wand hinter ihr und ins Gesicht fallendem Haar ballt sie die Fäuste.

In einer anderen Serie inszenierte Sherman Clownporträts. Für *Untitled No. 413* verwandelte sie sich vor einem knalligen, digital bearbeiteten Hintergrund, der die schrillen Farben und Aufdringlichkeit der Werbefotografie nachahmt, in einen Ronald McDonald von abgründiger Bösartigkeit.

Auch der Japaner Yasumasa Morimura griff für Selbstporträts auf Pin-up-Motive zurück. Nackt, auf rotem Samt und in der Pose des berühmtesten Pin-ups der Welt, verwandelt sich Morimura in eine männliche Marilyn Monroe.

Robert Mapplethorpe zeigte sich selbst 1988 als todgeweihten Aids-Kranken, der einen Gehstock mit einem Knauf in Form eines Totenschädels umklammert. Es ist das einzige Mapplethorpe-Foto, auf dem nicht jede Bildpartie gestochen scharf abgebildet ist. Das kühle, silbrige Schwarz-Weiß-Foto mit der Gegenüberstellung des glänzenden Schädels und des geisterhaften Gesichts von Mapplethorpe, das langsam in die Dunkelheit abtaucht, jagt uns einen Schauer über den Rücken.

Selbstdefinition

Mit einem Selbstporträt beschreibt der Fotograf häufig seine kreative Identität und teilt dem Betrachter etwas über sein Schaffen und die von ihm angestrebten Ziele mit. Edward Steichen posiert auf einem Selbstporträt von 1902 als Maler mit Palette und einem Pinsel voller Ölfarbe. Die gemäldeartige Wirkung des damals üblichen Gummidruck-Verfahrens unterstreicht noch Steichens Vorstellung von sich selbst als schwermütigem Meister seiner Kunst – ein Lord Byron mit Pinsel.

Der in Deutschland geborene Fotograf Helmut Newton fotografierte sich selbst in einem billigen Hotel, auf dem Bett liegend und in der Umarmung eines halbnackten Models, das mit seinen Händen und Haaren das Gesicht des Fotografen verdeckt. Er hat einen Arm steif um den Körper der Frau gelegt, mit der anderen Hand drückt er auf den Kabelauslöser, um sich selbst im Spiegel an der Decke aufzunehmen. Das körnige Schwarz-Weiß-Foto enthüllt sowohl Newtons Voyeurismus als auch seine kühle, passive Distanz. Er trägt immer noch seinen Anzug und seine Schuhe (*siehe* Der Körper, S. 59).

Peter Beard schreibt, aus dem Maul eines Krokodils ragend, ungerührt eine Postkarte und stellt sich selbst als abenteuerlustigen Playboy dar, der keine Gefahr scheut.

Pierre et Gilles zeigen sich in nietenbesetzten Elvis-Kostümen mit glänzenden schwarzen Pistolen vor einem hellblauen, leicht bewölkten Himmel – zwei engelsgleiche Gangster mit Gesichtern in Airbrush-Technik.

Pierre et Gilles, *Self-Portrait*, 1988

Das französische Künstlerpaar Pierre et Gilles ist berühmt für seine handkolorierten Porträts. Zu diesem Selbstporträt **(gegenüber)** wurde es auf einer Reise nach Indien inspiriert: „Die Filmindustrie, die Tempel, die Skulpturen – diese Leute machen aus Nichts, aus Holzbrettern und Pappmaché, ganz erstaunliche Dinge. Sie schrecken vor keinem Trick zurück!"

Peter Beard, *„I'll Write Whenever I Can…"*, Selbstporträt, 1965

Für seine humorvolle Weihnachtskarte wählte Peter Beard ein Foto, das am Lake Rudolf (heute Lake Turkana) an der Grenze zwischen Äthiopien und Kenia entstand. Der Abzug ist mit Tierblut beschmiert, das Beard in seinen Arbeiten häufig verwendet. Während der Aufnahme begannen sich die Eingeweide des gerade verendeten Tiers zusammenzuziehen und zerquetschten ihm fast die Beine.

Der Fotograf, Künstler, Abenteurer, Playboy und Umweltaktivist Peter Beard lebt in New York und Afrika. In seinen wunderbaren Tagebüchern – Collagen, gefüllt mit Fotos, Zeichnungen, eingeklebten Texten, Zeitungsausschnitten und Bildern, häufig ergänzt um Funde wie Schlangenhäute, Knochen und Steine – beschreibt er Natur und Wildnis beider Welten. Seinen Erfolg führt er auf ein fehlendes Gewissen und die Ablehnung jeglicher Verantwortung zurück.

Beards Leben und seine Arbeit wurden durch seine Freundschaft zu Karen Blixen, der Autorin von *Jenseits von Afrika*, und dem Maler Francis Bacon beeinflusst. Er schätzte das Werk von Julia Margaret Cameron .

Wo viele andere Fotografen zögern, direkt auf einen Abzug zu zeichnen oder zu malen, kennt Beard keine Scheu. Häufig stellt er Bildreihen zusammen, für die er Bilder abfotografiert, vergrößert oder sie überarbeitet (*siehe* Bildreihen, S. 89).

Beard zeichnet mit Feder und verwendet Tusche von Windsor & Newton. Das Tierblut, das er auf die Fotos aufträgt, bekommt er beim Metzger oder im Schlachthaus.

Mehr von Peter Beard unter peterbeard.com. Sehenswert sind auch die Arbeiten der Brüder Douglas und die des jungen Fotografen und Künstlers Dan Eldon, der sich ebenfalls von der Schönheit und den Gefahren Afrikas inspirieren ließ.

Heroische Selbstporträts

Studenten der Fotografie **(gegenüber)** bekamen die Aufgabe, sich auf einem Selbstporträt im Stil der von ihnen verehrten Helden darzustellen.

Selbstporträts auf der Straße

Tageslichteffekte oder zufällige Lichtreflexionen, die beim Fotografieren auf der Straße mitunter eintreten, können für ein Selbstporträt von Nutzen sein. Nigel Henderson, Tommy Harris, Henri Cartier-Bresson und Eve Arnold nahmen auf diese Weise fragmentierte, wie im Spiegelkabinett verzerrte, fröhliche Fotos von sich selbst auf. Saul Leiter und Louis Faurer fingen in New Yorker Fensterscheiben eher düstere Spiegelbilder ein.

Der Amerikaner Lee Friedlander ist ein Straßenfotograf, der sich oft selbst mit ins Bild rückt, zum Beispiel mithilfe seines Spiegelbilds in einer Scheibe. Berühmt ist sein Foto von seinem Schatten, den er auf Rücken und Hinterkopf einer Passantin wirft (*siehe* Motive sehen, S. 106).

Der Passbildautomat

Jeder von uns hat schon einmal ein Automatenfoto von sich selbst aufgenommen. Die Automaten, die man mit Kleingeld füttert, waren ursprünglich dazu gedacht, in Minutenschnelle ein schwarz-weißes Passbild zur Hand zu haben. Manche geben sogar Anweisungen, wie man am besten posiert.

Viele Fotografen, Künstler und Kunststudenten haben solche Passbildautomaten auf kreativere Weise genutzt, darunter Andy Warhol, Francis Bacon und Dick Jewell. Tomoko Sawada stellte 400 in einem Automaten aufgenommene Selbstporträts aus, auf denen sie in allen erdenklichen Modestilen gekleidet ist, aber ständig den gleichen ernsten Gesichtsausdruck zeigt.

Richard Avedon schuf 1964 mit einem Passbildautomaten ein ungewöhnliches Selbstporträt: Vor dem weißen Hintergrund sitzend, hält er ein ausgeschnittenes Foto von dem Schriftsteller James Baldwin hoch, mit dem er damals an einem Buch arbeitete. Das Foto verdeckt zum Teil sein Gesicht, und Avedon beugte sich zur Kamera, sodass die gesamte Aufnahme unscharf wurde. Das Gesicht des Schriftstellers und das des Fotografen verschmelzen miteinander – zum Zeichen für ihre schöpferische Zusammenarbeit. Das komplexe, ausdrucksstarke Bild kostete nicht mehr als ein paar Münzen.

Nicole Rogers, *School*, 2001

„Ich wollte ein Schreckensszenario in einem Klassenzimmer inszenieren. Da kam mir die Idee, ein Selbstporträt aufzunehmen, bei dem ich gleichzeitig Opfer und Täter war. Das Bild wurde mit einer Mittelformatkamera auf einem Stativ, bei natürlichem Licht auf Tageslichtfilm aufgenommen. Ein Freund bediente die Kamera, während ich in die verschiedenen Rollen schlüpfte. Die endgültige Komposition entstand in Photoshop." Rogers arbeitet in London als Fotografin und Illustratorin.

Digitale Porträts und Selbstporträts

Die Digitaltechnik eröffnet ganz neue und überraschende Möglichkeiten, sich in Porträts und Selbstporträts darzustellen. Nicole Rogers nutzt sie überzeugend für ein verstörendes Selbstporträt in einem Klassenzimmer.

Die Stadt

Manche Fotografen streifen unermüdlich durch die Stadt, immer auf der Suche nach zufälligen Begegnungen zwischen Sonnenlicht und Straße, Neonschein und Nachtleben, Wolkenkratzern und Wegkreuzungen. Sie halten nach außergewöhnlichen und ganz banalen Ereignissen Ausschau, um die Freude, Intensität oder Anonymität des Lebens in der Stadt einzufangen und Szenen zu verewigen, die ansonsten für immer verloren wären.

Ernst Haas, *The Cross, NYC*, 1966

Ernst Haas kam im Alter von dreißig Jahren nach New York. Als Fremder fotografierte er die Stadt mit anderen Augen. Inspiriert von Edward Weston und dessen Begabung, auf seinen Fotos Reales irreal erscheinen zu lassen, entdeckte er dieses Kruzifix zwischen den Wolkenkratzern. Das *Life*-Magazin veröffentlichte seine Bilder unter dem Titel „Images of a Magic City".

William Klein, *Variation on Gun 1, NYC 1955*, 2000

Von dem einzelgängerischen Fotografen William Klein heißt es, er habe seine Kamera beim Pokerspielen bei der US Army gewonnen. Klein ist eine Legende, ein selbsterklärter Revolutionär und dabei so lässig, dass er gleichzeitig fotografieren und rauchen kann.

Seine künstlerische Laufbahn begann Klein als Maler und Designer. Er war als Straßenfotograf, Modefotograf, Maler, Bildhauer, Werbefotograf, Aktivist und Satiriker tätig und drehte Spielfilme, Dokumentarfilme und Werbespots. Seine Bilder von New York aus den frühen 1950er Jahren haben ganze Generationen von Fotografen beeinflusst. Dieses Foto **(gegenüber)** stammt aus einer Serie mit Bildern von der Stadt, die er viele Jahre später bearbeitete. Klein lebt und arbeitet in Paris und fotografiert inzwischen auch digital.

Eugène Atget: Paris

1898 griff Eugène Atget zum ersten Mal zur Kamera und begann, Paris zu fotografieren. Mit einer einfachen Ausrüstung und anfangs ohne jegliche Aussicht auf eine Ausstellung, Veröffentlichung oder Bezahlung seiner Bilder rief er ein Projekt ins Leben, für das er im Laufe von zwanzig Jahren etwa 10 000 Bilder aufnahm. Atget wollte das alte Paris auf Film bannen, ohne den neu gebauten Eiffelturm und ohne Prachtboulevards. Er fotografierte enge, gepflasterte Straßen und Gassen, Areale, die vor dem Abriss standen, und Details wie Ladenfassaden, Schilder, Türklopfer und Straßenlaternen.

Robert Doisneau: Paris

Seit den 1940er bis in die 1970er Jahre wanderte Doisneau durch die Straßen von Paris, auf der Suche nach warmen, humorvollen Augenblicken des Großstadtlebens. Auf seinen Bildern küssen sich Liebende auf überfüllten Straßen, ein Polizist geht an einer Tür vorbei, die wie ein aufgerissenes Maul aussieht, und Arbeiter transportieren die Statue einer nackten Frau und halten sie dabei an den Brüsten fest. Seine geistreichen Fotos zeigen die Stadt von ihrer amüsanten, romantischen Seite.

Roger Mayne: London

Roger Mayne fotografierte von 1956 bis 1961 die Southam Street im Londoner Stadtteil North Kensington. Die Straße hatte er durch Zufall entdeckt, während er die Umgebung seines Studios erkundete. Fasziniert von der Lebensfreude – Familientreffen auf der Straße, Kinder beim Fußballspielen oder auf Schaukeln, die an Laternenpfahlen angebracht waren – kehrte der ruhige, sanfte Fotograf immer wieder dorthin zurück und wurde schon bald nach seinen ersten Besuchen in die Gemeinschaft aufgenommen. Er nahm wunderbar fröhliche Bilder der Straße als Spielplatz und Zentrum des gesellschaftlichen Lebens auf.

Naoya Hatakeyama: Tokio

In den 1980er Jahren fotografierte Naoya Hatakeyama die unsichtbare Struktur von Tokio. Er watete knietief durch das Wasser in den stinkenden Kanälen knapp unterhalb der Straßen der Millionenstadt. Eingekeilt von den hässlichen Rückseiten von Büro- und Wohngebäuden reflektiert das rostige, giftige Wasser hier und da die bunten Neonlichter der Stadt. Hatakeyama komponierte alle Bilder dieser Serie akribisch genau, sodass die horizontale Linie der Betonränder der Kanalwände immer genau durch die Bildmitte verläuft. Die moderne, brutale und hässliche Stadt in der oberen Bildhälfte erscheint im verzerrten Spiegelbild darunter merkwürdig schön.

26A
27
27A
AK 5063 TX
27
ODAK 5063

Der fremde Blick

Einige Fotografen lieben ihre Heimat und machen sie zu ihrem Motiv, andere kommen als Fremde und sehen eine Stadt mit neuen Augen. Brassaï, Weegee, Philip-Lorca diCorcia und Sirkka-Liisa Konttinen waren Zugereiste und wurden doch zu Synonymen für die Städte, die sie fotografierten.

Brassaï: Paris

Der Fotograf Gyula Halasz, der sich nach seinem Geburtsort Brasso im heutigen Rumänien den Namen Brassaï gab, schuf in den 1920er und 1930er Jahren dramatische Bilder von Paris. Er fotografierte ausschließlich nachts und zeigte die Stadt aus der Sicht eines Schlaflosen. Ansichten, die vielen Einwohnern unbekannt waren. Das Paris von Brassaï ist bevölkert von Ganoven, Prostituierten, Nachtschichtarbeitern und Ausgestoßenen. Er nahm seine Bilder mit einer Voigtländer-Kamera und Magnesium-Blitzpulver auf Glasnegative auf, die so schwer waren, dass er immer nur zwanzig mitnehmen konnte. Folglich musste er seine Motive sehr sorgfältig auswählen. Er fotografierte auch Graffiti – Kritzeleien, eingeritzte Schriftzüge, Initialen und Herzchen, ein Thema, mit dem sich später auch Gilbert & George in London beschäftigen sollten. Brassaïs nächtliches Paris ist ein bittersüßer Ort der Zärtlichkeit und des Sex, der Einsamkeit, Gewalt und Melancholie.

Weegee: New York

Der in Österreich geborene Weegee, mit bürgerlichem Namen Arthur Fellig, schuf in den 1940er Jahren unvergessliche Fotos von New York, die dazu beitrugen, dass die Stadt auf der ganzen Welt als Hauptstadt des Lasters und des gewaltsamen Todes galt. Er war der Archetyp eines schnüffelnden Reporters: ein Pressefotograf, der, Zigarre rauchend und mit seinem Presseausweis am Hut, Krankenwagen verfolgte. Er stand sowohl mit der Polizei als auch mit Kriminellen auf gutem Fuß und war ständig auf der Suche nach Sensationsmeldungen, egal wo, egal wann.

Als rastloser Wanderer, der morgens ohne festes Ziel das Haus verließ, wurde Weegee von dem Wunsch angetrieben, als Erster einen Mord oder einen Brand zu fotografieren, um die Bilder an Gazetten und Pressedienste zu verkaufen. Weil er oft vor den Einsatzkräften am Ort des Geschehens eintraf, mutmaßten Polizisten und Feuerwehrleute eines Tages, er sei wohl im Besitz eines Ouija-Bretts und stehe mit Geistern in Kontakt. Fortan nannte er sich „Weegee“. Tatsächlich hörte er den Polizeifunk ab und schlief in Straßenkleidung, um allzeit bereit zu sein.

Er war der einzige Fotograf, der die Genehmigung erhielt, ein Polizeifunkgerät in seinem Auto zu installieren. Ein Pressekollege, Louis Liotta, erinnert sich: „Weegee war schlau. Er hatte die Hochzeitsfotos der Tochter des Polizeichefs geschossen, und der fand sie großartig. Er schrieb eine Notiz auf die Rückseite von Weegees Presseausweis. Am Tatort zeigte Weegee den Polizisten diese Notiz und erhielt Zugang. Die Polizisten zeigten ihm die Leiche, legten die Kanone wieder an die richtige Stelle, und Weegee hatte tolle Fotos im Kasten.“

Auf Weegees berühmtestem Bild, *The Critic (Opening Night at the Opera)*, treffen zwei ältere Damen der Gesellschaft in Pelzjacken (Mrs. George Washington Kavanaugh und Lady Pell) in der Oper ein und lächeln, die Opernkarten in ihren faltigen, beringten Händen, blasiert in die Kamera. Eine Passantin sieht die beiden ärgerlich an. Das Bild fängt die Verachtung ein, die die Menschen an den entgegengesetzten Enden der New Yorker Gesellschaft füreinander hegen.

Weegee liebte solche sarkastischen Gegenüberstellungen. Auf einem Foto von einem Hochhausbrand, der gerade von der Feuerwehr gelöscht wird, prangt in der Mitte der Fassade eine riesige Werbetafel: „Einfach kochendes Wasser zugeben."

Seine erste Einzelausstellung trug den Titel *Murder Is My Business* und zeigte Bilder von New Yorker Kleinganoven, jungen Mädchen, Betrunkenen, Transvestiten und Schlägertypen. Weegee starb am zweiten Weihnachtsfeiertag 1968 in Hell's Kitchen. Der Stempel auf der Rückseite seiner Fotos lautete *„Credit Photo by Weegee the famous"* (*siehe* Die Ausrüstung des Pressefotografen, S. 74).

Philip-Lorca diCorcia: Los Angeles

Philip-Lorca diCorcia aus Hartford, Connecticut, fotografierte eine verborgene, zwielichtige Seite von Los Angeles. Auf dem Santa Monica Boulevard sprach er Stricher, Landstreicher, Zuhälter und Drogensüchtige an, ob sie bereit wären, gegen Geld für ihn zu posieren. Nach besiegeltem Geschäft fotografierte er die Person auf der Straße, in Dinern und billigen Motels, bei einer Mischung aus Blitzlicht, Straßenbeleuchtung und dem Licht von Leuchtröhren.

Im Titel der Bilder werden der Name des Porträtierten, Alter und Heimatstadt sowie die Gage für das Modellstehen genannt: *Eddie Anderson; 21 years old; Houston, Texas; 20 dollars*. Die Fotos zeigen die Schattenseiten des Lebens in Hollywood – Isolation, Trostlosigkeit und Heimweh (*siehe* Porträts mit versteckter Kamera, S. 35).

Sirkka-Liisa Konttinen: Newcastle

Die finnische Fotografin Sirkka-Liisa Konttinen fotografierte in den 1970er und 1980er Jahren Newcastles dörflichen Stadtteil Byker: das tägliche Leben auf den Straßen, daheim, beim Friseur und im Waschsalon, im Bingo-Saal und auf der Bowling-Bahn mitten in der Innenstadt. Durch ihre Fotos zieht sich eine große Traurigkeit, denn das gesamte Arbeiterviertel stand damals vor der Sanierung. Die alten Backsteinhäuser wurden abgerissen und durch moderne Häuserblöcke ersetzt.

Johnnie Shand Kydd: Neapel

„Ich zog für drei Monate nach Neapel, um dort zu fotografieren. Ich sprach weder Italienisch noch kannte ich irgendjemanden. Neapel ist eine ganz besondere, quirlige Stadt mit viel Humor und gleichzeitig auch ziemlich finsteren Seiten. Am Anfang lässt man sich von seinen eigenen Klischeevorstellungen täuschen. Da muss man durch, bevor man in die tieferen Schichten vordringt. Dazu wandert man am besten stundenlang mit der Kamera durch die Straßen."

Johnnie Shand Kydd ist Autodidakt. Für sein erstes Buch, *Spit Fire*, fotografierte er als aktiver Teilnehmer die explosionsartige Entwicklung der Britart in London Mitte der 1990er Jahre. Die hier gezeigten Aufnahmen entstanden 2000 mit einer zweiäugigen Mittelformat-Spiegelreflexkamera von Mamiya aus den 1950er Jahren.

NAPOLI

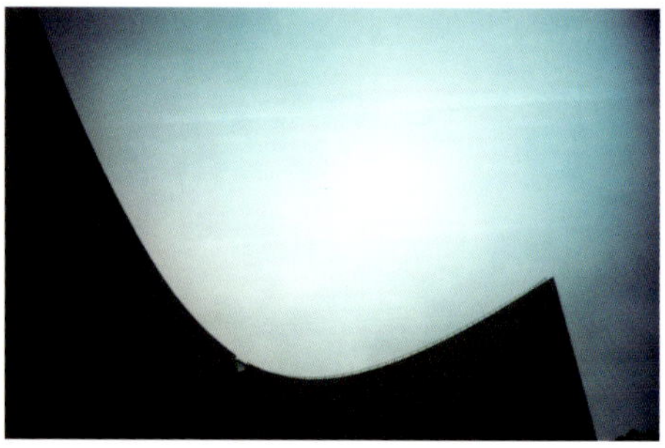

Fabian Monheim: Hongkong

2004 fotografierte Monheim Hongkong mit einer Lomo-Kamera. „Bei Stadtbesichtigungen meide ich die Touristenattraktionen. Am ersten Tag gehe ich nach Süden, am nächsten nach Norden, dann nach Osten und zuletzt nach Westen. Ich warte ab, was passiert."

Landschaft

Die majestätische Schönheit der Natur und ihre Verletzlichkeit haben viele Fotografen bezaubert. Sie haben Berge fotografiert, Wälder, Bäume, Himmel und Meer und immer wieder die Weite von Landschaften, mit ihren alten wie jungen Mustern, Rhythmen und Strukturen und im Zusammenspiel mit vorübergehenden Wetterphänomenen wie Licht, Nebel, Wind, Regen und Sturm.

Landschaftsfotografen zeigen uns auf ihren Bildern, wie sie ihre Umwelt erleben. Manche stehen der Natur ehrfürchtig gegenüber, einige sehen Mensch und Natur im Einklang, andere bangen um die Zukunft der Erde.

Landschaftsansichten und geeignete Kameras

Viele Fotografen, die die Weite einer Landschaft darstellen wollen, wählen eine Großformatkamera. Großformatkameras liefern gestochen scharfe, extrem gut durchgezeichnete Bilder und wurden aus diesem Grund von vielen Meistern der Landschaftsfotografie eingesetzt. So gut sich die Fotografie für Detailstudien, zum Beispiel von Gesichtern oder Objekten, eignet, so anders sieht die Aufgabe aus, wenn es darum geht große Areale zu fotografieren.

Wenn wir eine Landschaft betrachten, sehen wir keine Einzelheiten, sondern ein Panorama. Wir nutzen unser gesamtes Gesichtsfeld, um den Raum zu erleben. Von der ersten Stunde an erkannten Fotografen diesen Unterschied. Sie nahmen von einem festen Standpunkt aus mehrere Bilder auf und fügten sie zu einer Panoramaansicht zusammen. Panoramakameras

Andrew Watson,
***Figsbury Ring*, 1994, und *A 303 and Tumuli, Salisbury Plain*, 2002**
Watson fotografiert alte und neue Spuren des Menschen in der Landschaft.

wurden gebaut, die eine extrem breite Ansicht aufnehmen können, manche mit einem Bildwinkel von 180°, andere sogar mit 360°-Rundumsicht. Zwischen 1859 und 1866 schuf der französische Geologe und Fotograf Aimé Civiale faszinierende 360°-Panoramen von den französischen, österreichischen und Schweizer Alpen. Der in Hongkong geborene Designer und Fotograf Robin Koh setzt am Computer Einzelaufnahmen zu 360°-Ansichten zusammen. Er montiert die Bilder in dünne, breite Trommeln, die sich langsam drehen. Wenn man darunter steht, fühlt man sich mitten in die Landschaft hineinversetzt.

Ikonisierung der Natur

Für Ansel Adams war die Natur ein Paradies. Sein Leben lang fotografierte er im Yosemite-Nationalpark in Kalifornien. 1916, mit 14 Jahren, machte er dort während eines Familienurlaubs seine ersten Bilder und kehrte in den nächsten sechzig Jahren immer wieder dahin zurück.

Adams wurde Naturschützer und kämpfte für die Schaffung von weiteren Nationalparks. Eine wunderbare Ordnung herrscht auf seinen einzigartigen Fotos, auf denen Berge, Schluchten, Bäume und Seen in faszinierendem Licht liegen und die Monumentalität der amerikanischen Landschaft preisen. Seine Bilder waren immens populär. Sie ermöglichten einer konsumorientierten Gesellschaft, wieder eine Beziehung zur Einfachheit und Schönheit der Natur aufzubauen. Um auf seinen großformatigen Fotos vom Vorder- bis zum Hintergrund möglichst viele Details abbilden zu können, erfand der von technischer Qualität besessene Fotograf das Zonensystem.

Die Gestaltungskraft der Natur

„Die Natur ist eine großartige Künstlerin. Ich habe Felsen und Formen gesehen, gegen die Matisse, Picasso und Brancusi nichts sind. Mutter Natur ist unschlagbar."
Brett Weston, Landschaftsfotograf

Edward Weston war ein Perfektionist, der alles daran setzte, die meisterhaften Formen, die die Natur überall hervorbringt, ebenso schön abzubilden. Immer wieder fotografierte er Bäume, Felsen und Sanddünen, denen Wind und Wetter fantastische Gestalt gegeben haben und die mit jedem Wechsel der Lichtstimmung anders aussehen. Muscheln, Wurzeln, Blätter, ja gewöhnliche Paprikaschoten wirken auf Westons einfach komponierten Fotos wie großartige Skulpturen.

Der Horizont durchschneidet jede der von Hiroshi Sugimoto seit den 1990er Jahren aufgenommenen Meerlandschaften an exakt der gleichen Stelle. Die Schwarz-Weiß-Aufnahmen, die mit 10-x-8-inch-Deardorff- und Philipps-Kameras gemacht wurden, sind hypnotische Bilder, die Himmel und Meer als endlose, schwarzgraue Flächen zeigen. Auf den Nachtaufnahmen, die stundenlange Belichtungszeiten erforderten, ist der Kontrast zwischen dem dunkelgrauen Himmel und dem tiefschwarzen Meer so fein, dass die Linie zwischen Luft und Wasser kaum noch auszumachen ist. Diese Bilder sind bestechend.

Die ersten Luftbildaufnahmen entstanden in den 1850er Jahren von Fesselballons aus. Der Fotopionier James Wallace Black ließ seine Kamera an einem Drachen bis zu 350 m hoch in die Luft steigen und öffnete den Verschluss mit einer langen Leine. Der Künstler Vik Muniz gräbt mit mechanischen Baggern riesige Muster nach Art der frühzeitlichen Kreidezeichnungen ins Erdreich, die er dann vom Helikopter aus fotografiert. *Siehe auch* die Arbeiten der Luftbildfotografen Marilyn Bridges und Yann Arthus-Bertrand und die futuristische „Aerofotografia" des Italieners Filippo Masoero.

Ab den 1940er bis in die 1990er Jahre hinein fotografierte William Garnett die Erde aus dem Fenster eines kleinen, selbstgesteuerten Flugzeugs heraus. Seine atemberaubenden Bilder führen uns auf beispiellose Weise die Schönheit der Landschaft mit ihren Mustern aus Hügeln, Wasserläufen, Sandbänken und Stränden vor Augen.

Die Spur des Menschen

Die Fotos von Andy Watson zeigen, wie zart die Spuren sein können, die der Mensch in der Natur hinterlässt. Auf seinen in Oxfordshire, Südengland, von einem Leichtflugzeug aus aufgenommenen Bildern gehen historische und moderne Strukturen ineinander über. Überbleibsel alter Siedlungen und Mauern verwirbeln sich in abstrakten Mustern mit frisch angelegten Feldern, Traktoren und Mähdreschern. Auf anderen Aufnahmen verschmelzen die Linien des heutigen Straßennetzes mit denen verschlungener Wege, die Tausende von Jahren alt sind.

Siehe richardlong.org

Richard Long fotografiert Spuren, die er selbst in der Landschaft hinterlässt. Er schreitet – häufig viele Tage lang – über Brachland und gestaltet Linien oder Kreise. Sein Werk macht sichtbar, dass die Natur menschliche Spuren auch wieder beseitigen kann. Nur seine Bilder legen Zeugnis von der vorübergehenden Anwesenheit eines Menschen ab, die Fußabdrücke selbst lassen die Witterung oder die Gezeiten bald wieder verschwinden.

Siehe auch die Arbeiten von Brett Weston, Aaron Siskind und Minor White, die im Kapitel Die Kamera in der Hand des Künstlers, S. 120, besprochen werden.

Siehe edwardburtynsky.com

Der kanadische Fotograf Edward Burtynsky will mit seinen Bildern seiner Wut über die Ausbeutung der Natur durch den Menschen Ausdruck verleihen. Er dokumentiert im Großformat und in intensiven Farben, wie wir die Landschaft mit riesigen Ölfeldern, Raffinerien, Kohlehalden oder Reifendeponien verschandeln. Die stillgelegten Minen und Steinbrüche auf seinen Fotos aus den 1990er Jahren wirken wie offene Wunden in der Haut der Erde. Seine schockierendsten Bilder zeigen leuchtende, mit Nickel verseuchte Bäche, die in der Erde versickern oder ins Meer fließen.

Stillleben

Hunderte von Jahren haben Künstler Arrangements von Früchten, Gemüse, Blumen, Karaffen und Musikinstrumenten gemalt. Der Begriff „Stillleben" wurde für diese Art der realitätsnahen Wiedergabe unbelebter Dinge geprägt. Die ersten fotografischen Stillleben spiegelten diese Kompositionen wider. Stillleben heißt auf Französisch *nature morte,* also „tote Natur", trotzdem möchte der Fotograf die Gegenstände zum Leben erwecken.

„Die Stilllebenfotografie ist eine klare Angelegenheit. Auf einem Stillleben ist nichts, das man da nicht haben will."
Sandro Sodano, Fotograf

„Ein gutes Stillleben kann eine emotionale Reaktion auf ein Objekt auslösen."
Adam West, Fotograf

Ikonisierung des Objekts

Auf fotografischen Stillleben entdecken wir die Welt um uns herum neu. Ihr ganzes Augenmerk liegt auf der Beschaffenheit eines Objekts. Anders als in anderen fotografischen Genres lässt sich in der Stilllebenfotografie das Motiv, insbesondere im Studio, absolut kontrollieren. Beleuchtung, Kameras, Objektive und Scharfeinstellung werden so gewählt, dass die Schönheit der Objekte herausgearbeitet werden kann.

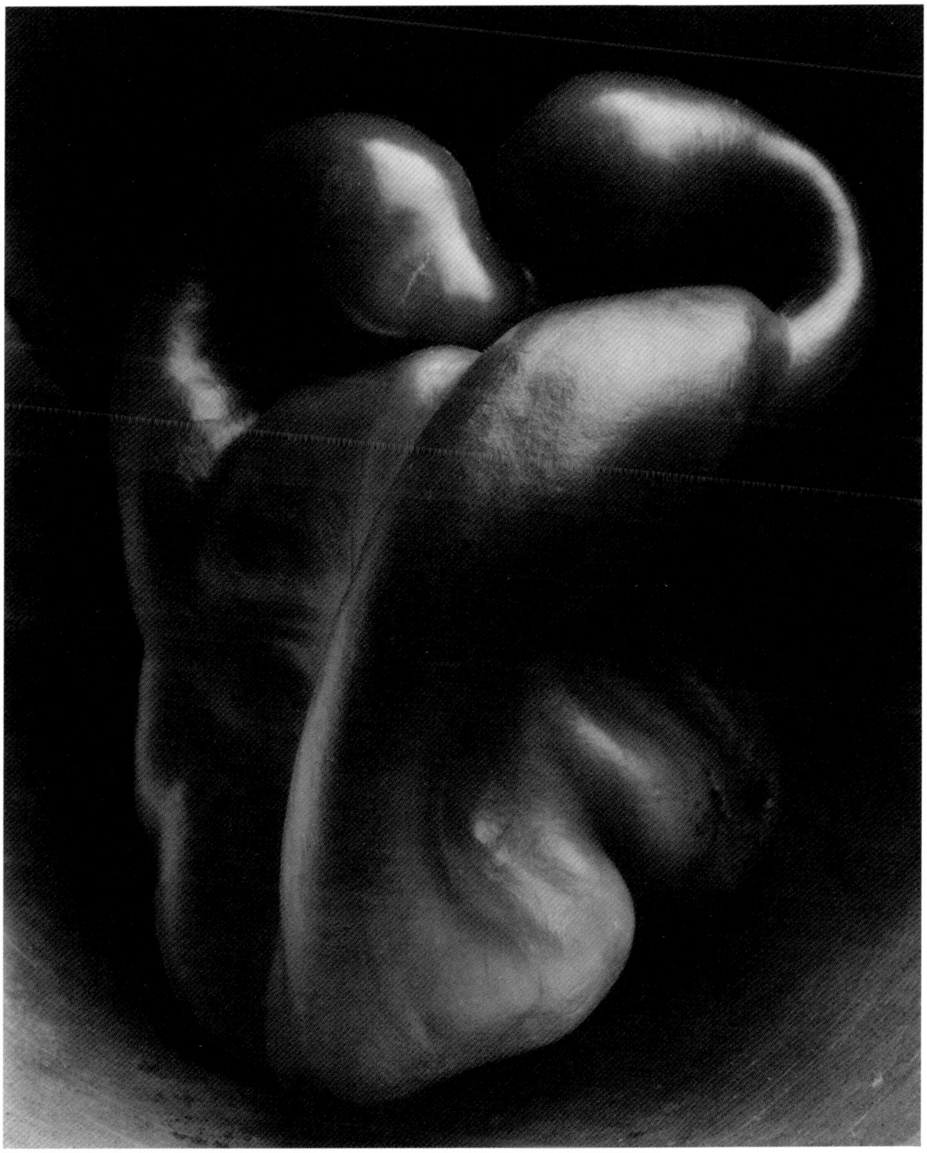

Edward Weston,
***Pepper No. 30*, 1930**

Stillleben können die Besonderheit eines Objekts auf erstaunliche Art und Weise hervorheben, wie dieses Bild von einer Paprikaschote von Edward Weston.

Sandro Sodanos Stillleben von Taschen, 2000

Auf diesen Werbefotos macht Sandro Sodano sein Motiv, die Taschen, zum Star. Die Bilder entstanden im Studio mit sorgfältiger Beleuchtung und Belichtung und ohne Zuhilfenahme von digitalen Techniken.

Für ein gelungenes Stillleben braucht der Fotograf eine gute Idee und Liebe zum Detail. Auf Stillleben für Zeitschriften und in der Werbung werden die Objekte glorifiziert, der Fotograf lässt sie möglichst üppig, appetitlich, frisch oder modisch aussehen.

Ein Stilllebenfotograf profitiert von der Schönheit natürlicher Objekte wie Pflanzen, Felsen oder Muscheln. Man Ray, André Kertész, Nick Knight und Robert Mapplethorpe schufen Blumen-Stillleben. Man Rays mit dem Sabattier-Effekt verfremdete Lilien leuchten hell, André Kertész „melancholische Tulpe" ist kubistisch verzerrt. Nick Knight fotografierte Pflanzen aus der Blumen- und Pflanzensammlung des Natural History Museum in London vor strahlend weißen Hintergründen, um ihre Konturen herauszustellen, und Robert Mapplethorpes Lilien-Stillleben feiern die Sinnlichkeit dieser Blume.

Auch Lebensmittel sind ein immer wiederkehrendes Motiv von Stillleben. Einer der Meister der Stilllebenfotografie, Irving Penn, nahm ein wunderbares Foto von gefrorenen Früchten auf, die direkt aus dem Gefrierschrank kamen. Auf seinem *American Summer Still Life* sieht man eine Flasche Coca-Cola, einen Streifen Kaugummi, einen Baseball und einen senfbeschmierten Hotdog. Das vielleicht beste Stillleben von Penn – ein einfaches, humorvolles Bild – zeigt hochkarätige Diamanten im Wert von Millionen so, als tropften sie aus einem Wasserhahn heraus.

Fotografen finden Schönheit in unauffälligen, weggeworfenen und hässlichen Dingen, manchmal zufällig, auf der Straße oder auf Reisen. Edward Weston fotografierte den zementverkrusteten Handschuh eines Bauarbeiters, Chalkie Davis wurde ein großartiges Stillleben auf einem Tablett serviert – seine Mahlzeit im Flugzeug. Irving Penn schuf eine atemberaubende Serie mit Zigarettenkippen, die er auf der Straße aufgesammelt hatte. Als Platindruck und in Postergröße wirkten sie wie elegante Skulpturen. Martin Parr fand ein Motiv auf dem Sitz seines Autos, in das eingebrochen worden war: Die Glassplitter der eingeschlagenen Windschutzscheibe funkelten wie Edelsteine.

Der Körper

Der menschliche Körper ist Thema vieler Fotografen. Sie setzen seine Oberfläche und seine Konturen, seine Beweglichkeit, seine Veränderung im Laufe des Lebens, seine Stärke, Zerbrechlichkeit und Schönheit ins Bild.

Einige wollen mit ihren Aktaufnahmen Begehren, Sexualität und Sinnlichkeit darstellen, um die Fantasie des Betrachters zu stimulieren oder auch zu Werbezwecken. Anderen gefällt der Anblick eines Körpers in Bewegung, beim Tanz oder im Sport. Die Fotografie kann auch dazu dienen, Aufbau und Funktion unseres Körpers zu veranschaulichen.

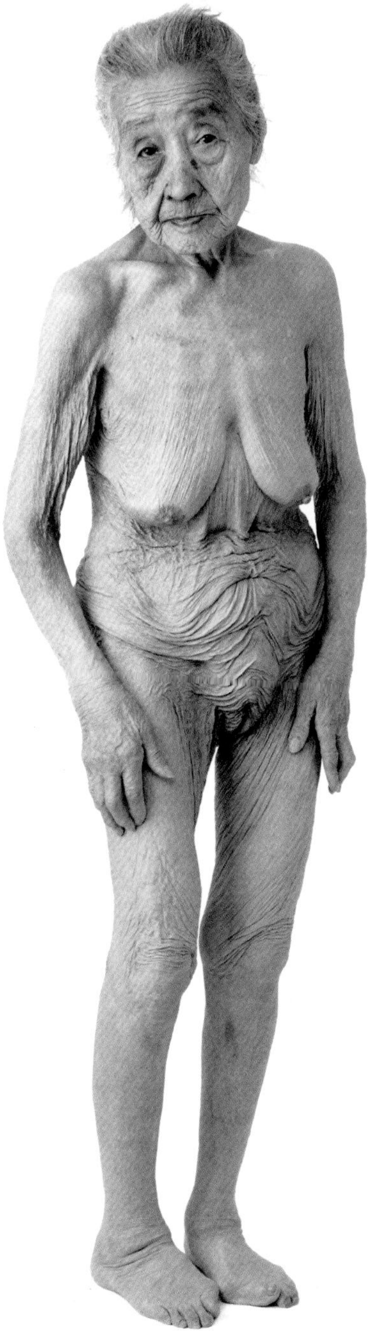

Manabu Yamanaka,
***Gyahtei*, 1998**

Der Anblick nackter junger Körper ist uns vertraut, doch mit seiner Serie mit lebensgroßen Aktporträts alter Frauen brach der japanische Fotograf Manabu Yamanaka ein Tabu.

Der nackte Körper

Bilder von nackten und halbnackten Körpern sind heute überall zu sehen, besonders in der Werbefotografie in den Bereichen Kosmetik, Parfüm, Bekleidung und Wäsche. In allen Publikumszeitschriften erscheinen regelmäßig Bilder, die in der Vergangenheit einen Tabubruch bedeutet hätten. Abbildungen, die früher als eindeutig sexuell empfunden und in den privaten Bereich verbannt worden wären, zieren Plakatwände oder werden von Zeitschriftenlesern in aller Öffentlichkeit betrachtet.

Die Modelle sind fast ausnahmslos jung, körperlich fit und sonnengebräunt. Wie ungewohnt sind dagegen die lebensgroßen Akte von alten Frauen mit tiefen Falten und welker Haut des japanischen Fotografen Manabu Yamanaka. Die Frauen besitzen große Würde und fühlen sich in ihrer nackten Haut wohl. Sie lassen uns über den Jugendwahn unserer Tage nachdenken. In einer Welt, in der Schönheitsoperationen an der Tagesordnung sind, erinnern diese außergewöhnlichen Bilder an die Unausweichlichkeit des Alterns.

Elliott Erwitt findet seine Motive am Strand, wo viele Umgangsformen außer Kraft gesetzt sind. Er bringt die Komik der Nacktheit zum Vorschein: In humorvollen Gegenüberstellungen etwa von unbekleideten Badenden und bekleideten Spaziergängern oder jungen und alten Körpern und der Beobachtung unserer Gewohnheiten beim Flirten, Baden und Sonnen.

Für einige Fotografen steht die Schönheit des menschlichen Körpers im Mittelpunkt ihrer Arbeit. Robert Mapplethorpe fotografierte männliche und weibliche Akte in der Pose antiker Statuen und bei Studiobeleuchtung, die Muskeln und Muskeltonus optimal zur Geltung brachte. Auf seinen Bildern wurde das Fleisch zu kühlem, festem Stein. Edward Weston beschäftigte die Darstellung der harmonischen Formen des nackten Körpers, den er dazu bei hellem Sonnenlicht fotografierte, das weiche Konturen und einfache, dunkle Schatten schuf.

Irving Penn wählte für seine berühmten, kontrastreichen weiblichen Akte Modelle mit üppigen Rundungen, als Kontrapunkt zu den spindeldürren Models, die er zur gleichen Zeit für das Modemagazin *Vogue* fotografierte.

Eine Ikone der Aktfotografie schuf der in Hongkong geborene Lewis Morley – und das, obwohl auf dem Foto der Körper der Frau unseren Blicken fast vollständig entzogen ist. Morley erhielt den Auftrag, das Callgirl Christine Keeler zu fotografieren, das in den 1960er Jahren in einen Sexskandal um einen britischen Minister verwickelt war. Morley positionierte sie rittlings auf einem mit der Lehne nach vorne gedrehten kurvigen Holzstuhl. Das Foto wurde viele Male nachgestellt, aber die Ausdruckskraft des Originals blieb unerreicht. Das Bild bezieht seine Stärke daraus, dass die Nacktheit des Modells gleichzeitig enthüllt und verborgen wird: Brust und Scham verschwinden hinter der Lehne und den aufgestützten Armen. Durch eine Öffnung in der Lehne, in der alle Linien zusammenlaufen, erhaschen wir dennoch einen Blick.

Natalie Loher präsentiert in großformatigen Bildern 360°-Ansichten von den nackten Körpern ihrer Freundinnen. Die Frauen stehen aufrecht da, die

Kamera scannt jedes Detail. Der Betrachter kann die Figur drehen, indem er die Buchseite umblättert.

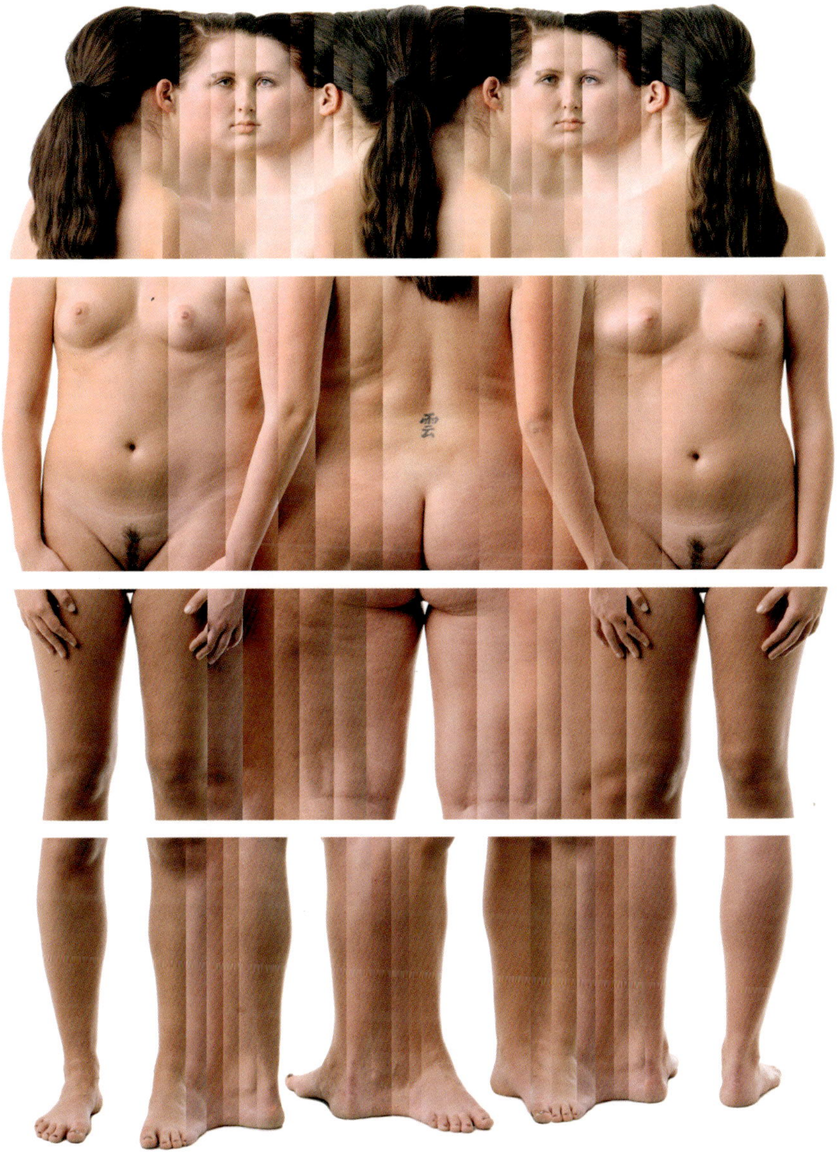

Natalie Loher, *360° Female Nude*, 2004

„Diese Arbeit ist eine fotografische Untersuchung des menschlichen Körpers. Einzelne Aufnahmen der schrittweise um 30° gedrehten Frauen wurden zu einer bizarren 360°-Ansicht des Körpers zusammengefügt, die einem Geländemodell oder einer Landschaft ähnelt."

Natalie Loher nahm die Bilder mit einer 5-x-4-inch-Sinar-Kamera im Studio auf. Das Modell stand auf einem Drehteller.

Die in Deutschland geborene Fotografin studierte an der Parsons School of Design in New York und am Central Saint Martins College of Art and Design in London. *Siehe* natalieloher.com

Abstraktionen und Verzerrungen

Es ist viel experimentiert worden, um den Körper auf fremde oder besonders sinnliche Weise darzustellen. Bill Brandt fotografierte Akte in kontrastreichem Schwarz-Weiß mit einer ehemaligen Polizei-Kamera. Mit einem extrem weitwinkligen Fixfokus-Objektiv ohne Verschluss schuf er eine faszinierende Serie. Die Beine und andere Gliedmaßen der in völlig leeren Räumen aufgenommenen Modelle sind zu langgezogenen, sinnlichen weißen Formen verzerrt, die Bilder Traum und Albtraum zugleich.

Der ungarische Fotograf André Kertész experimentierte mit Ansichten des nackten Körpers in Jahrmarkt-Zerrspiegeln und schuf brutale, groteske Bilder von verdrehten, gepeinigten Körpern, die an Gemälde von Bruegel erinnern.

David Hockney setzte seine *Photo Collage Nude, 17th June 1984* aus mehreren Nahaufnahmen von der Schauspielerin Theresa Russell zusammen. Die Collage, beeinflusst vom Kubismus und der berühmten Pin-up-Pose von Marilyn Monroe, zeigt Russell gleichzeitig von vorn und von hinten.

Man Ray fotografierte den nackten Rücken des berühmten Pariser Models Alice Prin, besser bekannt als Kiki de Montparnasse. Konturen und Haltung des Körpers erinnern an ein Streichinstrument. Auf den Abzug malte Man Ray links und rechts von der Wirbelsäule die f-förmigen Schalllöcher einer Geige und schuf damit ein Bild von einem lebendigen Musikinstrument. Er nannte es *Le Violon d'Ingres*, nicht nur weil die nackte Kiki mit einer Art Turban auf dem Kopf wie das Motiv eines Gemäldes des französischen Künstlers aus dem 19. Jahrhundert aussieht. Ingres war ein begeisterter Violinenspieler, weshalb im Französischen ein Hobby auch *violon d'Ingres* genannt wird.

Der britische Fotograf David Hiscock nannte die mit einer umgebauten Zielkamera über mehrere Minuten aufgenommenen Scans von seinem eigenen Körper *Transmutations*. Die bizarr-abstrakten Farbbilder sehen aus wie riesige Seismogramme.

Robert Doisneau, *Dreams of a Tattooed Man*, 1952
Dieser Klassiker des französischen Fotografen Robert Doisneau thematisiert die Illusion der sexuellen Verfügbarkeit, die das Pin-up bietet.

Das Pin-up

Menschen hängen Bilder auf, um etwas über sich selbst mitzuteilen. Nicht wenige wählen Pin-ups als Ausdruck ihrer Träume, Wünsche und Hoffnungen. Diese Bilder, die früher typischerweise halb bekleidete Frauen in erotischen Posen zeigten, haben ihren Namen daher, dass sie mit Reißzwecken oder Klebeband an die Wand geheftet werden.

Im Zweiten Weltkrieg gaben Hollywood-Studios Millionen kostenloser Bilder von ihren weiblichen Stars aus, um die Soldaten im Ausland bei Laune zu halten. Das populärste Pin-up zeigte die Schauspielerin Betty Grable, die berühmt dafür war, ihre Beine für eine Million Dollar versichert zu haben. Auf dem Schwarz-Weiß-Foto sind ihre Proportionen verzerrt, ihr Kopf ist überdimensional groß. Nicht unerheblichen Anteil am Reiz des Bildes hat das Fußkettchen, in dieser Zeit ein aufreizend exotisches Accessoire.

Die erste Ausgabe des *Playboy* kam 1953 mit einem Pin-up in Farbe von Marilyn Monroe auf den Markt. Von oben fotografiert, liegt sie ausgestreckt auf einem Meer von rotem Satin. Die berühmte Aufnahme diente später Yasumasa Morimura als Grundlage für sein Selbstporträt (*siehe* Das Selbstporträt, S. 38).

Ein von Bruce McBroom aufgenommenes Pin-up von Farrah Fawcett ging in den 1970er Jahren 200 Millionen Mal über den Ladentisch. In den 1980er Jahren erwarben Millionen von Teenagern das schwarz-weiße Poster von einem Mann mit nacktem Oberkörper, der ein Baby in den Armen hält. Es verkörperte den Traum von einem perfekten Vater und einem perfekten Baby und stellte einen Mann liebevoll, verletzlich und sexy zugleich dar.

Pin-ups sind stark abhängig vom Zeitgeschmack und kommen daher auch schnell aus der Mode. Sie werden oft und gerne persifliert.

Pornografie

Pornografische Darstellungen zeigen den Körper zur sexuellen Stimulation Zu diesem Genre gehören spezielle Posen, Gesichtsausdrücke, Aufnahmeorte, Farben und Beleuchtungsmethoden, die von Fotografen und Künstlern wie Dick Jewell, Cindy Sherman und Yasumasa Morimura erforscht und ironisch verarbeitet werden.

Für eine Serie mit Fotocollagen griff Dick Jewell eine Pose auf, bei der das Modell seine Arme hinter dem Kopf verschränkt – eine Geste, die in diesem Genre immer schon sexuelle Bereitschaft und Hingabe symbolisiert. Jewell hatte beobachtet, dass die Pose heutzutage auch in anderen Genres der Fotografie gängig ist, zum Beispiel in der Mode-, Pop- und Werbefotografie.

Helmut Newton machte eine milde Variante der Pornografie gesellschaftsfähig, sodass sie inzwischen auch in gutbürgerlichen Haushalten zwischen den Deckeln eines Coffee-Table-Books zu finden ist. Sein Bildpaar *They Are Coming* zeigt vier äußerst selbstbewusste, auf die Kamera zumarschierende Models, einmal in teure Mode gehüllt, einmal splitternackt auf hohen Absätzen. Bis auf den Schritt einer Frau gleichen sich die Bilder aufs Haar. Newton bezeichnete alle Fotografen als Voyeure, die Tag für Tag „durchs Schlüsselloch gucken".

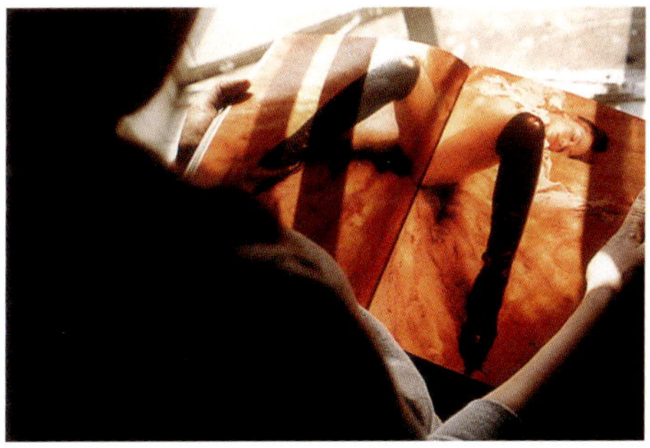

Das Innere des Körpers

1907 nahm William Morton mit Röntgenstrahlen ein faszinierendes Ganzkörperfoto von einer jungen Frau auf. Details ihrer Halskette, die Knöpfe auf ihren Stiefeln und eine Hutnadel tragen zur bizarren Bildwirkung bei. Siebzig Jahre später bediente sich auch Helmut Newton für eine Werbekampagne für kostbaren Diamantschmuck der Röntgentechnik (*siehe* Röntgenfotografie, S. 187).

Fotografen haben ihre Kamera an Mikroskopen und Endoskopen befestigt, um mehr über die Funktionsweise des Körpers zu erfahren. In den 1960er Jahren fotografierte Lennart Nilsson mit bahnbrechenden Techniken die Entwicklung eines Fötus im Mutterleib. Das Baby scheint im Weltall zu treiben.

Der Körper in Bewegung – Tanz

Bei Fotos von Tänzern liegt der Schwerpunkt auf Geschmeidigkeit und Kraft oder auch auf Anmut und Grazie des Körpers.

Fotografen haben Tänzer hinter den Kulissen, von der Seitenbühne, bei der Probe und während der Aufführung fotografiert. Der Grafikdesigner und Fotograf Alexej Brodowitsch machte in den 1930er Jahren wunderbare, experimentelle Aufnahmen von Tänzern. Die in seinem Buch *Ballet* veröffentlichten grobkörnigen, verschwommenen Bilder übten großen Einfluss auf spätere Fotojournalisten und Modefotografen aus. Die Tänzer wirbeln über die Bühne und der Betrachter fühlt sich mitten ins Geschehen hineinversetzt.

Lois Greenfield fotografiert Tänzer in akrobatischen Posen. Sie zeigt die scheinbar schwerelosen Artisten in der Luft schwebend oder mitten im Sprung. Ihre Aufnahmen entstehen in der Regel nicht vor Ort, sondern im Studio, vor einem weißen Hintergrund.

Der Körper in Bewegung – Sport

In der Sportfotografie geht es um Bewegung und Geschwindigkeit – der Körper wird beim Rennen, Treten, Springen, Ringen, Rudern, Schwimmen, Tauchen, Reiten, Werfen und Schlagen gezeigt. Dazu spielt sich auf einer Sportveranstaltung vor der Kamera des Fotografen die ganze Bandbreite menschlicher Emotionen ab, von der Freude des Siegers bis zu den Tränen des Verlierers. Im sportlichen Wettkampf treten intensive Wünsche und Ängste zu Tage und sind manchmal, wie zum Beispiel beim Sprint, auf eine wenige Sekunden andauernde, außergewöhnliche Explosion menschlicher Energie zusammengedrängt. Sport bedeutet Spannung, Schönheit, Aggression und Schmerz. Die Athleten zeigen Mut, Leidenschaft, Kraft und Anmut, Zerbrechlichkeit und Wut.

Sehenswerte Sportfotografie

Neil Leifer, Chris Smith, Gerry Cranham, Eamonn McCabe

Manche Fotografen konzentrieren sich auf Profisportler, aber auch in jedem Amateurspiel in einem Park oder auf einem Sportplatz kristallisieren sich Stimmungen und Spannungen, die der Sport hervorruft, heraus. Nicht nur das Spielgeschehen selbst verspricht interessante Bilder, auch die Abläufe am Rand des Geschehens. Chris Smith gelang eine grandiose Nahaufnahme von dem Boxer Barry McGuigan, als er ihn kurz vor der Schlussrunde seines Weltmeisterschaftskampfes in seiner Ecke fotografierte: Der Trainer flüstert seinem Schützling Anweisungen ins Ohr, aber man sieht, dass es zu spät ist. McGuigan ist bereits geschlagen und am Ende seiner Kraft. Seine Augen sind tot, er lässt die Schultern hängen, denn jede Energie und Stärke ist aus seinem Körper gewichen. Ein herzzerreißendes Bild.

Sportfotografen holen das Geschehen meist mit langen Brennweiten heran, aber auch mitten in der Zuschauermenge ergeben sich fotografische Gelegenheiten. Wie beim Tanz entscheiden sich auch beim Sport manche Fotografen für eine gestochen scharfe Abbildung der Action, während andere die Bewegungen des Körpers lieber unscharf darstellen.

Garry Winogrand fotografierte American-Football-Spiele vom Rand des Spielfelds mit einem Weitwinkelobjektiv. Ein großartiges Bild zeigt jeden einzelnen Spieler beider Mannschaften in Bewegung. Robert Davies erhob die Sportfotografie mit seiner Serie *Epiphany* zu einer Kunstform. Er fotografierte Schlüsselszenen internationaler Sportereignisse von Videoaufzeichnungen ab, die er auf die Sekunde genau im entscheidenden Moment anhielt. Durch eine extreme Vergrößerung der Bildschirmaufnahmen wurden daraus stark farbige Abstraktionen (*siehe* Berufswunsch: Sportfotograf, S. 214).

Mode

In der Modefotografie können die Fotografen ihrer Fantasie freien Lauf lassen. Sie haben die Freiheit und die Aufgabe, aus schönen Zutaten – teure Kleidung, fantastische Aufnahmeorte und makellose Models – etwas Außergewöhnliches zu schaffen.

Stets getrieben von dem Wunsch nach Originalität und Wirkung wandelt sich die Modefotografie weitaus schneller als andere Fachbereiche, denn der neuste Schrei von heute ist morgen schon Schnee von gestern.

Modezeitschriften

„Ein sehr dynamisches Medium. Veränderung ist ein Grundprinzip. Was heute in ist, kann morgen schon wieder out sein."
Nick Knight in einem Interview in der Zeitschrift *Dazed & Confused*

Jeden Monat aufs Neue konkurrieren Modezeitschriften unerbittlich miteinander um die aufregendsten und innovativsten Fotos. Dabei stellen nicht selten die Modefotos im redaktionellen Teil die Werbefotos in den Schatten.

Das Titelbild wird häufig mit zusätzlichen Farben gedruckt, damit das Magazin im Zeitschriftenregal sofort ins Auge sticht. Mit ihrem Gewicht und ihrem Hochglanzpapier wollen diese Zeitschriften ein einzigartiges visuelles und haptisches Erlebnis bieten und auf die perfekte Reproduktion der Fotos wird sehr viel Wert gelegt.

„In der Modefotografie geht es um Fantasie. Der Modeteil einer Zeitschrift besteht aus dreißig Seiten großformatiger Hochglanzbilder, in denen der Leser schwelgen kann."
Stuart Selner, Creative Director, *Marie Claire*

Der Kaufpreis dieser Zeitschriften ist die Eintrittskarte in eine inspirierende Fantasiewelt, von der die meisten Leser wissen, dass sie weit von dem entfernt ist, was sie tatsächlich bezahlen und erwarten können. Modefotos sind Verführer, sie werben für Schönheit, Luxus und Glamour.

„Die besten Modezeitschriften sind auf Hochglanz poliert. Ich liebe diese schweren, dicken Magazine. Sie versprechen so viel, und dank der Parfümwerbungen riechen sie auch noch gut."
Emma Wright, Journalistin

Ein scheinbar einfaches Foto von einem modisch gekleideten Model mit einem attraktiven Körper vor spektakulärer Kulisse soll die Illusion von natürlicher Perfektion erwecken, ist aber in Wahrheit das Ergebnis stundenlanger Vorbereitungen durch Visagisten, Friseure und Beleuchter, gefolgt von tagelanger Retusche.

„Wir mögen es, von Modefotos verführt zu werden."
Lee Widdows, Artdirector und Lehrer

In der Modefotografie ist keine Idee zu verrückt und kein Aufnahmeort zu exotisch. Für Modeaufnahmen wurden schon die außergewöhnlichsten Requisiten, Kulissen und Statisten organisiert: prunkvolle Villen, Karussells, die ägyptischen Pyramiden und das Taj Mahal in Indien, dazu die schönsten Models der Welt, Gruppen von Kleinwüchsigen und wilde Tiere – alles wegen eines einzigen, verrückten Modefotos.

Gute Modestrecken geben Einblick in das Leben zu der Zeit, als sie gemacht wurden. Man kann ihnen etwas über die Entwicklung einer Gesellschaft entnehmen, über Veränderungen in der Berufs- und Freizeitwelt, über die herrschenden Vorlieben und die Einflüsse anderer Epochen.

Das Team

Ein Modefoto ist das Ergebnis der Zusammenarbeit zwischen Fotograf, Redakteur oder Layouter, Friseur, Visagist und Models.

Wenn ein Fotograf über ein Team aus talentierten Menschen verfügt, denen er vertraut, kann eine sehr freundschaftliche Arbeitsatmosphäre entstehen, in der jede der Personen hinter der Kamera ihre Ideen zum Shooting beisteuert. David LaChapelle nennt sein Team „die Familie".

Model des Jahres

Models sind für die Modefotografie von gleicher Bedeutung wie Filmstars für den Hollywood-Streifen. Sie bringen eine Aufnahme zum Leuchten. Vor der Kamera sind sie absolut sicher und sehen immer perfekt aus, ganz gleich in welcher Pose und in welchem Licht.

Weibliche und männliche Models werden nach körperlichen Attributen wie Figur, Haut- und Haarfarbe oder Größe ausgesucht, die nach Ansicht der Redakteure und Artdirectoren den Erwartungen der Leserschaft oder einem zukünftigen Trend entsprechen.

Dabei sind unter den weiblichen Models weitaus deutlicher Typen erkennbar als bei männlichen, da Männer auf Modefotos oft nur als „Requisit" fungieren. Im Laufe der Jahre wurden weibliche Models ausgewählt, weil sie Kurven hatten, weil sie arrogant, kindlich, androgyn, ätherisch, unerreichbar, freizügig, kraftvoll, schutzlos, draufgängerisch, sportlich oder sogar mager und drogensüchtig wirkten.

Topmodels sind nicht bloß Mannequins, die uns die neuste Mode vorführen, sie genießen einen hohen Status in der Gesellschaft. Einige, wie Jean Shrimpton, Twiggy, Cindy Crawford, Elle Macpherson und Kate Moss, haben

Elaine Constantine,
***Girls on Bikes*, 1997**

Dieses frische, vergnügte Modefoto von Elaine Constantine zeigt perfekt ausgewählte Models, einen großartigen Aufnahmeort und gute Requisiten – drei Fahrräder im Retro-Look. Styling: Polly Banks.

„Models müssen den Zeitgeist verkörpern."
Lee Widdows, Artdirector und Lehrer

sehr lange in diesem Beruf gearbeitet und sind auf der ganzen Welt berühmt. Ihr Aussehen und ihr persönlicher Stil haben größeren Einfluss auf Generationen von Frauen als die Kleidung, die sie gegen Honorar tragen.

Zwar wollen es die Konventionen der Modefotografie, dass die Kleidung fast ausschließlich von jungen, schönen und dünnen Models präsentiert wird, aber auch diese Regel ist nicht unumstößlich. Nick Knight, der seit den 1980er Jahren brillante Modefotos macht, revolutionierte die Szene, indem er daneben auch 0815-Typen und ältere oder behinderte Models vor seine Kamera holte.

Auch Schockeffekte werden in der Modefotografie eingesetzt: Kleidung, die besonders ausgefallen ist oder zu viel vom Körper zeigt, oder Models, die zu dünn, zu jung, zu „drogensüchtig“ oder zu aggressiv aussehen, können die Verkaufszahlen eines Modemagazins in die Höhe treiben.

Juergen Teller, Werbeaufnahme, 1999

Ein Bild aus Juergen Tellers Werbekampagne für Jigsaw Menswear – ein unvergessliches Modefoto. Styling: Paul Frecker, Artdirector: Phil Bicker.

Die ersten Modefotos

Die ersten Modefotos zeigten Damen der Gesellschaft in ihrer aktuellen Garderobe, die den Zeitschriftenleserinnen als Mode-Ikonen präsentiert wurden.

Seit in den 1920er Jahren *Vogue* und *Vanity Fair* Hausfotografen beschäftigten, wurden Profimodels eingesetzt. In den 1920er und 1930er Jahren fotografierten Cecil Beaton, George Hoyningen-Huene und Horst P. Horst ihre Models im Stil von Göttinnen. Die Frauen posieren in fließenden

Kleidern und mit distanziertem Gesichtsausdruck in dramatisch ausgeleuchteten klassischen Kulissen, inspiriert von Hollywood-Filmen. Mitte der 1930er Jahre sorgte Martin Munkacsi für eine Sensation: Ganz im Gegensatz zu diesen Studioaufnahmen, die dem Glamour frönten, fotografierte er seine Models im Freien. Die Frauen tragen leichte Sommerkleidung und laufen fröhlich und sorglos über Strände und Dünen. Seine Bilder waren frisch, lebendig, energiegeladen und modern. Sie wirkten wie aus dem Leben gegriffen, und die Models sahen aus, als hätten sie Spaß. Seitdem pendelt die Modefotografie zwischen diesen beiden Extremen: zwischen mondäner Eleganz und lebensnaher Spontaneität und Fröhlichkeit.

„Gelungene Modefotos geben den Zeitgeist wieder, der zum Zeitpunkt ihrer Entstehung herrschte – gesellschaftliche Entwicklungen und Verwerfungen werden zu einem Bild verdichtet."
Lee Widdows, Artdirector und Lehrer

Mode und Surrealismus

Gegen Ende der 1930er Jahre hielt der Surrealismus Einzug in die Modefotografie. Die Fotografen traten in eine Art Wettstreit um die abenteuerlichsten Schauplätze, an denen sie dann möglichst unkonventionelle Motive arrangierten. Erwin Blumenfeld positionierte Models in schwindelnder Höhe oben auf dem Eiffelturm und Toni Frissell fotografierte ein im Wasser treibendes Model in Abendgarderobe, dessen Begleiter in Taucheranzug und Helm im dunklen Meer im Hintergrund lauert. Auch heute noch fließen künstlerische Tendenzen in die Modefotografie mit ein.

Ab den 1940er Jahren erschienen in Modezeitschriften regelmäßig Farbfotos. Erwin Blumenfeld nutzte das neue Material für einfallsreiche, grafische Modefotos mit Spiegeln, Schleiern, welligen Glasscheiben, Projektionen, Gegenlicht, Sabattier-Effekt, Mehrfachbelichtungen und Dunkelkammer-Experimenten mit Negativen und Positiven.

Eleganz und Elefanten

Ende der 1940er Jahre fotografierten die einflussreichen Fotografen Irving Penn und Richard Avedon die neuen extravaganten Modestile der Nachkriegszeit. Beide arbeiteten mehr als ein halbes Jahrhundert in ihrem Beruf.

Penn schuf minimalistische, gänzlich kontrollierte Studiofotos mit kontrastreicher Beleuchtung und eleganten, Zigaretten rauchenden Models. Seine Ausschnittwahl galt als revolutionär. Angeschnittene Ellbogen, Beine und Köpfe ließen ganzseitige Abbildungen noch größer und intensiver wirken. Avedon bevorzugte spannende Schauplätze. Sein berühmtes Bild *Dovima with Elephants* zeigt ein Model im Abendkleid, das anmutig zwei große Elefanten streichelt.

Ohne besondere Kenntnis von der Geschichte der Modefotografie stolperte in den 1950er Jahren William Klein in die Branche, nachdem Alexander Liberman, Artdirector bei *Vogue*, seine New-York-Serie gesehen hatte. Klein fotografierte an phantastisch-bizarren Orten: im Wachsfigurenkabinett, auf Friedhöfen, in Ruinen und Spiegelsälen. Seine Bilder sind aufregend und phantasievoll. Ohne sich je zu wiederholen, experimentierte er mit Weitwinkelobjektiven und Mehrfachbelichtungen und übermalte sogar einmal die Gesichter der Menschen, die sich bei einem Shooting mitten in Paris hinter dem Model drängten. Als Studiofotograf war er nicht weniger

David LaChapelle, „Giving birth to a shoe"-Story, New York, *Vogue*, französische Ausgabe, 1995

Eine sehr ungewöhnliche Werbung für ein Paar Schuhe (gegenüber)

erfinderisch. Er baute Kulissen mit verzerrten Perspektiven, nutzte außergewöhnliche Requisiten, zeichnete die Umrisse der Kleider mit dem farbigen Licht einer Taschenlampe nach und stellte die Models vor riesige Hintergründe mit neonbeleuchteten Straßenzügen darauf.

In den 1960er Jahren rüttelten drei Persönlichkeiten in Großbritannien das Establishment der Modewelt auf: David Bailey, Brian Duffy und Terence Donovan. Donovan fotografierte Herrenmode wie Standbilder aus einem James-Bond-Film, Duffy fotografierte für die Zeitschrift *Nova* das Model Amanda Lear beim Striptease, sodass die Leser ein Daumenkino daraus basteln konnten. Bailey kopierte Irving Penn. Das dynamische Trio gelangte zu Starruhm und war ebenso berühmt wie die fotografierten Models. Ihr Lebensstil wurde zur Inspiration für den Film *Blow up*.

Lustvolles Farbtheater

In den 1970er Jahren schufen Guy Bourdin und Helmut Newton bestechende, schockierende grellbunte Bilder voller Lust, Fantasie und Triebhaftigkeit. Sie führten inszenierte Grausamkeit und Gewalt in die Modefotografie ein. Ihre Models sahen manchmal aus, als wären sie Opfer eines schrecklichen Verbrechens geworden. Im Gegensatz dazu schufen Paolo Roversi und Sarah Moon weiche, romantische Bilder in gedämpften Farben, wobei Roversi mit einer großformatigen Polaroidkamera arbeitete.

Nick Knight, 1995

Nick Knight ersetzte die Schaufensterpuppen in einem Kaufhausschaufenster durch Supermodels und fotografierte das daraus resultierende Chaos. Knight leistet seit über 25 Jahren innovative Arbeit. *Siehe* showstudio.com

Bruce Weber führt seine Models an spektakuläre Schauplätze wie Schlösser, Filmkulissen oder Pools voller aufblasbarer Gummitiere und fotografiert, während sie sich umziehen, herumalbern und sich entspannen. Seine Bilder sind witzig, jugendlich und wirken wie die Fotos in einem Familienalbum, lässt man einmal außer Acht, dass die darauf abgebildeten Menschen für das Modellstehen bezahlt werden und ausnahmslos jung und schön sind.

Webers spielerische Schnappschuss-Fotografie beeinflusste den kantigeren, aber vergleichbaren Stil von Juergen Teller, Wolfgang Tillmans und Terry Richardson (*siehe* Der Schnappschuss, S. 140).

David LaChapelle fotografiert Models, zusammengepfercht auf engstem Raum und mit übergroßen Requisiten. Er wählt Locations wie Themenparks, Drive-in-Restaurants oder Raketenabschussrampen. Seine humorvollen Bilder zeichnen sich durch eine Fülle von Details, schreiende Farben, brennende Autos und viel nackte Haut aus. Ein Bild zeigt ein gerade geborenes Baby, das vom lächelnden Kreissaalteam begrüßt wird, während seine Mutter noch ihre nagelneuen goldenen High-Heels-Sandaletten anhat.

Mode im digitalen Zeitalter

Die Digitaltechnik bietet nicht nur spektakuläre Werkzeuge zur Fotoretusche, sondern hält auch eine Reihe neuer Ausdrucksmittel für einen Modefotografen bereit. Nick Knight lässt Models zu abstrakten Wirbeln und sinnlichen Farbinseln verschwimmen, während Sølve Sundsbø Körper und Kleidung zu engen Drahtgittern reduziert. Da die Digitalfotografie dem Fotografen eine ganz neue Bildsprache an die Hand gibt, hat mit ihr in der Modefotografie eine neue Ära begonnen.

Singuläre Ansätze in der Modefotografie

„Bei mir erschien ein total erschöpftes Model, das ich in diesem Zustand nicht fotografieren konnte. Ich drückte der Frau die Kamera in die Hand und bat sie zu fotografieren. Sie hatte viel Spaß und es entstanden die besten Fotos der ganzen Sitzung."
Fabian Monheim, Fotograf

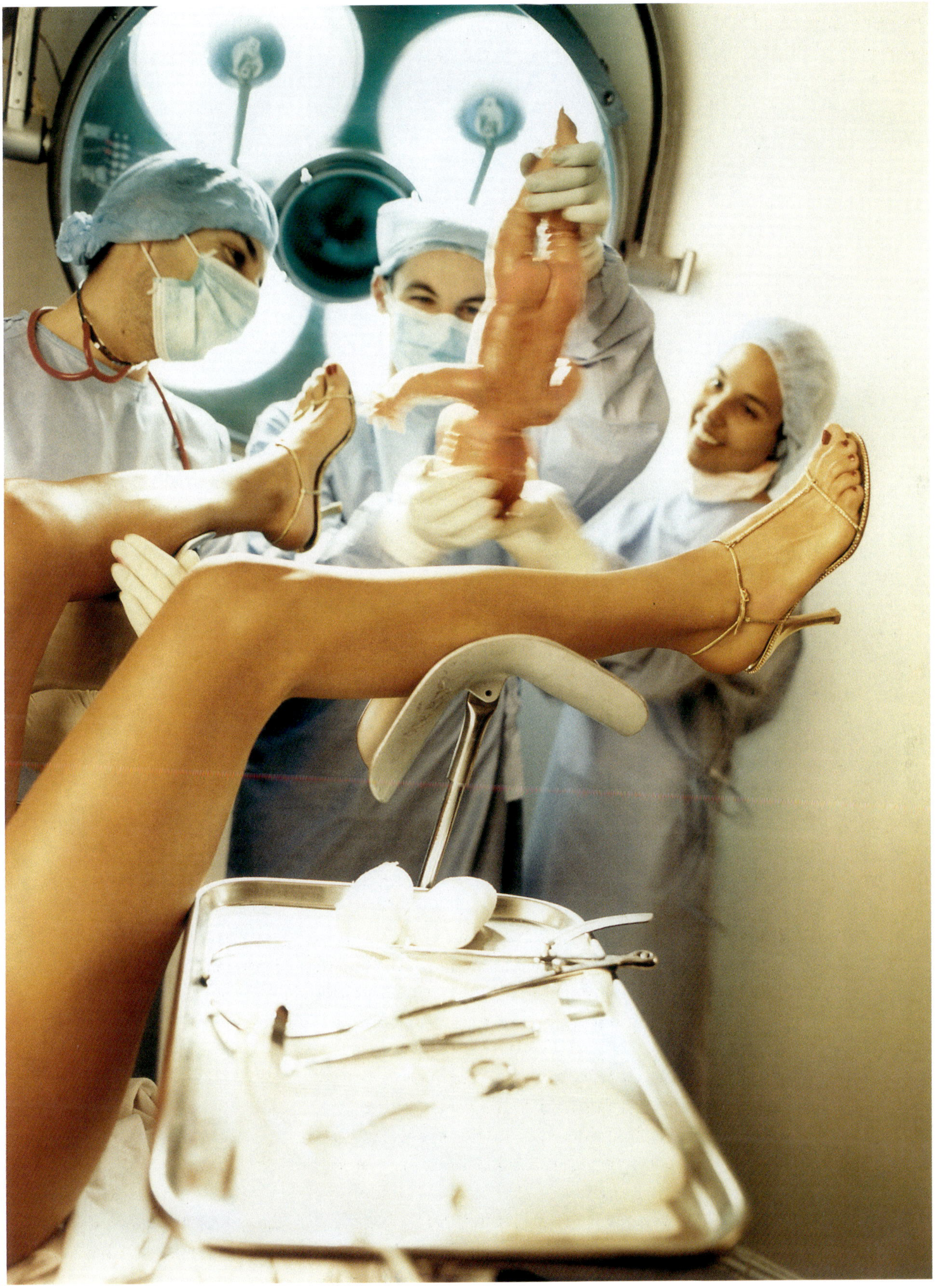

Mit Fotos Geschichten erzählen

Viele Fotografen wollen mit ihren Bildern Geschichten erzählen. Pressefotografen, Dokumentar- und Reportagefotografen und Kriegsfotografen sind immer auf der Suche nach Bildern, die so stark sind, dass ihre Geschichten unvergesslich werden. Mehr als andere Fotografen streben sie danach, mit ihren Bildern die Welt zu verändern. Die Besten ihres Fachs enthüllen das Verborgene und öffnen uns mit unauslöschlichen Bildern die Augen für etwas, von dem wir vorher nichts wussten. Einige wollen nicht weniger als den Bildbetrachter zum Nachdenken über grundlegende Sinnfragen anregen, und sind sogar bereit, für ihre Arbeit ihr Leben zu riskieren.

„Als reisender Fotojournalist hat man Zugang zum unbekannten Leben der Anderen und zu den außergewöhnlichsten Situationen, die weit entfernt sind von dem, was man sonst erlebt. Diese Erfahrung kann man dann in einem gewissen Grad mit anderen teilen." Chris Steele-Perkins, Fotograf und Mitglied von Magnum

Unterschiedliche Erzählweisen

„Fotojournalismus" bedeutet, wie der Name schon sagt, die Verbindung von Fotografie und Journalismus. Man versteht darunter das gleiche wie unter einer „Fotoreportage": Ein Fotograf wohnt einem Ereignis bei und berichtet darüber in Form von Fotos.

Die Verwendung des Begriffs „Dokumentarfotografie" deutet darauf hin, dass ein Ereignis für die Nachwelt festgehalten wird. Das ist ein Unterschied zum Fotojournalismus. Fotoreportagen, die von den Bildredaktionen von Zeitschriften und Zeitungen in Auftrag gegeben werden, wenden sich an ein zeitgenössisches Publikum. Die Pressefotografie ist eine weitere Form des Fotojournalismus, deren Ergebnisse zur Veröffentlichung in tagesaktuellen Printmedien gedacht sind.

In allen drei Bereichen müssen die Fotografen über ihre persönliche Haltung entscheiden: Einige beobachten die Ereignisse neutral, andere beziehen Position und kämpfen mit der Kamera für eine Sache.

Auf der Titelseite

Gute Nachrichten

- Buzz Aldrin auf dem Mond, fotografiert von seinem Mitstreiter Neil Armstrong, 1969
- Soldat kehrt aus dem Krieg zurück
- Besteigung des Mount Everest, 1953
- *A Sailor's Kiss, Times Square* von Alfred Eisenstaedt – Ein Matrose umarmt und küsst eine junge Frau während der ausgelassenen Feier in New York anlässlich der Kapitulation der Japaner 1945.

Tod, Konflikte, Aufruhr und Tragödien

- *The Falling Man* – Ein Mann stürzt sich aus dem brennenden World Trade Center, 11. September 2001, fotografiert von Richard Drew.
- Vermummte irakische Gefangene, gequält von Soldaten im Gefängnis von Abu Ghuraib, 2004
- Demonstrant hält während des Massakers auf dem Tian'anmen-Platz in Peking, China, einen Panzer auf, fotografiert von Stuart Franklin, 1989
- Absturz der Concorde, 2003
- Atombombenexplosion, 1945
- Explosion der Hindenburg, fotografiert von Sam Shere, 1937
- Jack Ruby erschießt John F. Kennedys Attentäter Lee Harvey Oswald, fotografiert von Bob Jackson, 1963.
- Die Hinrichtung eines Vietkong-Gefangenen auf der Straße, fotografiert von Eddie Adams, 1968
- Tod eines Antikriegsdemonstranten an der Kent State University, 1970
- Der französische Zoll nimmt ein Röntgenbild von einem Lkw auf, vollgestopft mit Asylsuchenden.

Pressefotografie

Der Pressefotograf muss mit einem einzigen Foto den Kern eines Ereignisses erfassen. Er will ein Bild, auf dem der Betrachter mit einem Blick aufnehmen und begreifen kann, was sich zugetragen hat. Der Fotograf muss auf die Sekunde genau erkennen, wann sich alles zu diesem einen Augenblick der Wahrheit verdichten lässt, denn nur ganz selten darf er seine Geschichte in mehreren Bildern erzählen. Da er nicht vorhersehen kann, wie sich das Geschehen entwickelt, muss er den Finger immer am Auslöser haben.

Titelfotos

Pressefotografen sehen ihre Fotos am liebsten auf der Titelseite, wo sie die größte Wirkung erzielen und die meiste Beachtung finden. In den Bildredaktionen werden diese Bilder danach ausgesucht, ob sie die Meldung des Tages eindeutig zu erfassen vermögen. Auf technische Qualität kommt es dabei nicht an, nur die Schlagkraft zählt. Ein Zeitungsfoto kann unscharf oder körnig, der Bildaufbau schwach sein, solange es das Ereignis trifft.

Pressefotografen haben heute sehr viel Konkurrenz. Die Zeitungen drucken auch Familienschnappschüsse, Polizeifotos, Handy-Fotos, Fotos von

Überwachungskameras, TV- und Video-Standbilder sowie Bilder aus dem Internet. In der Zeitungsfotografie geht es um Inhalte, nicht um Qualität.

Geschichte der Pressefotografie

Schon in den Kindertagen der Fotografie gab es beeindruckende Ereignisfotos, die sicherlich die Titelseiten der Zeitungen geziert hätten, wenn die erforderliche Technik schon vorhanden gewesen wäre. Zum Beispiel von den Ruinen nach dem großen Brand von Hamburg 1842 und von den Barrikaden der Aufstände 1848 in Paris. Aber noch mussten die Zeitungen mit gezeichneten Kopien dieser Bilder auskommen.

Erst in den 1870er Jahren wurden Drucktechniken erfunden, mit denen Zeitungen schließlich Fotos reproduzieren konnten. Mittels Abfotografieren des Fotos durch ein feines Raster hindurch konnte das Bild in viele winzige schwarze Punkte zerlegt und so auf Zeitungspapier gedruckt werden. Dieses Verfahren, Rasterdruck genannt, wird heute noch angewendet.

Auch wenn Tausende von Fotos zur Auswahl stehen, wählen die Zeitungsredakteure häufig identische Bilder für ihre Titelseiten aus.

Der *New York Daily Graphic* veröffentlichte 1880 als erste Zeitung ein gerastertes Halbtonfoto. Ab 1900 erschienen solche Fotos in den meisten Tageszeitungen, da die Verleger und Redakteure das wirtschaftliche Potenzial des Zeitungsfotos erkannt hatten. Von da an suchten die Zeitungen aktiv nach Meldungen, anstatt passiv darauf zu warten, und entsandten die ersten festangestellten Profi-Pressefotografen in die ganze Welt. Zwischen den Zeitungen entbrannte ein erbitterter Konkurrenzkampf um originelle und exklusive Titelbilder. Auch heute noch ist der Traum eines jeden Pressefotografen ein Titelbild mit dem Hinweis „Exklusiv".

Geburtsstunde der Nachrichtenagenturen

Zu Beginn des 20. Jahrhunderts wurden viele Pressedienste gegründet, die die Zeitungen mit Bildern versorgten, sodass die Redakteure nicht mehr überallhin Reporter aussenden mussten. Große Dienste verfügten über ein umfangreiches eigenes Netzwerk an Reportern und kauften auch Bilder von freien Fotografen und regionalen Zeitungen, die sie via Flugzeug, Zug und Schiff so schnell wie möglich an ihre Kunden lieferten. Dennoch dauerte es 1906 immer noch acht Tage, ehe die ersten Bilder vom Erdbeben in San Francisco auf den Titelseiten der Zeitungen an der amerikanischen Ostküste erscheinen konnten.

Berühmte Agenturen sind Associated Press (AP) und ihr großer Konkurrent United Press International (UPI). Für diese Agenturen haben unter anderem die Pulitzer-Preisträger Joe Rosenthal und Nick Ut gearbeitet. Weitere Agenturen sind Corbis und Sygma.

Regenbogenpresse

In den Zwischenkriegsjahren schossen Boulevardzeitungen mit Sensationsfotos von Verbrechen und Katastrophen wie Pilze aus dem Boden. Die *New York Daily News*, die 1919 auf den Markt kam, nannte sich eine „Bild-Zeitung". Ihr Firmenzeichen war eine geflügelte Kamera, ein Hinweis auf die Schnelligkeit, mit der ihre Fotografen die neusten Nachrichten einsammelten. Durch die Sensationsgier der Regenbogenpresse wurden die Pressefotografen ermutigt, Bilder auf jede erdenkliche Art und Weise zu beschaffen. Beispielsweise wurden mit versteckter Kamera Fotos von Hinrichtungen auf dem elektrischen Stuhl aufgenommen.

Erich Salomon hatte die Gabe, sich unbemerkt unter die Reichen und Schönen mischen zu können. Irgendwann stellte der deutschstämmige Zoologe, Ingenieur und Anwalt fest, dass er mit versteckter Kamera in einem Gerichtssaal aufgenommene Fotos für das Doppelte seines Monatsgehalts verkaufen konnte. Seine enthüllenden Aufnahmen von Staatsoberhäuptern, die auf Gipfeltreffen gähnten und dösten, machten ihn berühmt.

Sensation!

Zu den ersten Sensationsfotos gehörten die von Erich Salomon aus den 1920er und 1930er Jahren. Er nahm sie zum Beispiel heimlich bei Gerichtsverfahren auf und verkaufte sie für enorme Summen. Salomon fotografierte mit einer Ermanox-Kamera, die mit ihrem großen, lichtstarken Objektiv auch Aufnahmen in Innenräumen und bei schwachem Licht ermöglichte, getreu dem Werbeslogan: „Was Sie sehen, können Sie auch fotografieren." Allerdings musste man nach jeder Aufnahme ein neues Filmblatt einlegen. Im eleganten Abendanzug erschien Salomon unangemeldet bei politischen und diplomatischen Zusammenkünften und stellte seine Kamera an einem strategisch günstigen Ort auf. Genau im richtigen Moment drückte er auf seinen langen Kabelfernauslöser und verschwand so unbemerkt, wie er gekommen war.

Die Ausrüstung des Pressefotografen

Die ersten Pressefotografen fotografierten mit einer 5-x-4-inch-Speed-Graphic-Planfilmkamera, die 1912 auf den Markt kam. Trotz ihres Gewichts konnte man dank einer Handschlaufe aus der Hand fotografieren. Das Großformat war von Vorteil für die Arbeit in den Redaktionen, denn bereits die Kontaktabzüge konnten zum Druck verwendet werden, das sparte Zeit. Auch Weegee pirschte auf der Suche nach Morden, Bränden und anderen Sensationen mit dieser Kamera durch die Stadt. Er stattete sie mit einem riesigen Blitzgerät mit den gerade erfundenen Blitzlichtbirnen für Nachtaufnahmen aus. Weegee war nicht nur der berühmteste Pressefotograf aller Zeiten, er war auch bekannt dafür, dass er nicht davor zurückschreckte, Leichen „kameragerecht" zurechtzulegen.

Die Speed Graphic war groß, schwer und klobig. Besonders wenn es schnell gehen musste, geriet die Scharfeinstellung oft zum Glücksspiel, und der Fotograf hatte praktisch nicht mehr als einen Versuch, da es sehr lange dauerte, Filmmaterial und Blitzbirne zu wechseln.

Die Erfindung der handlichen Leica bzw. ihres Konkurrenzprodukts, der Graphex, in den 1920er Jahren revolutionierte die Pressefotografie und den Fotojournalismus. Die von Oskar Barnack entwickelte Leica (der Name ist eine Zusammenziehung von Leitz und Camera) kam 1925 auf den Markt und war die erste Fotokamera, die mit einem perforierten, 35 mm breiten Film, dem heute üblichen Standardformat, arbeitete. Barnack war für das deutsche Unternehmen Leitz mit der Entwicklung einer Filmkamera beschäftigt und kam auf die Idee, eine Fotokamera zu konstruieren, die statt mit dem konventionellen Rollfilm ebenfalls mit 35-mm-Kinofilm bestückt wurde. Auch die Graphex war mit 35-mm-Film geladen und die erste Kamera, die mit einem internen Spiegel ausgestattet war, sodass der Fotograf die Szene durch das Objektiv hindurch betrachten konnte. Im Vergleich zur Speed Graphic waren beide Kameras erstaunlich klein. Zum ersten Mal konnten die Fotografen ihre Arbeit unauffällig tun, ohne dass ständig große Kameras im Weg waren, und Bilder schnell, genau und direkt aufeinanderfolgend aufnehmen.

Bildtelegramme

Ab den 1930er Jahren konnten Fotos durch telegrafisches Abtasten des Bildes und Umwandlung der Daten in elektrische Impulse per Telefon übertragen werden. Die sogenannten Bildtelegramme konnten weltweit versandt werden. Das Empfangsgerät wandelte die Impulse Zeile für Zeile wieder in eine fotografische Kopie des Originals um.

Die Presseagenturen erkannten das Potenzial der Bildtelegramme für Zeitungsmeldungen. Die Fotos konnten gleichzeitig an viele verschiedene Empfänger versandt werden, was die Verbreitungsgeschwindigkeit erheblich erhöhte. Das erste telegrafisch übertragene Foto, das es auf die Titelseiten schaffte, war eine Aufnahme von einem Flugzeugabsturz und erschien in 25 Städten gleichzeitig. Bis in die 1970er Jahre hinein wurden Fotos überwiegend auf diese Weise verschickt. Die ersten Bilder sahen in etwa aus wie ein Foto, das mit einem Faxgerät kopiert wurde. Sie wirkten sehr dramatisch und unmittelbar.

In letzter Minute

In den 1930er Jahren versuchten Zeitungen und Pressedienste in New York, Zeit zu gewinnen, indem sie die Filme der Fotografen von Brieftauben in die Redaktionen bringen ließen. Ein Vogel namens „the Champ" legte die neun Kilometer von der Rennbahn Belmont bis zu den Büros von Acme News auf der 8th Avenue in weniger als neun Minuten zurück.

Grausige Meldungen

Enrique Metinides schoss für mexikanische Boulevardblätter, bekannt als *nota roja*, „blutige Meldungen", Bilder von Unfällen, Flugzeugabstürzen, Morden und anderen Katastrophen. In den 1940er Jahren hatte der Fotograf begonnen, sich auf Tod und Zerstörung zu spezialisieren. Schon im Alter von zwölf Jahren hatte er sein erstes Titelfoto veröffentlicht, was ihm den Spitznamen „El Niño", der Junge, eintrug. Fünf Jahrzehnte lang fotografierte er Verbrechen und Blutbäder.

Ein roter Zeitungssoldat

Li Zhensheng war Pressefotograf bei der chinesischen *Heilongjiang Daily* und fotografierte von 1966 bis 1976 die chinesische Kulturrevolution. In dieser Zeit stießen in revolutionärem Eifer zehntausende junger Menschen zu den Roten Garden. Kinder denunzierten ihre Eltern, Schüler ihre Lehrer. Unzählige Menschen wurden hingerichtet, verhaftet oder in Arbeitslagern interniert, weil sie angeblich Feinde des Volkes waren.

Li hielt diese grauenhafte Zeit mit ihren Denunziationen, Schauprozessen, Massenkundgebungen und Exekutionen im Bild fest und erhielt in Anerkennung seiner Arbeit vom Vorsitzenden Mao eine Armbinde mit der Aufschrift „roter Zeitungssoldat". Später wurde Li selbst denunziert und Opfer der internen Machtkämpfe. Zwei Jahre lang verbannte man ihn in eine einsame Gegend auf dem Land. Obwohl er damit die Todesstrafe riskierte, versteckte er seine sämtlichen Negative unter den Bodendielen seines Hauses. Seine Fotos sind heute die einzigen bekannten Bilddokumente der schrecklichen Ereignisse.

Pulitzer-Preis für Pressefotografie

Der amerikanische Pulitzer-Preis, benannt nach seinem Stifter, dem Verleger Joseph Pulitzer, ist eine angesehene Auszeichnung für journalistische Leistungen, die seit den 1940er Jahren auch auf dem Gebiet der Fotografie verliehen wird. Jeder Pressefotograf begehrt diesen Preis, mit dem Fotografen geehrt wurden, deren Bilder sich in das kollektive Bewusstsein eingegraben haben: wie Malcolm Browne für sein Bild von einem brennenden buddhistischen Mönch in Saigon, Joe Rosenthal für sein Bild von den amerikanischen Streitkräften beim Hissen der Flagge nach der Landung auf Iwojima, Nick Ut für sein Foto von Kindern auf der Flucht vor den Napalm-Bomben in Vietnam und Kevin Carter für sein Bild eines verhungernden Kindes im Sudan, das von einem Geier belauert wird (*siehe* Die berühmtesten Fotos der Welt, S. 133).

9/11

Richard Drew, Pressefotograf bei Associated Press, fotografierte den Terroranschlag auf das World Trade Center in New York am 11. September 2001 und konzentrierte sich dabei auf den grauenvollen Anblick der Menschen, die aus den Türmen in den Tod sprangen. Eines dieser Fotos mit dem Titel *The Falling Man* zeigt einen jungen Mann in weißer Jacke, dunkler Hose und schwarzen Stiefeln vor der Stahlkonstruktion der Fassade im Hintergrund. Erstaunlicherweise sieht er bei seinem Sprung kopfüber in die Tiefe ganz entspannt aus, so, als gäbe es noch Hoffnung.

Bei der Betrachtung dieses Fotos am Computer in seiner Agentur wusste Drew sofort, dass dieses Bild aus vielen Tausenden von Fotos von den Anschlägen als Titelbild ausgewählt werden würde. „In einer Bildredaktion lernt man, nach dem einen besonderen Foto Ausschau zu halten. Diese Aufnahme sprang aufgrund ihrer vertikalen Symmetrie geradezu aus dem Monitor heraus. Sie war genau das richtige", sagte er. *The Falling Man* erschien am nächsten Tag in fast allen Zeitungen auf der ganzen Welt. Aber die Zeitungen wurden dafür kritisiert, den Selbstmord des Mannes für ihre Zwecke missbraucht zu haben. *The Falling Man* wurde zum Tabu, weil die Öffentlichkeit nicht wahrhaben wollte, dass sich diese Menschen ganz bewusst für den Sprung in die Tiefe entschieden hatten.

Pressefotografie heute

Heute beschäftigt jede Zeitung nur eine kleine Gruppe festangestellter Fotografen, die die großen Meldungen abdecken. Kleinere Aufträge werden an ein landesweites Netzwerk von Freiberuflern abgegeben, die kontaktiert werden, sobald in ihrer Region ein Ereignis stattfindet. Die Mehrheit der abgedruckten Zeitungsfotos stammt von Presseagenturen.

Die Pressefotografen arbeiten heute digital und mit modernsten Geräten. Mit Kameras mit blitzschnellem Autofokus und perfekt abgestimmten Blitzgeräten, sodass sie das Bild auf jeden Fall im Kasten haben, egal wie schnell sie sein müssen. Die Digitalfotos können schon auf den Computer der Zeitungsredaktion übertragen werden, während die Veranstaltung noch läuft. Zum ersten Mal hat ein Fotograf die Möglichkeit, eine Geschichte schneller mit Bildern zu erzählen als ein Reporter Text liefern kann (*siehe* Berufswunsch: Zeitungsfotograf, S. 213).

Fotojournalismus und Reportage

Von einem Pressefotografen wird erwartet, dass er ein Ereignis in einem einzigen Bild zusammenfasst. Der Fotojournalist erzählt seine Geschichte mit einer ganzen Reihe von Bildern, die er in der Form eines Foto-Essays zusammenstellt.

In den 1920er Jahren waren die Menschen geradezu süchtig nach Printmedien. Jede größere Stadt konnte viele verschiedene Morgen- und Abendzeitungen vorweisen. Als die Verleger bemerkten, dass die Öffentlichkeit nicht nur an tagesaktueller Berichterstattung, sondern auch an allgemeineren Themen interessiert war, brachten sie Magazine mit großformatigen Fotos auf den Markt. Aufgrund verbesserter Drucktechniken hatten die in diesen Illustrierten abgedruckten Bilder bereits eine hervorragende Qualität.

Besonders fortschrittlich waren deutsche Zeitschriftenunternehmen, darunter *BIZ (Berliner Illustrirte Zeitung)* und *MIP (Münchner Illustrierte Presse),* die schon früh die Arbeiten einer neuen Generation von Fotografen präsentierten, darunter Alfred Eisenstaedt, André Kertész und Martin Munkacsi. Alle verwendeten sie die neuen kleineren, leichteren und schnelleren Kameras. Die Redakteure von *BIZ* und *MIP* wollten ihre Leser mitten ins Geschehen versetzen und erzählten deshalb Geschichten nicht mehr nur mit einem Bild, sondern zum ersten Mal mit Fotostrecken. Stefan Lorant, Chefredakteur der *MIP*, sagte: „Ein einzelnes Bild hielt ich nicht für ausreichend.“ Ganz normale Menschen, die ein ganz normales Leben führten, wurden porträtiert. Viele der Reportagen, die sie über mehrere Seiten bei der Arbeit oder in ihrer Freizeit zeigten, waren mit „Ein Tag im Leben …“ überschrieben. Die Gestaltung dieser Zeitschriften und ihrer dynamischen Titelseiten lag in den Händen einer neuen Generation brillanter Grafiker. Zu diesem Zeitpunkt fand das Wort „Fotojournalismus“ Eingang in die Sprache, das diese neue Form des Geschichtenerzählens benannte.

Ab den 1930er Jahren gab es in vielen Ländern hervorragende Magazine, darunter *Life* und *Look* in den USA, *Picture Post* in Großbritannien und *Vu* in Frankreich. Alle beschäftigten sich mit dem gesamten Spektrum der Gesellschaft und schenkten den Aspekten des täglichen Lebens Aufmerksamkeit.

Die Zeitschrift *Life* wurde 1936 nach dem Vorbild der deutschen illustrierten Zeitungen nach dem Motto „Das Leben sehen, die Welt sehen, Augenzeuge großer Ereignisse sein“ gegründet. *Picture Post,* gegründet von Stefan Lorant, kam 1938 auf den Markt und war in ihrer Blütezeit in den 1940er Jahren mit einer Auflage von fast anderthalb Millionen Exemplaren pro Woche unglaublich erfolgreich.

In den Jahren nach dem Zweiten Weltkrieg und während der 1950er Jahre florierten die Bilderblätter. Die Fotoreporter porträtierten die Menschen auf der Straße, zu Hause und an ihren Arbeitsplätzen. Anders als spätere Paparazzi behandelten sie jeden mit Respekt, den Mann auf der Straße ebenso wie Stars und Sternchen. Einige der größten Fotografen des 20. Jahrhunderts waren in dieser Zeit tätig, darunter Henri Cartier-Bresson, Robert Doisneau, Margaret Bourke-White, Bill Brandt und Bert Hardy.

Ein klassischer Foto-Essay

Dieser Foto-Essay in einer Ausgabe der *Picture Post* von 1939 stellt einen Tag im Leben eines arbeitslosen Mannes auf mitfühlende Weise dar.

Henri Cartier-Bresson wollte zunächst Maler werden; inspiriert von Martin Munkacsis Arbeit kaufte er sich eine Leica und wandte sich der Fotografie zu.

Er schuf wunderbar durchdachte Kompositionen, genau im richtigen Augenblick aufgenommen. Als kompromissloser Purist arbeitete er immer nur mit einem 50-mm-Objektiv, beschnitt seine Bilder nie und verwendete weder Farbfilme noch Blitz. Bildredakteure fanden die Zusammenarbeit mit ihm schwierig, denn es machte ihm nichts aus, mit leeren Händen von einem Auftrag zurückzukommen, wenn er sich nicht inspiriert fühlte – keine empfehlenswerte Vorgehensweise für einen jungen, aufstrebenden Fotografen.

Cartier-Bresson wurde 1940 von den Nazis verhaftet, entkam aber beim dritten Fluchtversuch, verkleidet als Trauergast einer Beerdigung. Er wurde fälschlicherweise für tot erklärt, was zur Organisation einer Ausstellung „posthum" führte, die er selbst besuchen konnte. Seine Begeisterung fürs Fotografieren war gepaart mit einer absoluten Abneigung, selbst fotografiert zu werden. 1952 wurde eine Sammlung seiner Fotos in Amerika unter dem Titel *The Decisive Moment* (Der rechte Augenblick) veröffentlicht, ein Ausdruck, der zum Synonym für seinen Stil wurde. Er fotografierte so unauffällig wie möglich mit seiner schnellen, leisen Leica, die er an sein Handgelenk gebunden im Ärmel versteckte, um sie jederzeit herausziehen zu können. Die glänzenden Metallteile klebte er mit schwarzem Klebeband ab und den Objektivdeckel tauschte er gegen eine praktische Gummikappe. In den letzten dreißig Jahren seines Lebens wandte er sich wieder der Malerei und dem Zeichnen zu.

Cartier-Bresson starb 2004 im Alter von 95 Jahren. Sein Tod wurde in vielen Zeitungen auf der ganzen Welt auf der Titelseite gemeldet. Seine Arbeiten werden in der Fondation Henri Cartier-Bresson in Paris ausgestellt.

Siehe die Bücher *Cartier-Bresson's France* (1971) und *Henri Cartier-Bresson in India* (1987)

Siehe henricartierbresson.org

Sehenswerte Printmedien des klassischen Fotojournalismus

BIZ, MIP, Picture Post, Life

Henri Cartier-Bresson und Magnum

Henri Cartier-Bresson wird häufig als der Vater des Fotojournalismus bezeichnet. Er reiste überall hin, wo die Welt im Begriff war, sich zu verändern, und besaß die erstaunliche Gabe, zur richtigen Zeit am richtigen Ort zu sein. Er war Augenzeuge der Bürgerkriege in Spanien und Mexiko und der maoistisch-kommunistischen Revolution in China und fotografierte als Letzter Mahatma Gandhi 15 Minuten vor dessen Ermordung im Jahr 1948. Die grandios komponierten Fotos von Cartier-Bresson vermochten alltäglichen Vorkommnissen und Begebenheiten monumentale Bedeutung zu geben und prägten die nachfolgenden Generationen von Fotojournalisten.

Cartier-Bresson war einer der vier Gründer von Magnum, jener legendären unabhängigen Fotoagentur, die 1947 ins Leben gerufen wurde. Das berühmteste Fotografenkollektiv der Welt wurde mit dem idealistischen Ziel gegründet, die Bilder seiner Mitglieder urheberrechtlich zu schützen und zu kontrollieren, welchen Gebrauch die Presse von den gekauften Bildern machte. Vor Magnum galt ein Foto als das Eigentum der Publikation, die es in Auftrag gegeben hatte, und die Bilder konnten ohne Wissen oder Genehmigung des Fotografen beschnitten, retuschiert oder beschriftet sowie wiederverwendet oder weiterverkauft werden, ohne dass dem Fotografen etwas dafür gezahlt wurde.

Magnum ist noch immer genossenschaftlich organisiert und teilt die Gewinne unter den Mitgliedern auf. Magnum-Fotografen wie Chris Steele-Perkins, Donovan Wylie, Steve McCurry und Nikos Enconomopoulos bilden nach wie vor die Speerspitze des Fotojournalismus.

Dokumentarfotografie

Als „Dokumentarfotografie" wird ein Projekt bezeichnet, das eine verwertbare, visuelle Aufzeichnung der Realität beinhaltet und dadurch bereits jetzt oder in Zukunft ein historisches Dokument darstellt. Der Begriff „Dokumentarfilm" wurde in den 1920er Jahren geprägt. Damals wurden im Kino Dokumentarfilme von der Erforschung der Welt und über das Leben wenig bekannter Menschen gezeigt.

Heute umfasst die Dokumentarfotografie selbstständige fotografische Langzeit-Projekte: Die Fotografen verbringen Monate, Jahre oder sogar Jahrzehnte mit einer Geschichte, die sie selbst entwickelt haben. Häufig werden solche Projekte mit Auftragsarbeiten, Stipendien und Preisgeldern finanziert. Der Dokumentarfotograf lebt unter Umständen mit seinen Studienobjekten eng zusammen, taucht tief in ihre Lebenswelt ein, teilt ihre Erfahrungen und genießt ihr Vertrauen.

Viele Dokumentarfotografen bleiben auch nach Beendigung eines Projekts mit den porträtierten Menschen in Kontakt und kehren immer wieder zu ihnen zurück, um die entstandenen Freundschaften zu pflegen und ihre Geschichte, die sich fortschreibt, erneut zu fotografieren. Manche arbeiten wie ein unsichtbarer Beobachter, andere nehmen an dem Geschehen, dass sie fotografieren, teil.

Der Welt die Augen öffnen

Die Fotografie wurde schon bald nach ihrer Erfindung von den Regierungen als wertvolle Ergänzung zu schriftlichen Aufzeichnungen jeder Art eingesetzt. Früh war sie ein wichtiger Bestandteil der Polizeiarbeit. Polizeifotos mit Vorder- und Profilansichten des Straftäters wurden routinemäßig aufgenommen. Auch Gesellschaftskritiker erkannten das Potenzial der Fotografie, über Armut und Ausbeutung aufzuklären und den Menschen die Augen zu öffnen.

1890 erschien das Buch *How the Other Half Lives* (Wie die andere Hälfte lebt) des in Dänemark geborenen Fotografen Jacob Riis, das über die miserablen Lebensverhältnisse in der Lower East Side von Manhattan berichtete. Für seine Aufnahmen benutzte Riis als einer der ersten ein Blitzlicht. Es erhob sich ein Schrei der Empörung und seine Dokumentation stieß soziale Veränderungen an. Ganze Blocks mit maroden Häusern wurden abgerissen und Parks und Spielplätze gebaut.

Lewis Hine war ebenfalls überzeugt, dass die Veröffentlichung fotografischer Dokumente etwas bewirken konnte. Zu Beginn des 19. Jahrhunderts fotografierte er die elenden Arbeitsbedingungen unterprivilegierter Menschen in den ganzen USA, insbesondere die Kinderarbeit in den Fabriken. Gefördert wurde seine Arbeit von öffentlichen und privaten karitativen Organisationen. Der Stempel auf der Rückseite seiner Bilder lautete „Lewis W. Hine/*Social Photographer*".

Bekannt wurde die Dokumentarfotografie in den USA in den 1930er Jahren durch das Fotoprogramm der Farm Security Administration. Diese Abteilung des amerikanischen Landwirtschaftsministeriums beauftragte ein Dutzend Fotografen – darunter Walker Evans und Dorothea Lange –, das ärmliche Leben der Landbevölkerung während der katastrophalen Dürren aufzuzeichnen, die zur Zeit der Großen Depression die Südstaaten trafen. Die Fotos erschienen in vielen Zeitungen und Zeitschriften. Das FSA-Projekt, das mehr als fünf Jahre dauerte, wurde als „Bilddokumentation" aufgefasst und öffnete der amerikanischen Öffentlichkeit die Augen für das Leid der porträtierten Menschen.

In Großbritannien fand zwischen 1936 und 1947 die sogenannte Mass Observation statt, die größte jemals durchgeführte Untersuchung einer Landeskultur. 1500 „Beobachter" wurden ausgesandt, um überall im Land Alltag zu dokumentieren: Menschen bei der Arbeit, in ihrer Familie und im Freundeskreis. Ziel war es, die täglichen Rituale einer Bevölkerungsschicht, die niemals interviewt wurde, über die niemand schrieb und die niemals für Schlagzeilen sorgte, aufzuzeichnen und für die Nachwelt festzuhalten und damit einen Beitrag „zur Verbesserung des allgemeinen sozialen Bewusstseins" zu leisten. Die Fotografen, die am FSA- und am Mass-Observation-Projekt beteiligt waren, ebneten den Weg für die moderne Dokumentarfotografie.

„Ich war immer der Überzeugung, dass Fotos das Unannehmbare offenlegen müssen: Armut, Elendsquartiere, Hunger. Und dass meine Bilder helfen könnten, die Welt besser zu machen."
Humphrey Spender, Fotograf für Mass Observation

„Für mich ist Dokumentarfotografie weniger eine Frage des Motivs als der Vorgehensweise. Nicht was, sondern wie etwas fotografiert wird, zählt."
Dorothea Lange

Sehenswerte Dokumentarfotografie

- Bruce Davidsons Serien über Straßengangs in Brooklyn und die U-Bahn
- Fotoprogramm der Farm Security Administration
- Roger Maynes Aufnahmen vom Leben auf den Straßen des Londoner Stadtteils North Kensington
- Chris Steele-Perkins' „Teds"
- Oscar Marzarolis Aufnahmen von Schottland
- Danny Lyons Bilder von Motorradclubs

Dokumentarfilme

Noch bevor es das Wort gab, drehte der Fotograf und Filmemacher Frank Hurley über die erste Expedition in die Antarktis einen der ersten Dokumentarfilme der Welt. Als die Teilnehmer in einem Schneesturm festsaßen, filmte Hurley die extremen Wetterbedingungen und stellte das Unternehmen als heroischen Kampf zwischen Mensch und Natur dar. Später fotografierte er Shackletons Expedition in die Antarktis.

Viele Fotografen haben Dokumentarfilme gedreht, wie William Klein über den Boxer Muhammad Ali und den Sänger Little Richard.

Den Ungehörten eine Stimme geben

Aufklärung und Bildung stehen im Mittelpunkt des Interesses vieler Dokumentarfotografen. Ihre Themen machen in den seltensten Fällen Schlagzeilen, sondern sie suchen sie im Alltag und dort vor allem am Rande der öffentlichen Wahrnehmung. Ihre Bilder erreichen durch die Veröffentlichung in Büchern und Ausstellungen ein breites Publikum.

Der Brasilianer Sebastião Salgado ist ein Vertreter dieses Ansatzes. Seine Bilder geben den abgebildeten Personen, oft zum ersten Mal, eine Stimme und öffnen der Welt die Augen für ihren täglichen Kampf ums Überleben. In über 60 Ländern fotografierte Salgado hauptsächlich Arbeiter, Flüchtlinge und Opfer von Hungersnöten. Seine aufwühlende Bildreihe über das Leben der Goldminenarbeiter in Para, Brasilien, aus dem Jahr 1986 zeigt diese Menschen im Vorhof der Hölle: In den riesigen, schlammigen Gruben wimmelt es von Arbeitern in Lumpen, einige von ihnen sind noch Kinder. Manche erklimmen selbstgemachte Leitern, beladen mit schweren Säcken, andere graben von Hand, immer unter Aufsicht von uniformierten, bewaffneten Wachposten. Das auf eigene Initiative durchgeführte einmonatige Projekt rüttelte die Öffentlichkeit auf. Man konnte kaum glauben, dass Ende des 20. Jahrhunderts noch solche barbarischen Zustände herrschen.

Bruce Davidson fotografierte von 1966 bis 1968 das Leben in der East 100th Street in Spanish Harlem, New York, einer übel beleumundeten Gegend. Mit einer Großbildkamera und in Schwarz-Weiß schuf er sanfte, würdevolle Porträts von Menschen, die in größter Armut leben. Davidson hatte sich ihnen nicht als ein Fremder mit einer Kamera genähert, sondern als ein gern gesehener Freund und Gast.

Roger Ballen beschäftigte sich fast zwei Jahrzehnte lang mit Südafrikas Dorfbevölkerung. Die Verstörung und Unbehagen hervorrufenden Porträts unbekannter, armer Menschen beschwören die kahle Leere der südafrikanischen Landschaft herauf, die ihre Bewohner geprägt hat. Seine quadratischen Schwarz-Weiß-Aufnahmen sind mit einer Mittelformatkamera, häufig bei hellem Blitzlicht aufgenommen. Der Fotograf sieht den klaustrophobischen, quadratischen Ausschnitt, den er durch das Objektiv seiner Kamera wählt, als Theaterbühne, auf die er die Menschen mit ihren Kindern und Tieren bittet.

Tee und Tupperware

Mit Martin Parrs mittelformatigen Aufnahmen, häufig Close-ups, von britischen Alltagsgewohnheiten und -zeremonien hielt die Farbe Einzug in die Dokumentarfotografie. Seine Bilder vom Teetrinken, von Tupperware-Partys, Ferien an der Küste, von Baumärkten am Stadtrand, dem Union Jack und Eiskremtüten fotografiert er teilweise mit Ringblitz. Für Ausstellungen werden sie auf Plakatwandgröße aufgeblasen. Seine Arbeiten sind geprägt von verständnisvollem Humor und Ironie. Manchmal hat seine Sichtweise im Unterschied zu der vieler anderer Dokumentarfotografen etwas grausames. Als er sich bei Magnum bewarb, was, laut Parr, der Aufnahmeprüfung bei einer Freimaurerloge gleichgekommen sei, beschimpfte ihn der Kriegsfotograf Philip Jones Griffith als Faschist, weil er sich über die Menschen, die er

Martin Parr, *Sedlescombe*, 1998

Als sich Robert Frank (*siehe* Fotobücher, S. 87) mit Symbolen des amerikanischen *Way of Life* wie Jukeboxen, Autos, Bars und der amerikanischen Flagge beschäftigte, tat er das in Schwarz-Weiß. Die Bilder des Briten Parr, in denen er die nationale Ikonografie seines Landes seziert, sind farbenfroh **(gegenüber)**.

Parr ist ein leidenschaftlicher Sammler, ehemaliger Trainspotter und Vogelbeobachter. Er sammelt Fotoprodukte wie Postkarten, bedruckte Trinkgefäße und Teller, Visitenkarten mit Bildern von Prostituierten wie sie in englischen Telefonzellen ausliegen, ja sogar Chipstüten.

In seinem Buch *Autoportrait*, für das sich Parr von Straßenfotografen aus der ganzen Welt in Themenparks fotografieren ließ, tritt er auf wie der Mr. Bean der Fotografie, ein schmächtiger, verwirrt aussehender Sonderling mit Brille.

Weitere Publikationen sind *Sign of the Times*, *The Last Resort*, die Schwarz-Weiß-Serie *Bad Weather*. Außerdem ist er der Herausgeber der faszinierenden Sammlung *Langweilige Postkarten*.

Wenn Ihnen Parrs Arbeit gefällt, sehen Sie sich auch Postkarten von John Hynde und Fotos von William Eggleston an.

Siehe rogerballen.com

fotografiere, lustig mache. Parr wurde mit knapper Stimmenmehrheit aufgenommen. Er soll heute der Fotograf sein, der das meiste Geld für Magnum erwirtschaftet.

Nachdem er in grobkörnigen und düsteren Bildern seine eigene Jugend festgehalten und eine Gefängnisstrafe verbüßt hatte, trieb Larry Clark Gelder für die Dokumentation des Lebens amerikanischer Teenager auf. Obwohl er bereits doppelt so alt war wie seine Modelle, fotografierte er sie so, als ob er dazugehörte und kommentierte: „Sie leben für den Moment und denken nicht an morgen. Das wollte ich einfangen. Und ich wollte dem Betrachter das Gefühl vermitteln, er wäre dort, bei ihnen." Seine Schnappschüsse sind tatsächlich schockierend nah dran an dieser Welt, die von harten Drogen, Sex und Gewalt geprägt ist (*siehe* Der Schnappschuss, S. 140).

Chris Steele-Perkins, *The Teds*, 1976

Dokumentarfotografen wenden sich häufig Themen zu, die ansonsten kaum Beachtung finden. Drei Jahre lang fotografierte Steele-Perkins die Szene der englischen Teddy Boys und machte später ein Buch daraus.

Kriegsberichterstattung

Obwohl manche Begriffe in der Fotografie kriegerisch klingen, zum Beispiel „ein Foto schießen", hält sich die Zahl der Fotografen, die sich zur Kriegsberichterstattung berufen fühlen, in Grenzen. Um uns mit Informationen zu versorgen, muten sie sich selbst den Anblick der Kriegsgräuel zu und fotografieren, häufig unter Einsatz von Leib und Leben, Sieger und Opfer.

Die Kriegsfotografie ist Teil der Pressefotografie, des Fotojournalismus und der Dokumentarfotografie, wobei jeder Fotograf immer nach Bildern sucht, die den Betrachter zwingen, Position zu beziehen. Niemandsland gibt es in der Kriegsfotografie nicht.

„Ein Foto sagt mehr als eine Million Worte. Deshalb ist es die Pflicht des Fotografen, die Ungerechtigkeit zu dokumentieren, die der Mensch sich selbst zufügt. Bilder von der Höllenqual und dem Wahnsinn des Krieges sollen schockieren und dadurch, so hofft man, das öffentliche Gewissen wecken."
Tim Page, Kriegsfotograf

Sieger und Besiegte: Roger Fenton und Mathew Brady

Der erste Kriegsfotograf an der Front war der Engländer Roger Fenton, der 1855, mitsamt einer Pferdekutsche zum Transport seiner Kameras, der Glasplatten, des Entwicklungslabors und zweier Assistenten, in den Krimkrieg zog. Eine merkwürdige Entscheidung, die Schrecken auf dem Schlachtfeld zu fotografieren, wo er doch zuvor Landschaften aufgenommen hatte.

Im Auftrag der *Illustrated London News* und mit Genehmigung des britischen Kriegsministeriums brach er auf. Er hatte die strikte Vorgabe, mit einer positiven Darstellung des Krieges nach Hause zurückzukehren, die die Menschen beruhigen sollte. Er machte seine Sache anscheinend gut. Anstelle der selbstmörderischen Attacke der Leichten Brigade fotografierte Fenton Soldaten in pseudo-heroischer Pose und Schlachtfeldlandschaften mit biblischen Namen, die später als Holzgravüren vervielfältigt wurden. Auf keinem einzigen seiner 300 Bilder war eine der verwesenden Leichen zu sehen, die er in seinen Briefen erwähnt hatte.

Die vielfach ausgestellten Bilder von Fenton inspirierten Mathew Brady, den amerikanischen Bürgerkrieg zu dokumentieren. Brady war Besitzer eines Porträtstudios und einer Galerie in New York City auf dem Broadway, direkt gegenüber des berühmten Kuriositätenkabinetts von P. T. Barnum. Allerdings fotografierte der als „Brady of Broadway" bekannte Fotograf nur selten selbst, sondern überließ die Arbeit lieber seinen Assistenten. Brady spürte, dass Bilder vom Tod ein einträgliches Geschäft bedeuten könnten. Die Meldung, dass er für Aufnahmen vom Krieg ein Korps von Fotografen zusammenstellte, sorgte landesweit für Schlagzeilen.

Brady verbrachte mehr Zeit im Gespräch mit den Generälen als auf den Schlachtfeldern, wo andere die Arbeit taten. Ihre Fotos zeigen verstümmelte und aufgeblähte Leichen auf Feldern und in Gräben. Sie wurden ohne jeden Versuch, ihren Schrecken zu mildern, in Bradys New Yorker Galerie ausgestellt und sorgten beim Publikum für eine Sensation. Die Menschen wollten die Ausstellung um jeden Preis sehen. Bradys Unternehmen war ein finanzieller Erfolg. Besonders lukrativ war das Geschäft mit Reproduktionen von den Bildern der Toten für die Familienalben.

Der erste „Wohnzimmerkrieg"

Der Spanisch-Amerikanische Krieg 1898 in Kuba war der erste Krieg, über den in Zeitungen mit Fotos berichtet wurde. Die Bilder konnten erst nach wochenlangem Transport zu Wasser und auf dem Land abgedruckt werden, aber zum ersten Mal erreichten fotografische Bilder vom Tod die Wohnzimmer einer im Krieg befindlichen Nation.

Bei Ausbruch des Ersten Weltkriegs durften Pressefotografen die britische Armee in Frankreich zunächst ohne große Einschränkungen begleiten. Die britischen Zeitungen waren patriotische Unterstützer des Krieges und die veröffentlichten Bilder ausschließlich positiv. Aber nach einem Jahr im Krieg und mit Einführung der Wehrpflicht nahm die Begeisterung im Land ab. Die Regierung wollte weiterhin Zuversicht verbreiten, auch eine kriegsmüde Nation könnte den Krieg noch gewinnen. Von da an wurde die Freiheit der Fotografen beschnitten, und es durften nur solche Fotos erscheinen, die den Eindruck vermittelten, die britischen Truppen kämpften erfolgreich und daheim befürworte jedermann den Krieg – einer wachsenden und protestierenden Antikriegsbewegung zum Trotz.

In den britischen Zeitungen und Zeitschriften zur Zeit des Ersten Weltkrieges findet man viele Bilder von gefallenen Soldaten, allerdings keine aus den Reihen der Alliierten. Wie die Kriegsmaler hatten offizielle Fotografen Anweisung, die eigenen Toten nicht zu zeigen. Schließlich wurden die Fotografen von der Westfront verbannt und auch bei den Truppen herrschte Fotografierverbot. Die wenigen erhaltenen Bilder, aufgenommen von Soldaten, die dafür einen Prozess vor dem Kriegsgericht riskierten, zeigen die blinde Zerstörungswut des Krieges, Elend und Panik.

„Der größte Kriegsfotograf der Welt": Robert Capa

Der amerikanische Fotograf Robert Capa machte mit nur 22 Jahren 1936 im Spanischen Bürgerkrieg das wohl bekannteste und kontroverseste Kriegsfoto aller Zeiten, das als *Loyalistischer Soldat im Moment des Todes* berühmt geworden ist. Ein Mann in heller Kleidung wird im Lauf von einer Kugel getroffen und streckt hoffnungslos sein Gewehr von sich. Das Foto erschien zuerst in der französischen Illustrierten *Vu*, dann in *Life* und *Picture Post*. Die *Picture Post* brachte Capas Fotos aus dem Spanischen Bürgerkrieg auf elf Seiten und erklärte ihn zum „größten Kriegsfotografen der Welt". Später wurden Wahrheitsgehalt und Echtheit des Bildes infrage gestellt und auch wenn bisher nicht alle Fragen rund um seine Entstehung geklärt sind, so hat es in jedem Fall unsere Auffassung von der Sinnlosigkeit des Krieges mitgeprägt.

1938 fotografierte Capa in China die Folgen eines japanischen Bombenangriffs. Er verwendete Farbdiafilm. Die Bilder waren so stark, dass *Life* eine Ausnahme machte und sie druckte, obwohl das Magazin sonst nur Schwarz-Weiß-Fotos veröffentlichte. Capas Bilder von der Landung der Alliierten in der Normandie am 6. Juni 1944 fangen die Panik und das Chaos, das im Krieg herrscht, besser ein als andere Aufnahmen. Der nur mit einem Trenchcoat bekleidete Capa wurde unsanft ins eiskalte Wasser geschubst, während er vom Landungsboot aus fotografierte, weil die Soldaten meinten, er zögere

Robert Capa war der Archetyp eines hartgesottenen Kriegsfotografen. In den 1930er, 1940er und 1950er Jahren durchstreifte er Kriegsschauplätze in aller Welt: Spanien, Nordafrika, Sizilien, Anzio, die Normandie am D-Day, Israel und Vietnam. Er war besessen von seiner Mission, an vorderster Front dabei zu sein. Mit seinen Fotos brachte er den Schrecken und die Tragödie des Krieges zum Ausdruck und sah die Kamera als Waffe im Kampf gegen totalitäre Regime. Der 1913 mit dem bürgerlichen Namen Endre Friedmann in Budapest geborene Fotograf heuerte zunächst als Laufbote bei einem Fotostudio in Berlin an, arbeitete sich zum Laborassistenten hoch und erhielt schließlich kleinere Fotoaufträge. 1932 schlich er sich in einen Vortrag von Trotzki, um dort zu fotografieren. Diese Bilder waren sein erster großer Erfolg. 1933 zog er nach Paris und freundete sich mit André Kertész und Henri Cartier-Bresson an. Um bessere Aufträge zu bekommen, änderte er, einem Ratschlag seiner Freundin folgend, seinen Kleidungsstil und nahm den Namen Robert Capa an. Sein Wahlspruch „Wenn deine Bilder nicht gut genug sind, warst du nicht nah genug dran" wurde ihm am 25. Mai 1954 zum Verhängnis, als er am Roten Fluss in Vietnam auf eine Landmine trat.
Lesen Sie Capas Autobiographie *Slightly out of Focus*.

zu springen. Nur ein Drittel der Landungstruppen der ersten Angriffswelle erreichte das Festland.

Capa blieb nur einige Minuten im Kugelhagel am Strand. Dann kletterte er panikgeschüttelt, die Filme in seinen beiden Contax-Kameras waren voll, in ein Boot, das zurück nach England fuhr. Überlebenden Soldaten zufolge hatte sich das Meer zu diesem Zeitpunkt schon blutrot gefärbt.

Er lieferte die Bilder in England ab, wo sie möglichst schnell vergrößert und veröffentlicht werden sollten. Doch ein Laborassistent zerstörte in der Eile durch zu große Hitze beim Entwickeln unabsichtlich die meisten Negative. Von über hundert Bildern konnten nicht mehr als acht gerettet werden. Die von der Hitze beschädigten Bilder haben eine grobe Struktur. Sie spiegeln die Gefahr, Verwirrung, Panik und Angst bei der verlustreichen Landung unmittelbar wider. Diese Bilder wurden in vielen modernen Kriegsfilmen aufgegriffen, zum Beispiel in der Eingangssequenz von Steven Spielbergs *Der Soldat James Ryan*.

Cecil Beaton, *Broken German Tanks at Sidi Rezegh*, 1942

Der für seine glamourösen Modefotos und Porträts der Reichen und Berühmten bekannte Beaton war wohl der ungewöhnlichste Kriegsfotograf. Im Zweiten Weltkrieg wurde er von der Regierung mit Aufnahmen beauftragt, mit denen diese bei der Bevölkerung für den Kriegseintritt werben wollte. 1940 erschien auf dem Cover von *Life* sein Bild von einem kleinen Mädchen, Opfer eines Bombenangriffs, das mit einem großen Kopfverband in einem Krankenhausbett sitzt. Es soll die amerikanische Öffentlichkeit dazu bewogen haben, den Kriegseinsatz zu befürworten. In dem Bild links zeigt Beaton die brutale Schönheit von verbogenem Metall.

Die Hölle von Hiroshima

Fotos von den Atombomben auf Hiroshima und Nagasaki im August 1945 wurden von den auf dem Rückflug befindlichen Flugzeugen aus aufgenommen, die die Bomben abgeworfen und einer viertel Million Menschen den Tod gebracht hatten. Die Bilder von den Atompilzen sind noch Jahrzehnte später in den Köpfen der Menschen präsent, Bilder von den Bombenopfern wurden in Amerika als zu schockierend zensiert.

Der Kampf mit der Zensur

W. Eugene Smith hielt 1944/45 die körperlichen und emotionalen Erfahrungen der Frontsoldaten im Pazifik mitfühlend fest und wurde dabei in Okinawa selbst verwundet. Auch Larry Burrows und Don McCullin erzählten die Geschichte des Krieges auf ähnliche Weise, indem sie das tägliche Leben und Leiden der Soldaten in Vietnam, die entsetzlichen Kämpfe und die ständige Konfrontation mit dem Tod darstellten. Ein Farbfoto von Burrows von 1966 mit dem Titel *Reaching Out* zeigt einen verletzten schwarzen GI, der lieber seinem schwer verwundeten weißen Mitsoldaten helfen möchte, als sich vom Schlachtfeld zurückzuziehen und verarzten zu lassen. Burrows starb 1971 in einem Helikopter, der über Laos abgeschossen wurde. McCullin fotografierte 1968 während der Tet-Offensive einen traumatisierten Soldaten, der sich verstört an seinem Gewehr festklammert.

Der Vietnamkrieg war der erste und letzte Konflikt, in dem die Presse freie Hand hatte und per LKW oder Helikopter überallhin reisen durfte. Die Bilder des Schreckens brachten die Öffentlichkeit gegen die Auseinandersetzungen auf und trugen zur Niederlage der USA bei. Dieses Risiko ging später keine Regierung mehr ein. Im Falkland-Konflikt von 1982 wählte die britische Regierung zwei Fotografen aus, die die gesamte Bildberichterstattung zur Veröffentlichung in Großbritannien übernahmen. Einer der Fotografen kam von einer regierungstreuen Zeitung, der andere von einer Presseagentur. Im ersten Golfkrieg 1990/91 gab es eine ähnliche Zensur, obwohl es Kenneth Jareche irgendwie gelang, die Presseeinschränkungen zu umgehen und auf dem Weg nach Basra die Leiche eines irakischen Soldaten zu fotografieren, der bei dem Versuch, aus einem Panzer zu fliehen, vollständig verbrannt war – der verkohlte Kopf scheint jeden Moment zu Asche zu zerfallen. Jareche nahm das Bild für die Zeitschrift *TIME* auf, die es jedoch, wie die meisten anderen Zeitungen auch, als zu schockierend empfand und nicht veröffentlichte. Jareche erinnerte sich, dass „niemand das Foto auch nur anfassen wollte".

Im zweiten Golfkrieg 2003/04 hielten die amerikanische und die britische Regierung die Medien absolut unter Kontrolle und gewährten nur einigen handverlesenen Fotografen und Journalisten Zugang zum Kriegsgeschehen. Diese *embedded journalists* (von dem englischen Wort *embed* für einbetten) wurden einer kämpfenden Militäreinheit zugeteilt, alle anderen Mitglieder der Presse mussten sich Hunderte von Kilometer von der Front entfernt in einem Pressezentrum mit den Informationen des Pressesprechers der Armee begnügen.

Die Zensur ging noch weiter: Das Pentagon erließ ein Verbot der Veröffentlichung von Bildern von amerikanischen Kriegsopfern. Im Internet wurde es mit Aufnahmen vom Transportraum eines Frachtflugzeugs voller in die amerikanische Flagge eingehüllter Särge unterlaufen. Das bei weitem erschütterndste Bild aus diesem Krieg zeigt den schwer verwundeten Jungen Ali Ismail Abbas, der bei einem der Bombenangriffe, die als „chirurgische Militärschläge" bezeichnet werden, da sie wegen ihrer Präzision angeblich nur ein Minimum an Opfern fordern, beide Arme verlor.

Fotobücher

Jeder Fotograf möchte seine Bilder in einem Buch veröffentlicht sehen. Die Bücher von Diane Arbus, William Klein, Henri Cartier-Bresson und Robert Frank haben Generationen von Fotografen inspiriert und tun es noch, wie auch in jüngster Zeit die Bände von Nick Knight und Richard Billingham.

In einem Buch lassen sich die Bildsprache, die Fotoserien und der Rhythmus des Werkes eines Fotografen in aller Ruhe in Augenschein nehmen. Die Arbeiten Ihres Lieblingsfotografen zusammengefasst in einem Buch zu sehen, ist ein Erlebnis. Das Schaffen des Fotografen wird für die Nachwelt verewigt und gleichzeitig einem breiten Publikum zugänglich gemacht.

Die ersten Foto-Bildbände

William Henry Fox Talbot veröffentlichte wohl das erste Buch mit fotografischen Abbildungen: *The Pencil of Nature*, das zwischen 1844 und 1846 in sechs Teilen erschien. Das Werk zeigte Abzüge seiner Kalotypien. Etwa um die gleiche Zeit schuf Anna Atkins ein faszinierendes Buch mit Cyanotypien von Blumen (*siehe* Die Erfindung der Fotografie, S. 22).

Die geflickte amerikanische Flagge: Robert Frank

Robert Franks Buch *The Americans (Die Amerikaner)* ist in der Geschichte der Fotografie ein herausragendes Symbol für den Einfluss, den eine mit Fotos erzählte Geschichte haben kann. Jedes der nur 83 Schwarz-Weiß-Fotos in diesem kleinen Buch mit schwarzem Einband steht allein neben einer leeren weißen Seite. Die Fotos wurden aus Tausenden von Bildern ausgewählt, die Frank 1955 und 1956 auf einer Fahrt quer durch die USA mit einem zerbeulten alten Ford aufnahm. Aus ihnen sprechen Entfremdung, Trauer und Fassungslosigkeit. Zusammengehalten wird die Serie durch die amerikanische Flagge, die mal abgewetzt, mal fleckig, häufig am Bildrand abgeschnitten auftaucht. Ebenfalls zur Bildsprache gehören Tankstellen, Jukeboxen, Drive-ins, Särge und Kruzifixe. Der Betrachter hat das Gefühl, als säße er mit Frank im Auto und schaue durch die Scheiben.

Bei seiner Veröffentlichung 1958 war *The Americans* ein Skandal. Kritiker nannten das Buch entartet, krank, neurotisch und freudlos, schon allein aufgrund des Titels betrachteten sie es als Angriff auf amerikanische Werte und den amerikanischen *Way of Life,* und dies zu einer Zeit, in der die USA sich noch selbst als das reichste Land der Welt und Symbol für die freie Welt sahen. Frank hatte die Nation am Scheideweg zwischen dem schwindenden Optimismus der 1950er Jahre und den radikalen Veränderungen in den 1960ern eingefangen.

The Americans wird immer wieder aufgelegt und steht im Bücherregal vieler Fotografen. Es hat alle nachfolgenden Generationen von Fotografen beeinflusst. Das Buch ist das visuelle Pendant zum Roman *On The Road (Unterwegs)* von Jack Kerouac. Kerouac schrieb auch die Einleitung zu *The Americans*.

Der 1924 in der Schweiz geborene Robert Frank emigrierte mit 23 Jahren in die USA. In den 1950er Jahren gab er seine Tätigkeit als Mode- und Werbefotograf auf, um zunächst Südamerika und Europa und schließlich, gefördert durch ein Guggenheim-Stipendium, die USA zu bereisen. Er machte über 28 000 Schwarz-Weiß-Fotos und veröffentlichte einige davon in *The Americans*. Frank fotografierte oft, ohne durch den Sucher zu schauen. Die amerikanische Flagge, die in *The Americans* so oft auftaucht, wurde zu einem Schlüsselmotiv der Pop-Art. Franks Fotos sind Vorläufer der ikonischen Gemälde von Flaggen von Jasper Johns.

Kurz nach der Veröffentlichung von *The Americans* wechselte Frank von der Foto- in die Filmbranche. Er drehte *Cocksucker Blues*, einen Dokumentarfilm über die Tournee der Rolling Stones 1972. Die Band verwendete ein Detail eines Fotos von Frank auf dem Cover von *Exile on Main Street*. *Cocksucker Blues* ist ein chaotisches, körniges Meisterwerk: Licht war ins Filmmagazin eingedrungen – ein „Fehler", den Frank nicht beheben wollte. Die Stones genehmigten die Aufführung des Films nicht bzw. nur in Franks Anwesenheit, und *Cocksucker Blues* wurde ein begehrtes Bootleg.

In den 1970er Jahren kehrte Frank zur Fotografie zurück und kreierte Collagen und Bildserien, teilweise mit Fotos aus *The Americans*, auf die er sehr persönliche Texte zu den Tragödien in seinem Leben kritzelte und aus denen das Buch *The Lines of my Hand* wurde.

Frank gelangte nie zu Starruhm, hat aber dennoch eine große Fangemeinde, die seine Fotos über alle Maßen schätzt.

Einsamkeit, Fremdheit, Traurigkeit: Diane Arbus

1972 erschien *An Aperture Monograph* von Diane Arbus. Es enthält silbrig glänzende Schwarz-Weiß-Aufnahmen in quadratischem Format und mit unregelmäßigen Rändern, die fesselnde Geschichten von Einsamkeit, Fremdheit und Traurigkeit erzählen. Alle Bilder stehen auf einer rechten Seite. Links stehen ihre einfachen, rätselhaften Titel. Manche zeigen Menschen in äußerlich ganz normalen Umgebungen, die sich jedoch weigern, ein normales Leben zu führen. Tätowierte Männer, Transvestiten, Muskel-

„Diane eine Kamera zu geben, ist so, als überließe man einem Kind eine scharfe Granate."
Norman Mailer, Schriftsteller

Diane Arbus stammte aus ähnlichen Verhältnissen wie Richard Avedon: Beide waren Kinder aus reichen Familien, die beide in Manhattan Kaufhäuser besaßen. Arbus' Familie besaß das Kaufhaus Russeks auf der 5th Avenue. Diane wuchs in einer privilegierten Welt mit Kindermädchen, Dienstboten und Chauffeuren auf. Nach ihrem Studium der Malerei wandte sie sich der Fotografie zu und besuchte Kurse bei Berenice Abbott, Alexej Brodowitsch, Lisette Model und Bruce Davidson. 1951, mit 18, heiratete sie Allan Arbus, einen Modefotografen, der für die Werbeabteilung von Russeks tätig war. Sie arbeiteten gemeinsam, wobei Diane die Ideen entwickelte und vorbereitete und Allan die Fotos machte.

Ab den 1960er Jahren nahm Arbus auch allein Aufträge an und verfolgte eigene Projekte. Die Fotos, die sie mit einer 2¼-x-2¼-Format Rolleiflex machte, sind faszinierend. Die Fotografin interagierte ständig mit ihren Modellen. Auf einem Kontaktbogen mit Porträts von einem jungen Paar erscheint sie plötzlich selbst im Bild, nackt, und nimmt den Platz des Mädchens ein, das nun als Fotografin agiert.

1971 nahm sich Diane Arbus das Leben. Einige sehen ihr persönliches Werk als langen Abschiedsbrief mit der Kamera.

Wenn Ihnen die Arbeit von Diane Arbus gefällt, sehen Sie sich auch Arbeiten von August Sander, Lisette Model und Weegee sowie die Spielfilme *Taxi Driver* von Martin Scorsese (1976) und *Freaks* von Todd Browning (1932) an.

protze, Zirkusartisten und eine Frau mit einem Affenbaby in Kinderkleidung auf dem Arm werden unbarmherzig mit grellem Blitzlicht ausgeleuchtet. Auf anderen Bildern sind erschöpft wirkende Passanten auf der Straße, am Strand oder im Park symmetrisch in der Bildmitte angeordnet und schauen direkt in die Kamera. Ihre *Untitled Series* mit geistig behinderten Menschen begann Arbus 1970/71. Die Fotos von den Masken tragenden Behinderten beim Spiel, die am Schluss des Buches stehen, lösen Unbehagen aus und bleiben im Gedächtnis haften. Das Buch, das sich bis heute 250 000 Mal verkauft hat, wird weiterhin aufgelegt.

Eine abgedrehte Klatschzeitung: William Klein

William Klein veröffentlichte vier legendäre Bücher: *New York: Life is good and Good for You in New York: Trance Witness Revels* (1956), *Rome* (1960), *Tokyo* (1964) und *Moscow* (1964). Sein fotografisches New-York-Tagebuch mit seinem verwegenen Design übte großen Einfluss aus. Klein schrieb: „Ich stellte mir das Buch als monströse Großstadtgazette mit Skandalen und Sensationsmeldungen vor, die um drei Uhr früh vom Wind durch die Straßen geweht wird ... ich stellte mir das Buch als eine Art durchgedrehte Klatschzeitung vor, grob, körnig, zu grell, mit brutalem Layout und großen Schlagzeilen."

Kleins Schwarz-Weiß-Bilder ohne jegliche Mitteltöne sind energiegeladen, verzerrt und verschwommen. Sie treten aus den Seiten heraus wie kontrastreiche Fernsehbilder beim Schnelldurchlauf *(siehe* Eleganz und Elefanten, S. 69).

Streit und Versöhnung: Richard Billingham

Das Buch *Ray's a Laugh* von Richard Billingham (1994) enthält bis auf ein paar Zeilen auf dem Bucheinband und einige Worte von Robert Frank keinerlei Text. Die ganzseitigen Fotos beschreiben in kräftigen, grellen Farben den Alltag von Billinghams Mutter, seinem ständig alkoholisierten Vater und seinem Bruder in ihrer klaustrophobischen Wohnung voller Haustiere. Das Leben der Billinghams besteht aus Biertrinken, Streitereien und Versöhnungen, Rauchen, Katzenfüttern und Puzzlen. Das Buch zieht den Betrachter mitten in das Familienchaos hinein – mit einem torkelnden Vater, dem Geruch von Alkohol und Nikotin in der Luft und kurzen Augenblicken liebevoller Zuneigung.

Bildreihen

Manche Fotografen begnügen sich nicht mit Einzelbildern, sondern drücken ihre Vision in Bildreihen aus. Sequenzen können sich intensiv mit einem Thema auseinandersetzen und eine stärkeren Sog entfalten als einzelne Bilder. Auch unser Leben setzt sich aus vielen verschiedenen Einzelereignissen zusammen, was eine Bildreihe mitunter besser reflektiert als ein Bild allein.

Frühe Bildreihen

In den 1850er Jahren waren die Kameras mit mehreren Objektiven ausgestattet, damit die Fotografen mehrere Porträts – vier, acht oder zwölf – auf dieselbe fotografische Platte aufnehmen konnten. Dieses Verfahren löste einen wahren Boom des Visitenkartenporträts aus. Die Kosten für ein Porträt sanken deutlich, was den Gang zum Fotografen und das Sammeln von Porträtbildern zum Volkssport machte. Die von den Platten erstellten Kontaktabzüge wurden zur Präsentation zugeschnitten. Die nicht auseinander geschnittenen Bildserien sind ein sequenzielles Dokument der Porträtsitzung und zeigen die Modelle mit leicht veränderten Posen und Gesichtsausdrücken. Sie erinnern an die Bewegungsstudien von Eadweard Muybridge dreißig Jahre später. Der einzige Unterschied besteht darin, dass Muybridge die Zeit zwischen den Einzelaufnahmen genau kontrollierte.

Die Experimente von Eadweard Muybridge

Muybridge lebte ein außergewöhnliches Leben. Nach einem dumpfen Schlag auf den Kopf bei einem Postkutschenunfall wechselte er Namen und Beruf: Aus dem erfolglosen Buchhändler Edward Muggeridge wurde Eadweard Muybridge, ein experimentierfreudiger Fotograf.

Muybridge fand auch noch die Zeit, den Liebhaber seiner Frau ausfindig zu machen und umzubringen. Ein Verbrechen, für das er in einem Sensationsprozess freigesprochen wurde.

Er schuf nicht nur nahezu 800 berühmte Fotoserien zu Bewegungen von Pferden, Zootieren und Menschen, sondern erfand auch den Kameraverschluss und einen Projektor, mit dem er seine Sequenzen in Bewegung zeigte, einen Vorläufer des Filmprojektors.

1872 wurde Muybridge von dem Eisenbahnmagnaten Leland Stanford, Eigentümer eines Gestüts für Rennpferde und Pferdeliebhaber, zur Klärung einer Streitfrage angeheuert. Angeblich hatte Stanford eine 25 000-Dollar-Wette darauf abgeschlossen, dass es im Lauf eines Pferdes eine Phase gebe, in der es alle vier Hufe gleichzeitig vom Boden abhebt. Muybridge stellte eine Reihe von Kameras entlang der Rennbahn auf, mit denen er ein galoppierendes Pferd fotografierte. Die Kameraverschlüsse wurden über gespannte Drähte ausgelöst, die das Pferd im Lauf durchtrennte. Eines der so entstandenen Bilder von Stanfords Pferd Occident lieferte den unumstößlichen Beweis dafür, dass ein Pferd im Galopp zu einem bestimmten Zeitpunkt in der Luft „schwebt“.

Etienne-Jules Marey

Wie Muybridge war auch der französische Fotograf Etienne-Jules Marey besessen davon, Bewegungsabläufe in Bildern festzuhalten. Nachdem er die Bewegungsstudien von Muybridge gesehen hatte, fasste er den Plan, Vögel im Flug zu fotografieren. Statt mehrere Kameras zu installieren, baute er eine gewehrähnliche Kamera mit einem Visier und einem Uhrwerk, die nach Verschlussauslösung zwölf Bilder in schneller Abfolge aufnahm. Marey nannte seine Erfindung chronofotografische Flinte und die Aufnahmen Chronofotografien (vom griechischen Wort *chronos* für Zeit).

Die Macht der Bildserie

Die Macht der Wiederholung ist jedem Obstverkäufer, der Orangen- oder Apfelsteigen aufstellt und jedem Supermarktangestellten, der die Regale mit übereinandergestapelten Dosen füllt, bekannt. Wiederholte Bilder fesseln unseren Blick. Andy Warhol ließ sich von solchen Warenauslagen zu seinen Siebdrucken von Campbell's Suppendosen und Brillo-Kartons inspirieren.

Die Bildreihen von Peter Beard ziehen Betrachter mitten in das Geschehen hinein. Seine Fotoserie von einem Torero, der einem Stier den Todesstoß versetzt, und die von einem angreifenden Löwen vermitteln dem Betrachter ein ganz anderes visuelles Erlebnis als ein Einzelbild.

Elliott Erwitt, *Not That Naïve, New York City*, 1990

Erwitt kann mit seinen Fotos Witze erzählen, wie mit dieser Bildreihe, die er im Central Park aufnahm. „Erwitt ahnt Szenen voraus, die von den meisten Fotografen überhaupt nicht bemerkt würden," sagt Bildredakteur Tony McGrath. Erwitt hat viele Hundefotos aufgenommen, die er in zwei Büchern, *Son of a Bitch* und *To the Dogs* (*Hundstage*), veröffentlichte.

Wenn Ihnen die Arbeiten von Elliott Erwitt gefallen, schauen Sie sich auch Fotos von William Wegman an.

Humor in Bildreihen

Elliott Erwitt ist ein Spezialist für originelle Bildfolgen, häufig mit unerwartetem Ende. Er beobachtet scharf und erzählt mit seinen Fotos Witze, etwa wie bei einem Daumenkino oder einem Comic. Robert Doisneau nahm mit versteckter Kamera eine lustige Bildreihe von Menschen auf, die ein Aktgemälde in einem Galeriefenster betrachteten. Ihre Gesichter zeigten alles, von Empörung über Neid bis zu offensichtlichem Wohlgefallen.

Inszenierte Bildserien

Für seine Fotosequenzen inszeniert Duane Michals Szenen mit Freunden und Modellen, verwendet Kulissen, Doppelbelichtungen und Requisiten. Das Ergebnis ist eine traumartige, poetische Welt, in der merkwürdige Dinge passieren. Wie im Zeitraffer verschwinden Menschen in ein helles Licht, verlassen Geister den Körper und wachsen auf Menschen Blumen.

Harold Edgerton experimentierte im Studio mit Lichtblitzen in kürzesten Abständen, wodurch er extrem schnelle Bewegungen, zum Beispiel den Aufschlag eines Tennisspielers oder Golfer beim Abschlag fotografieren konnte.

Duane Michals,
***I Build a Pyramid*, 1978**

Der Autodidakt Michals inszeniert Bildreihen mit bis zu zwanzig Fotos, in denen er große Themen wie Sterblichkeit und Begierde abhandelt.

Fotocollagen

Manche Fotografen machen Bildreihen aus Bildern, die einander ähnlich sind. Sie „sammeln“ diese entweder mit ihrer eigenen Kamera oder verwenden dafür fremde Fotos. In den Bildreihen, die sich dabei ergeben oder auf diese Art zusammengestellt werden, entstehen durch die Wiederholung neue Inhalte und Zusammenhänge.

Vierzig Jahre lang fotografierte das deutsche Künstlerpaar Bernd und Hilla Becher akribisch und systematisch industrielle Architektur: Wassertürme, Kühltürme, Hochöfen und Gasometer. Sie benutzten Großformatkameras und komponierten jedes Bild präzise. Alle vertikalen Linien verlaufen parallel, sodass eine betont nüchterne, sachliche Ansicht entsteht. Die Fotos werden zu typologischen Tableaus zusammengestellt, was die merkwürdig brutale Schönheit und Symmetrie der Gebäude unterstreicht.

Der Künstler Idris Khan interpretiert die Bilder der Bechers neu, indem er ganze Bildreihen zu einem zusammengesetzten Bild überblendet, das er um ein Vielfaches vergrößert.

Der Künstler Dick Jewell sammelt und bearbeitet Fotosequenzen aus Zeitungen und Magazinen. Er schuf ein riesiges Wandbild aus Fotos zum Duell zwischen Zola Budd und Mary Decker während des 3000-Meter-Laufs bei den Olympischen Spielen 1984. Jewells Bild zeigt den berühmten Zusammenstoß der beiden Läuferinnen, wie ihn kein Stadionbesucher hätte sehen können. Durch die Kombination sämtlicher Bilder, die die Fotografen entlang der Strecke aufnahmen, und solcher, die von Zuschauern gemacht wurden, zeigt er diesen Schlüsselmoment aus allen Blickwinkeln gleichzeitig. Jewell vervollständigte die Arbeit mit Fotos, die er selbst von der Fernsehübertragung des Laufs gemacht hatte.

Dick Jewell, *Olympic Incident*, 1985

In seinen riesigen Bildserien intensiviert der Künstler Dick Jewell die Dramatik eines Ereignisses. In dem Gefühl, dass die internationale Presse Zola Budd zu Unrecht beschuldigte, Mary Decker zu Fall gebracht zu haben, sammelte er jedes verfügbare Bild, um besser analysieren zu können, was wirklich passiert war.

Jewell studierte am Royal College of Art in London. Er veröffentlichte unter anderem die Fotobücher *Found Photos* und *Hysteric Glamour*.

Bildserien für Projektionsshows

Vor der Erfindung der Fotografie war die Laterna magica eine beliebtes Spektakel. Mit Projektoren, bei denen transparente, handbemalte Glasstreifen zwischen eine Lichtquelle und eine Linse geschoben wurden, wurden Bilder an eine Wand geworfen. Die gezeigten Bildserien reichten von der Fabel bis zur Bibelgeschichte. Besondere Effekte erzielte man mit Projektoren mit verschiedenen Linsen, die bis zu drei Bilder gleichzeitig zeigen konnten.

Mit der Erfindung der Fotografie kamen fotografische Glasbilder auf, sodass Fotos schon bald im heimischen Wohnzimmer an die Wand geworfen werden konnten und die erste von vielen weiteren Generationen von Kindern mit Familienfotos aus fernen Zeiten gelangweilt wurde.

Auch heute noch arbeiten Fotografen und Künstler mit Projektoren. Auf diese Weise können Fotos kostengünstig in riesiger Größe und guter Qualität präsentiert werden. Nan Goldin zeigte ihr fotografisches Werk in den 1980er Jahren als Diashows in Nachtclubs.

Jacques-Henri Lartigues Leben in Bildern

Jacques-Henri Lartigue hielt sein ganzes Leben in einer Serie von wundervollen Fotos fest. Er füllte 14 500 Seiten von 130 großen Fotoalben. Jede einzelne Seite ist sorgfältig gestaltet und mit Notizen zu Ort, Zeit und den abgebildeten Personen versehen. Alle Alben hatten eine ähnliche Größe und wurden von Lartigue in Regalen aufbewahrt, die er extra zu diesem Zweck anfertigen ließ.

Lartigue ist das Wunderkind der Fotografie. Bevor er 1901 im Alter von sieben Jahren seine erste Kamera geschenkt bekam, hatte er bereits im Geiste Fotos aufgenommen, indem er einfach dreimal fest die Augen zusammenkniff. Obwohl seine erste Kamera größer und schwerer war als er selbst, erscheinen die Bilder auch heute noch frisch und spontan. Da sein Vater zu den reichsten Männern Frankreichs gehörte, gab es im Hause Lartigue eine Vielzahl von Dienstboten, die neben seinen älteren Brüdern Zissou und Maurice gerne für seine vielen frühen Fotos posierten.

Lartigues Familie begeisterte sich für Autorennen und war auch unter den wenigen Zuschauern, die den ersten Versuchen der bemannten Luftfahrt beiwohnten. Lartigue fotografierte auf diesen Veranstaltungen mit einer Kamera, die er „Engelsfalle" getauft hatte, und probierte verschiedene Methoden aus, um die Geschwindigkeit und Energie, deren Zeuge er wurde, im Bild festzuhalten. Diese Fotos von schnellen Autos und Flugzeugen haben Ähnlichkeit mit den dynamischen Gemälden der Futuristen.

Als Jugendlicher begann Lartigue eine Leidenschaft für elegante Pariser Damen zu entwickeln, die in der neusten Mode an ihm vorbeiflanierten. Die Bilder, die er von ihnen machte – insbesondere ein Foto von einer Frau in einem schwarz-weiß gestreiften Kleid – lieferten Cecil Beaton die Inspiration für seine Kostümentwürfe für den Film *My Fair Lady*.

Lartigue fotografierte auch als Erwachsener pausenlos. Seine Liebschaften, seine Familie, seine Reisen und jeden, den er traf. Er lebte ein glückliches Leben, unbeeinflusst von den Veränderungen um ihn herum und ohne jemals für sein Geld arbeiten zu müssen. 1963 wurde ihm nach einer zufälligen Begegnung mit John Szarkowski, Direktor der fotorafischen Abteilung des Museum of Modern Art in New York, dort eine Ausstellung angeboten. Über Nacht wurde Lartigue weltberühmt. Der Peter Pan der Fotografie, ein Junge, der nie erwachsen werden wollte, wurde im Alter von siebzig Jahren zum Profifotograf und schuf bis zu seinem Tod im Jahr 1986 weiterhin Bilder voller staunender, jugendlicher Fröhlichkeit.

Werbung und Propaganda

Bilder mit großer Wirkkraft

- F. H. K. Henrions Anti-Atomkrieg-Poster „Stop Nuclear Suicide"
- Der schwangere Mann – „Wärst du vorsichtiger, wenn du schwanger werden könntest?" – Foto von Alan Brooking
- „Man braucht 40 dumme Tiere, um einen Pelzmantel herzustellen – aber nur eines, um ihn zu tragen", Greenpeace-Kampagne, Foto von David Bailey
- Kinoplakat für *Trainspotting*
- Die Benetton-Kampagnen von Oliviero Toscani
- Verkaufsautomat voller Waffen – „So leicht bekommt man in Südafrika eine Waffe" – Foto von Wayne Rochat
- Parfümwerbung mit Sophie Dahl, Foto von Nick Knight, persifliert von dem Künstler Angus Fairhurst
- Lavazza-Werbung von David LaChapelle

Werbefeldzüge und politische Kampagnen

Es gibt Fotografen, deren ganze Leidenschaft der Werbefotografie gilt. Für sie ist dieses Genre die Königsdisziplin des Mediums. Die Aussicht, dass eines ihrer Bilder einer breiten Öffentlichkeit in immenser Größe präsentiert wird, hat für sie etwas Berauschendes.

Werbefotografen schätzen die Zusammenarbeit mit Artdirectoren, Textern und Gestaltern bei der Entwicklung von Kampagnen. Die Aufgabe eines Werbefotografen besteht darin, den Appetit des Betrachters anzuregen und ein Foto zu machen, das ein Produkt nicht nur zeigt, sondern ihm durch die Art der Darstellung zusätzlichen Wert verleiht und seine Bekanntheit steigert.

Propaganda verfolgt keinen anderen Zweck. Es geht um die Beeinflussung der Öffentlichkeit. In der Wirtschaft wird dazu die Werbung eingesetzt, in der Politik die Propaganda. Mit Propaganda werden Botschaften und Ideen verbreitet, die sich im Kopf des Adressaten festsetzen sollen, um politische oder gesellschaftliche Ziele zu erreichen.

Wünsche wecken

Werbe- und Propagandafotos sind möglichst direkt, einfach und unkompliziert. Nicht das kleinste Detail wird dabei dem Zufall überlassen. Werbung funktioniert immer nach demselben Prinzip: Sie erregt Aufmerksamkeit und weckt Wünsche, weil sich die Betrachter mit den dargestellten Menschen identifizieren, weil sie einer bekannten Person bestimmte Gefühle entgegenbringen oder weil sie das Foto zum Lachen bringt oder schockiert.

Wirkkraft

Werbung und Propaganda müssen ihre Botschaften einem Betrachter überbringen, der nicht nach ihnen sucht. Deshalb müssen die Botschaften auf den Plakatwänden und Werbeflächen das chaotische Straßenbild überstrahlen. Die Bilder müssen die Neugierde der Passanten wecken und ihre Aufmerksamkeit fesseln.

Da Zeitschriften aufgrund der redaktionellen Inhalte und nicht wegen der Werbung gekauft werden, müssen auch hier die Werbefotos die Blicke auf sich ziehen, und zwar stärker als die Bilder im redaktionellen Teil.

Gestaltungsmittel in der Werbefotografie sind kräftige Farben, riesige Größen, dynamisches Design und Freisteller, das heißt, Personen oder Gegenstände werden auf das Wesentliche reduziert und isoliert vor einem hellen weißen Hintergrund abgebildet.

„Du musst die Menschen mit Bildern fesseln, damit sie innehalten, egal was sie gerade tun. Du musst die visuelle Kakophonie auf der Straße übertönen."
Francis Glibbery, Artdirector

Ideen, Ideen und nochmals Ideen

Werbefotos müssen direkt zum Betrachter sprechen. Meistens werden sie darin durch wenige Worte unterstützt. Der Betrachter ist aufgefordert, die Idee zu erkennen, die hinter Bild und Text steckt. Nur so kann er die Botschaft entschlüsseln, den Bezug verstehen, den Witz erfassen oder das Rätsel lösen.

„Niemand will Werbung sehen. Niemand kauft eine Zeitschrift wegen der Werbung. Gute Werbung schleicht sich durch die Hintertür in den Kopf des Betrachters. Sie stiehlt sich für einen kurzen Moment ins Gehirn und lässt dort ein Gefühl der Wärme zurück."
Clive Challis, Artdirector und Lehrer

Werbung lebt von frischen Ideen. Neue Produkte müssen auf Anhieb begehrenswert wirken, eingeführte Produkte sollen in einem neuen Licht erscheinen, das ist eine interessante Herausforderung. Dem Werbefotografen wird eine grundlegende Idee vorgegeben, aus der er etwas machen soll, indem er dazu Bilder findet, die wunderbar anzusehen sind und gleichzeitig die Werbebotschaft optimal transportieren.

In der Werbung gibt es nichts, was zu extrem oder unmöglich wäre. Die Fotografen verfügen oft über Spitzen-Budgets. Großzügige Sets werden aufgebaut, luxuriöse Locations gemietet, teure Models und Heerscharen von Statisten engagiert, spezielle Requisiten angefertigt, Kleider entworfen, und die allerneusten Techniken kommen zum Einsatz, um eine Idee in die Tat umzusetzen.

Immer schon arbeitet die Werbebranche mit modernster Technik und immer schon hat sie die innovativsten und kreativsten Köpfe mit ihren Kampagnen beauftragt – von László Moholy-Nagy und Irving Penn in den 1930er und 1940er Jahren über Robert Frank und Garry Winogrand in den 1950er und 1960er Jahren bis zu Nick Knight und David LaChapelle heute.

„Man muss ein Bild auf das Wesentliche reduzieren, damit es sich im Kopf des Betrachters festsetzt. Je mehr überflüssige Details, desto mehr verwischt die Idee."

„Das Bild steht in einem Spannungsverhältnis zum Text. Beide sind wie zwei offene Stromkabel. Der Betrachter greift nach den Kabeln, und in seinem Kopf funkt es."

„Man wählt einen Fotografen aus, weil er aus einer Idee Magie machen kann."
Clive Challis, Artdirector und Lehrer

Nick Georghiou, Maasai, Werbeanzeige für Freelander Landrover, 2003

Da das beworbene Produkt, ein Auto, nicht zu sehen ist, muss der Betrachter die Botschaft erst entschlüsseln. Eine brillante Idee, brillant umgesetzt.

Georghiou, Absolvent des Royal College of Art in London, arbeitet außschließlich für die Werbebranche. Zu seinen internationalen Kunden gehören Adidas, Sony und Vodaphone. Mehr Arbeiten von ihm unter nickgeorghiou.com.

Diese Anzeige wurde von dem Texter Mike Boles und Artdirector Jerry Hollens konzipiert.

Fotojournalistische Propaganda

Viele Staatsoberhäupter auf der ganzen Welt haben Fotografen beschäftigt und Bilder genutzt, um ihr öffentliches Image zu verbessern. Präsidenten, Premierminister und Königshäuser gewähren ausgewählten Fotografen Audienzen, damit die Öffentlichkeit einen – sorgfältig kontrollierten – Blick ins Innere der Macht werfen kann. PR-Fachleute stellen sicher, dass die Ergebnisse solcher Aufnahmesitzungen grundsätzlich positiv ausfallen.

Hou Bo nahm für die kommunistische Partei in China Propagandafotos vom Parteivorsitzenden Mao auf. Ihre Bilder wurden von den chinesischen Behörden großzügig verteilt, um die Nachricht von der Liebe des Volkes zu seinem heldenhaften Anführer und vom großen Fortschritt der Revolution zu verkünden. Als Gerüchte aufkamen, Mao läge im Sterben, wurden Hou Bos Bilder von einem Bad des 73-Jährigen im Jangtse in Umlauf gebracht, um das Gerede im Keim zu ersticken. 1959 fotografierte sie Mao, umringt von Schulkindern, auf den Stufen einer Schule in Shaoshan. Millionen

Kopien des retuschierten und handkolorierten Bildes wurden in ganz China verteilt. Später wurde Hou Bo beschuldigt, Mao nicht schmeichelhaft genug porträtiert zu haben, und in einem Arbeitslager interniert.

Schockeffekte und Subversion

Oliviero Toscanis Werbefotos für das Bekleidungsunternehmen Benetton in den 1980er Jahren zeigten Models unterschiedlicher ethnischer Herkunft in bunten Pullis, darunter der Slogan „All the world's colors" (Alle Farben der Welt). Die Idee wurde fortgesetzt mit Menschen aus miteinander im Krieg befindlichen Nationen, die in ihren Strickpullovern friedlich beieinander standen: ein englisches Model und ein argentinisches, ein irakisches neben einem iranischen, ein arabisches mit einem israelischen.

Tetsuya Tamano, *Untitled*, 2000

Bei einem Aufenthalt in der Fabrica, Benettons Forschungszentrum für Kommunikation in Norditalien, wurde Tetsuya Tamano gebeten, Bilder aufzunehmen, die seine Sicht der zeitgenössischen Gesellschaft zeigten. Das Ergebnis war eine digitale Bildserie, zu der dieses Bild (**gegenüber**) gehört.

Tamano wurde später Artdirector des Benetton-Magazins *Colors*.

Von Kampagne zu Kampagne reduzierte Toscani die Erkennbarkeit der beworbenen Produkte und ließ sie schließlich ganz weg. Gleichzeitig erhöhte er den Schockeffekt der Fotos: ein Priester, der eine Nonnen küsst, eine schwarze Frau, die ein weißes Baby stillte, und ein schreiendes, blutverschmiertes Neugeborenes. Jede neue Kampagne wurde mit Ungeduld erwartet. Als der Schockeffekt nicht mehr zog, musste Toscani gehen und das Unternehmen besann sich auf die Devise „Cash for Cashmere" (Kohle für Kaschmir).

Siehe adbusters.com

Die in Kanada ansässige Organisation Adbusters Media Foundation betreibt Anti-Werbung. Sie demontiert Werbekampagnen auf Plakaten, in Zeitschriften, im Fernsehen und im Internet. Dabei spricht Adbusters die gleiche visuelle und verbale Sprache wie die verhassten multinationalen Unternehmen und nutzt die Macht genialer Ideen und Fotos als Waffe im Kampf gegen Konsumkultur und Massenmarkt.

Die Künstlerin Barbara Kruger kombiniert die Wirkkraft der Werbefotografie mit brutal-direkten Texten. Ihre überdimensional großen Bilder sind erdrückend und lassen uns spüren, welche Macht Werbung ausübt. Die blutroten Worte, die an die Schriftzüge von McDonald's, KFC und Coca Cola erinnern, scheinen förmlich aus den dynamischen, stark angeschnittenen Schwarz-Weiß-Fotos herauszuspringen. Vorwurfsvoll sprechen sie uns an: „Dein Leben ist fortwährende Schlaflosigkeit", „Wer wird gekauft und wer wird verkauft", „Wie kannst du es wagen, nicht ich zu sein?"

Bildmanipulation

Manipulieren bedeutet wörtlich „die Hand benutzen“. Manche Fotografen manipulieren ihre Fotos, um unsere Imagination zu entfachen. Bildmanipulationen machen das Unmögliche möglich: Fantasien werden visualisiert, Größenverhältnisse werden verfremdet, das Unerwartete oder Absurde tritt ein und ist in aller Deutlichkeit sichtbar.

Bei der Bildmanipulation in Collagen und Fotomontagen werden Fotos als Rohstoff genutzt. Sie können gegenübergestellt, umgestellt, hinzufügt, verfremdet und, ähnlich wie Musik, gesampelt werden.

Vor der Digitalfotografie wurden Fotos mit Skalpell, Schere, Klebstoff, Farbe und Pinsel manipuliert. Das heute von vielen Fotografen anstelle der traditionellen Werkzeuge eingesetzte Computerprogramm Photoshop hat die Kunst der Bildmanipulation erneut zum Leben erweckt.

„Das Leben ist eine Montage. Sobald man die Straße entlanggeht, nimmt das Bewusstein aufgrund zufälliger Faktoren nur noch Fragmente wahr. Die Montage kommt der Realität näher."
William Burroughs, Schriftsteller

„Die Collage ist die beste Erfindung des 20. Jahrhunderts."
Damien Hirst, Künstler

Collage – recycelte Fotos

Viele Fotografen und Künstler sammeln, was ihnen in Zeitungen, Magazinen und auf der Straße ins Auge springt. Die Collage ist eine hervorragende Kunstform, um diese Materialien zu neuen Bildern zu verarbeiten.

Siehe auch Arbeiten von Peter Blake, Jake Tilson, Kurt Schwitters, Richard Hamilton, Robert Motherwell, Nigel Henderson, die Collagen und Assemblagen von Joseph Cornell sowie David Hockneys „Joiners" *(siehe* Die Kamera in der Hand des Künstlers, S. 120, und Was macht einen großen Fotografen aus?, S. 130).

Das Wort „Collage“ ist abgeleitet von dem französischen Wort *coller* für kleben. Collagen sind Kompositionen, die aus Fotos, Papierfetzen, Stoff und Fundobjekten zusammengefügt sind, manchmal auch in Verbindung mit Malerei. Die erste Collage erstellte Pablo Picasso, als er 1912 in sein Gemälde *Stillleben mit Rohrstuhlgeflecht* ein Stück bedrucktes Wachstuch klebte.

„Meiner Ansicht nach ist die Collage irgendwo zwischen der Fotografie und dem Film angesiedelt. Sobald man zwei Fotos zusammenstellt, beginnen sie, eine Geschichte zu erzählen. Nimmt man viele Bilder, wird die Sache richtig spannend."
Fabian Monheim, Fotograf

Fotografen und Künstler fertigten Collagen aus unterschiedlichsten Materialien an. Max Ernst klebte in den 1920er Jahren aus Ausschnitten aus Katalogen und Zeitschriften Bilder, die der Kunstkritiker Robert Hughes als „moderne visuelle Dichtkunst, destilliert aus Alltagsdingen“ pries.

Der Künstler Brion Gysin erfand durch Zufall eine Collagetechnik, als er beim Zuschneiden eines Passepartouts Zeitungsseiten, die er als Unterlage benutzte, durchschnitt und diese Streifen in willkürlicher Anordnung auf einen Karton klebte. Vik Muniz kreiert Collagen, indem er mit konfettigroßen bunten Papierschnipseln, die er aus Zeitschriftenseiten herstellt, Gesichter von Filmstars, Musikern und Freunden klebt. Das Auge fügt sie zu fotografischen Porträts zusammen. Peter Beard stellt seine Fotos mit Fundstücken wie Tierknochen und -schädeln, Zeichnungen und Notizen und mit Bildern aus Illustrierten zusammen.

Siehe vikmuniz.net

Fotomontage

Auf einer Fotomontage werden Ausschnitte aus verschiedenen Bildern zu einem neuen Bild zusammengefügt, das es in der Realität nicht gibt. Fotomontagen haben meist eine unmittelbare visuelle Wirkung. Es geht dabei um die Verdeutlichung einer Idee, häufig mithilfe von absurden oder satirischen Gegenüberstellungen und Witz. Aus diesem Grunde kommt die Fotomontage häufig in sozialen und politischen Kampagnen zum Einsatz. Für Fotomontagen werden Originale, Bilder aus Zeitungen und Zeitschriften und Werbeanzeigen verwendet.

Die Ursprünge der Fotomontage

Wenn Fotos von Gesichtern, Ereignissen und Produkten aus dem Zusammenhang gerissen und anders kombiniert werden, entstehen neue Bilder mit ganz anderer Bedeutung und von großer Wirkung. Eine Arbeitsweise, die im ersten Jahrzehnt des 20. Jahrhunderts entwickelt wurde, als Fotografen,

Grafiker und Plakatkünstler nach neuen, effektvollen Ausdrucksformen suchten. Während der russischen Revolution von 1917 wurden mit dieser Technik Propagandaplakate angefertigt, auf denen, in dynamischer Perspektive, die stark vergrößerten Köpfe der Politiker Menschenmengen gegenübergestellt wurden. Die Botschaft: Die Massen stehen geschlossen hinter ihren mächtigen und heroischen Anführern.

Etwa zur gleichen Zeit schufen die Künstler der Dada-Bewegung ihre ersten anarchischen Fotomontagen für Ausstellungsplakate und Umschläge ihrer Manifeste und Zeitschriften. Häufig kombinierten sie dabei Metaphern der Moderne, Alltagsgegenstände wie Flugzeuge, Plattenspieler und Maschinenteile, mit ihren eigenen Köpfen. Um dieses Verfahren von der Collagetechnik der kubistischen Maler zu unterscheiden, nannten es die Dadaisten „Montage" von dem französischen Wort *monter* für zusammenbauen oder konstruieren.

Der führende Fotokünstler des Dadaismus war John Heartfield (mit bürgerlichem Namen Helmut Herzfeld), der den Spitznamen „Monteur" trug.

Dick Jewell, *A Change of Face*, 1977

Dick Jewell schuf diese Fotocollage mit Fotos aus Büchern, Zeitungen und Zeitschriften. „Ich kam auf die Idee, weil mir aufgefallen war, wie viele Fotos es gibt, die mit Bezug auf ein anderes eventuell bereits älteres Bild aufgenommen werden." Jewell druckte die Collage als Fotolithografie und verteilte Kopien als Handzettel im Zentrum von London. Er arbeitet häufig mit solchen Bildfunden.

Fotomontage als Waffe

Während viele Dadaisten die Montage zu rein künstlerischen Zwecken einsetzten, schuf Heartfield mit dieser Technik politische Fotomontagen, mit denen er die Nazis bekämpfte. Sie erschienen in den 1930er Jahren in vielen deutschen Zeitungen, häufig sogar auf der Titelseite. Das Motto am Eingang zu einer seiner Ausstellungen lautete: „Nutze die Fotografie als Waffe."

Heartfield setzte Fotos aus unterschiedlichen Zeitungen sowie selbst in Auftrag gegebene Bilder gegeneinander, fügte ein griffiges Zitat eines führenden Politikers hinzu und deckte so die herrschenden Widersprüche auf. Auf einer Fotomontage von 1932 hebt ein winziger Hitler die Hand über den

„Mit der Fotomontage kann man gezielt den Aspekt eines Fotos hervorheben, auf den es ankommt. Man reduziert das Bild auf das Wesentliche und lässt unerwünschte Details einfach weg. Wenn man solche Fragmente miteinander kombiniert, entsteht eine große Wirkung."
Dick Jewell, Künstler

Es gibt Fotos, die sind so direkt, einfach und wirkungsvoll wie eine Fotomontage. Margaret Bourke-White fotografierte Flutopfer in Louisville, die vor einer Lebensmittelausgabe Schlange stehen. Dahinter sieht man eine Werbetafel: „Der höchste Lebensstandard der Welt" und „There's no way like the American way".

Sehenswerte Fotomontagen

Hannah Höch, El Lissitzky, Alexander Rodtschenko, Max Ernst, Erwin Blumenfeld, Linder Sterling und Cat Picton Phillips

Fotomontage und Humor

Satire-Magazine setzen die Fotomontage häufig nach Art von Heartfield als humorvolle Methode der Neuinterpretation ein, um Kritik an Wichtigtuern und Heuchlern zu üben.

Witz-Fotomontage kursieren regelmäßig via E-Mail. Die besten verbreiten sich innerhalb kürzester Zeit über die ganze Welt.

Diese Photoshop-Montage von einer Freistoßmauer wurde nur wenige Stunden nach dem Spiel bei der Weltmeisterschaft 2002 in Japan und Korea per E-Mail verbreitet und erreichte Millionen.

Kopf, so, wie er den Hitlergruß entbietet. Hinter Hitler steht ein riesiger Geschäftsmann, der ihm ein Bündel Geldscheine in die erhobene Hand legt. Dazu das Hitler-Zitat: „Millionen stehen hinter mir." 1933 musste Heartfield aus Deutschland fliehen.

Peter Kennard schuf in den 1980er Jahren faszinierende Arbeiten für die britische Friedensbewegung „Campaign for Nuclear Disarmament" (CND), darunter eine Fotomontage mit einer riesigen Atomrakete, die vom CND-Symbol, besser bekannt als Peace-Zeichen, mit scharfer Klinge in Stücke geschnitten wird. Auf seiner Website erklärt Kennard seine Absicht, die Vorstellung von der allmächtigen Rakete zu zerstören und stattdessen die Macht von Millionen von Menschen darzustellen, die diese Raketen verhindern wollen. Kennards Montage wurde in allen Größen reproduziert, auf Plakaten und Handzetteln, ja sogar auf winzigen Ansteckern.

Manipulation im digitalen Zeitalter

Während der Betrachter eine Fotomontage oder Collage früher auf den ersten Blick erkennen konnte, ist die digitale Manipulation von Bildern „unsichtbar". Am Computer lassen sich Fotos nahtlos miteinander kombinieren. Photoshop ist zwar ein spannendes, kreatives Gestaltungsmittel, aber seine Möglichkeiten haben auch Entwicklungen mit sich gebracht, die das Medium Fotografie in Verruf bringen.

2004 wurde ein Foto an die Presse weitergegeben, das Präsidentschaftskandidat John Kerry bei einer Demonstration in den 1970er Jahren gemeinsam mit der Antikriegs-Aktivistin Jane Fonda auf einem Podium zeigte. Das Bild war medialer Zündstoff. Mitten im Wahlkampf und auf dem Höhepunkt der Diskussion über die Präsenz der USA im Irak kam es sofort die Titelseiten vieler amerikanischer Zeitungen und hätte die öffentliche Meinung über Kerry sicherlich ins Negative umschlagen lassen. Allerdings war das Foto, wie sich schnell herausstellte, gefälscht. Es war im Rahmen einer Hetzkampagne gegen den demokratischen Politiker in Photoshop aus zwei separaten Bildern zusammengefügt worden.

Vor allem bei Modefotos ist Bildmanipulation inzwischen üblich. Mund oder Augen können problemlos aus einem Bild in ein anderes Gesicht eingefügt werden, Körper können ausgetauscht, Beine verlängert werden. Die Haut wird von den Retuscheuren geglättet und geschönt. In der heutigen Zeit bedeutet Manipulation nicht mehr „mit den Händen", sondern eher so etwas wie Taschenspielertricks. Manipuliert werden nicht nur Fotos, sondern auch wir, die Betrachter (*siehe* Im digitalen Zeitalter, S. 126, und Unser Vertrauen in Fotos , S. 137).

Motiv und Medium III

Ein Auge fürs Detail, Augenaufs
bloßem Auge nicht erkennbar, A
blaues Auge, Augenstern, Auge
Augen, unter den Augen der Öf
nicht von dir lassen, das magisc
verschlingen, die Augen sind da
Augen links, Schalk in den Augen
Auge springen, Augenwinkel, gla
Augen, das Auge des Fotograf
Augenschmaus, augenblicklich, e
durch die Welt gehen, ein Auge
Augenglas, Stielaugen, Augenme
zweiäugige Spiegelreflexkamera
riskieren, augenfällig, mit den A
Auge um Auge, Auge in Auge, m
Auge des Betrachters, seinen Aug

ag, vor dem geistigen Auge, mit
genblick, rote Augen, blauäugig,
uge, das dritte Auge, unter vier
tlichkeit, ich kann meine Augen
Auge, liebäugeln, mit den Augen
ensster zur Seele, Augen rechts,
nopfauge, mit großen Augen, ins
e Augen, mit weit aufgerissenen
ein gutes Auge, Augenweide,
scharfes Auge, mit offenen Augen
winkern, Augen hinten im Kopf,
einäugige Spiegelreflexkamera,
genschein, Augenlicht, ein Auge
en eines Kindes, auf Augenhöhe,
hochgezogenen Augenbrauen, im
nicht trauen, Augen zu und durch.

„Inspiration findet man überall. Gehen Sie mit offenen Augen durch die Welt und lassen Sie sich von der Straße, von Popkultur, Musik und Komik inspirieren."
Lee Widdows, Artdirector und Lehrer

„Die Gedanken sind wie belichtete fotografische Platten, auf denen die Bilder erst nach der Entwicklung zum Vorschein kommen."
Samuel Butler, Schriftsteller

„Man hat etwa zehn Minuten, um ein Idee in die Tat umzusetzen. Danach verschwindet sie wieder ins Land der Träume."
Richard Buckminster Fuller, Architekt und Designer

Inspirationsquellen

Das Wort Inspiration stammt von dem lateinischen Verb *inspirare* für Leben einhauchen. Die Inspiration erweckt unsere Bilder zum Leben. Sie wird von unserer eigenen lebendigen Vorstellungskraft und von der kreativen Leistung anderer gespeist.

Kameras

Lassen Sie sich von Fotoapparaten und Technologien inspirieren. Auf dem Markt sind viele verschiedene Kameras, die unterschiedliche Möglichkeiten bieten. Zum freien Experimentieren mit Bildern stehen nicht nur Film- und Digitalkameras zur Verfügung, sondern auch Fotokopierer, Scanner, Webcams, Röntgenkameras, Satellitenkameras, Infrarot- und Nachtsichtkameras, Hochgeschwindigkeitskameras, Überwachungs- und Sicherheitskameras.

Geschichte der Fotografie

Beschäftigen Sie sich mit der Entwicklung der Fotografie und forschen Sie weiter, wenn Sie etwas genauer wissen möchten. Stillen Sie Ihren Wissensdurst. Man lernt nie aus.

Bilder anderer Fotografen

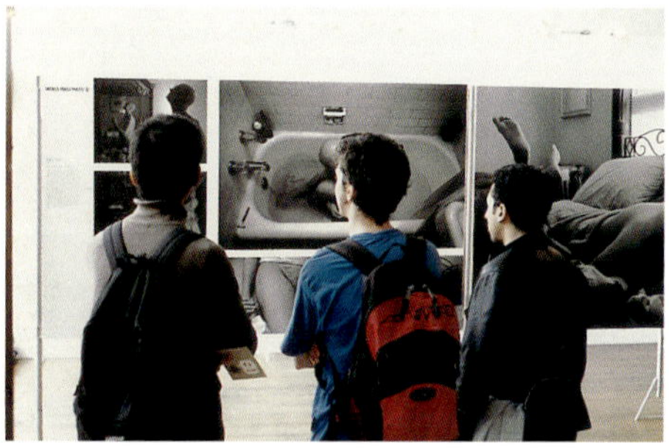

Sehen Sie sich die Arbeiten anderer Fotografen in Büchern, Zeitschriften und im Internet an. Sammeln Sie Aufnahmen, die Ihnen besonders gut gefallen, und fragen Sie sich, warum Sie sie ausgewählt haben.

Fotografen bei der Arbeit

Schauen Sie sich Filme und Dokumentationen über Fotografen an. Assistieren Sie einem erfahrenen Profifotografen (*siehe* Der Assistent – ein Zauberlehrling, S. 221).

Originale

In Zeitschriften und Büchern veröffentlichte Fotografien haben nie die gleiche Qualität wie ein fotografisches Original. Besuchen Sie Galerien und Museen, um Originale zu sehen.

Fotografische Verfahren

Manche Fotografen sind fasziniert von fotografischen Verfahren und entwickeln diese auf ihre Weise weiter. Besuchen Sie Fotolabors und Dunkelkammern und lernen Sie verschiedene fotografische Verfahren kennen.

„Einen Abzug in den Händen zu halten, ist noch viel aufregender als die Betrachtung aus der Ferne. Näher kann man nicht herankommen – die Vorstellungswelt des Fotografen ist nicht mehr als einen Schritt von der eigenen entfernt."
Alan Latchley, Fotograf

Alte Schwarz-Weiß-Filme

Richard Avedon bekannte sich dazu, von den extremen Nahaufnahmen, radikalen Ausschnitten und einfachen schwarzen Hintergründen in *Die Passion der Jungfrau von Orléans,* ein Film von 1928, inspiriert worden zu sein. William Klein lernte aus den Filmen von Fritz Lang und Erich von Stroheim, während Bill Brandt *Citizen Kane* (1941) von Orson Welles als eine seiner Inspirationsquellen bezeichnete. Henri Cartier-Bresson erfuhr in seiner Zeit als Regieassistent von Jean Renoir viel über Komposition, und Francis Bacon und Cindy Sherman nutzten für ihr Werk das Potenzial von Standfotos. Achten Sie auch auf die Lichtsetzung, das gilt besonders für den Film noir.

Kinofilme in Farbe

Es gibt Filme, in denen Farben auf erstaunlich dramatische Art und Weise genutzt werden, darunter *Die roten Schuhe* (1948) und *Irrtum im Jenseits* (1946) von Michael Powell und Emeric Pressburger und *Augen der Angst* (1960) von Powell. Auch *Der Zauberer von Oz* (1939) von Victor Fleming ist ein anregendes Beispiel.

Gemälde

Lassen Sie sich von Malern inspirieren, insbesondere von Künstlern mit einer besondere Passion für Farbe und Licht, die ihre ganz eigene Farbpalette kreiert haben.

Orte

Markante Schauplätze, die aufgrund der natürlichen Umgebung, der Architektur oder der Beleuchtung eine besondere Qualität haben, können sehr inspirierend sein.

Inspiration durch Fehler

Fehler können zu großartigen künstlerischen Entdeckungen führen. Fehler passieren jedem, zum Beispiel wenn Film oder Fotopapier nicht richtig belichtet oder entwickelt wurden oder beim Scannen, Vergrößern bzw. Ausdrucken von Bildern. „Unfälle" bringen manchmal grandiose Ergebnisse hervor, auf denen man unter Umständen ein neues Verfahren aufbauen kann. Sie müssen solche Missgeschicke kreativ ausnutzen und verwerten.

Große Innovationen in der Fotografie resultierten nicht selten aus Zufällen und hervorragende Bilder sind entstanden, weil sich Fotografen von Ergebnissen inspirieren ließen, die ein defektes Gerät lieferte.

Film noir

Mit „Film noir" werden eine Reihe großartiger Schwarz-Weiß-Kinofilme der 1940er und frühen 1950er Jahre beschrieben, die sich durch eine dramatische, kontrastreiche Beleuchtung und eine dunkle, pessimistische Grundstimmung auszeichnen. Filme aus der Videothek, zum Beipiel *Frau ohne Gewissen* (1944) von Billy Wilder und der Klassiker *Die Nacht des Jägers* (1955) von Charles Laughton, können eine Inspirationsquelle sein.

„Es ist nur dann ein Fehler, wenn Sie verraten, dass es ein Fehler ist."
Kitty McCorry, Fotografin

Daniel Alexander, *Kim*, 2005

Aus einer Serie, bei der ein defekter Fotokopierer verwendet wurde.

Motive sehen

Fotografen sind scharfe Beobachter und ständig auf der Suche nach verwertbaren Szenen, zum Beispiel neuen Blickwinkeln, Gegenüberstellungen, Bildreihen, Spiegelungen, Lichtbrechungen, Symmetrien und Schatten. Sie experimentieren mit alten und neuen Kameras, mit Filmmaterial, Vergrößerungsmethoden, mit Schärfe, Belichtungszeiten, Doppelbelichtungen und Beleuchtung. Dieses Kapitel zeigt die Früchte dieser Kreativität.

Motive sehen – Schatten

Motive sehen – neue Blickwinkel

„Als ich den Auftrag bekam, diese Kleider zu fotografieren (**rechts**), beschrieb mir der Designer, wie sie fließend um den Körper fielen. An der Kleiderstange hingen sie nur gerade herunter. Die Herausforderung bestand darin, sie auf dem Foto zum Leben zu erwecken. Mir kam die Idee, die Models unter Wasser zu fotografieren. Also zog ich los, um einen geeigneten Wasserbehälter aufzutreiben."
Sandro Sodano, Fotograf. Weitere Arbeiten von Sodano unter aboud-sodano.com.

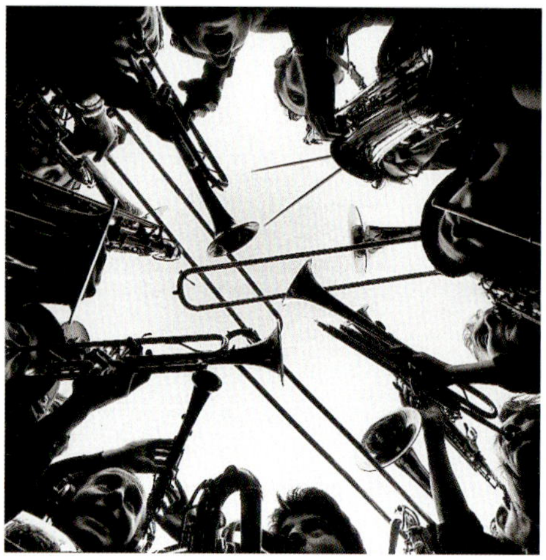

Dynamische Untersicht-Komposition: Die Jazzband Happy End (**rechts**).

Motive sehen – Langzeit- und Mehrfachbelichtungen

Motive sehen – bei Nacht

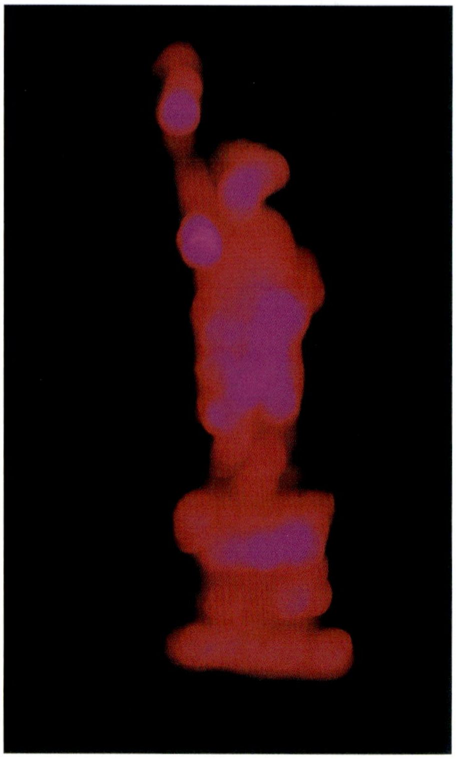

Ted Croner, *Central Park South*, 1948

Durch Schwenken der Kamera bei langer Belichtungszeit schuf Croner ein Bild, das die Energie von New York einfängt (oben).

Lee Friedlander,
***Hill Crest, NY*, 1970**

Friedlanders Fotos zeigen oft fragmentierte Spiegelbilder in Fensterscheiben oder auf glänzenden Flächen (*siehe* Das Selbstporträt, S. 38).

Motive sehen – Reflexionen und Verzerrungen

Motive sehen – Silhouetten

Silhouetten fotografiert man, indem man die Belichtung steuert.

Motive sehen – Bildreihen

„Fotografen müssen sich ein Ziel setzen, sie müssen wissen, warum sie fotografieren und welche Botschaft sie vermitteln wollen. Am schwierigsten ist es, das Thema zu finden, das man fotografieren will."
Dave Hendley, Fotograf

Eigene Projekte

Viele berühmte Fotografen haben sich mit Projekten einen Namen gemacht, die sie selbst ins Leben gerufen haben. Am Anfang steht eine Passion und kein Auftrag. Auch bei Bildern, die auf Eigeninitiative beruhen, besteht Aussicht auf Veröffentlichung und Ausstellungen. Interessante Themen können vor der eigenen Haustür liegen – junge Fotografen konzentrieren sich häufig auf ihre unmittelbare Umgebung und rücken Jugendkultur, Mode und Musik in den Blickpunkt.

Kjell Ekhorn: Klassenkameraden

Kjell Ekhorn fotografierte die Studenten in seiner Klasse an der Kunsthochschule. Zwei Bilder werden hier gezeigt. Der Fotograf erklärt: „Ich suchte nach einer originellen Aufnahmetechnik, daher fotografierte ich die Modelle vor einem weißen Hintergrund, legte die Negative auf ein Leuchtpult, maskierte bestimmte Bereiche und fotografierte die Bilder ab, wobei ich sie mehrfach belichtete, um auf jedem Foto andere Aspekte hervorheben zu können. Mir gefallen die zufälligen Ergebnisse der manchmal bis zu 15 Belichtungen. Man kann im Vorfeld so viel planen wie man will – wenn sich der Schärfeverlauf nur ein kleines bisschen verschiebt, geschieht plötzlich etwas ganz und gar Unerwartetes, Lebendiges auf dem Film. Diese Bilder waren der Höhepunkt meiner Experimente mit Doppelbelichtungen und tragen wirklich meine Handschrift."

Dave Hendley: Wurzeln des Reggae in Jamaika

Hendleys Passion für den Reggae führte ihn mehrmals nach Jamaika, wo der Fotograf Reggaemusiker fotografierte. Sein großes Interesse und seine Wertschätzung dieser damals noch weitgehend unbekannten Szene öffneten ihm und seiner Kamera viele Türen.

Hannah Stanton und Vanessa Marisak: fotografische Verhaltensstudie

Hannah Stanton und Vanessa Marisak arbeiten gemeinsam an einer fotografischen Verhaltensstudie, für die sie sich selbst in unterschiedlichen Verkleidungen fotografieren: als Macho-Kampfpiloten, Schlachter, Mechaniker, trauernde Witwen, junge Mütter, Touristinnen und sogar Babys.

Steve Harries und Mel Bles: Locations

Steve Harries und Mel Bles bereisten Drehorte berühmter Filme aus den 1970er Jahren wie *Taxi Driver* (1976), *Der Pate* (1972) und *Die letzte Vorstellung* (1971). Sie fotografierten Plätze, die aufgrund dieser Filme fest im Gedächtnis der Zuschauer verankert sind. Die Bilder wurden mit einer Mamiya 6-x-7-inch-Mittelformatkamera auf Kodak-Farbnegativfilm aufgenommen. Mehr zu dem Projekt unter steveharries.com.

Will Brook: Lochkamera

Will Brook konstruierte eine riesige, gebogene Lochkamera mit vielen Löchern, die über hundert Bilder derselben Szene aus unterschiedlichen Winkeln aufnehmen kann.

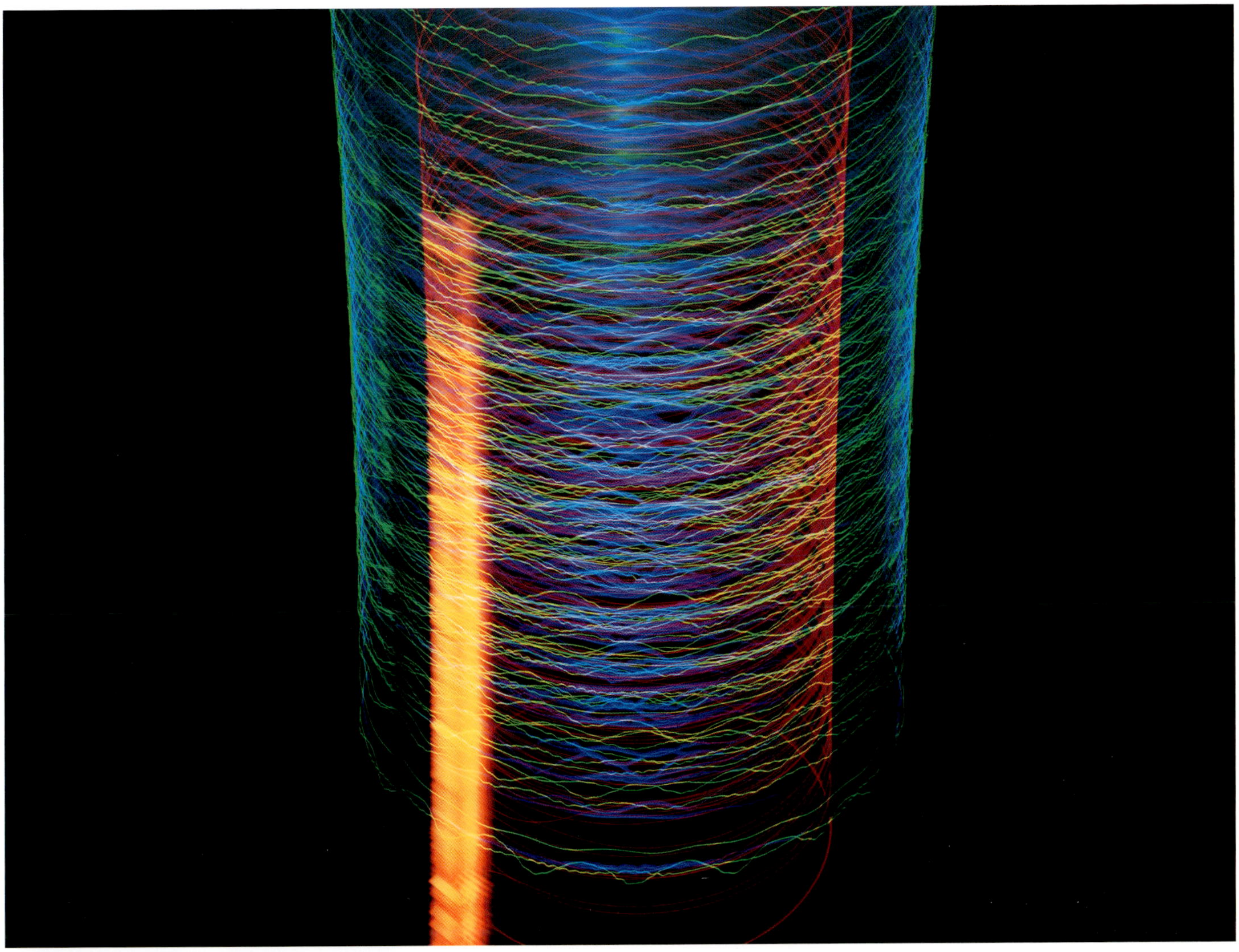

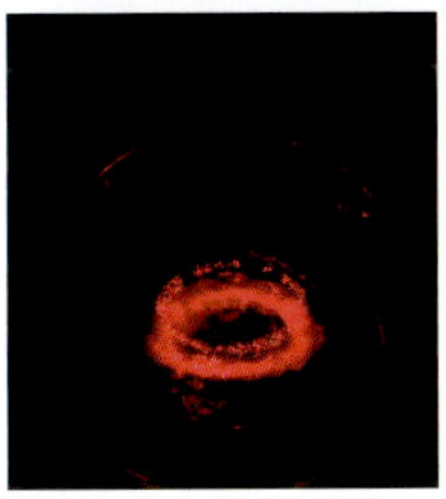

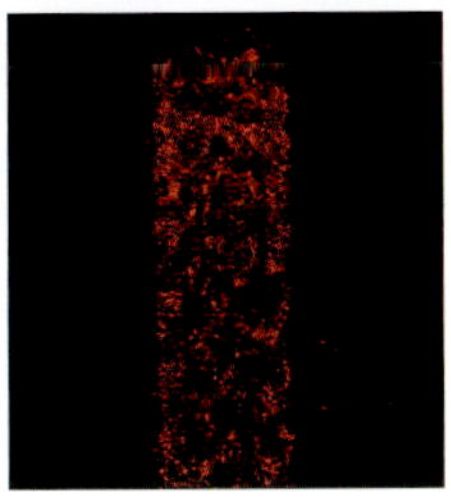

Jamie Dobson: Klangprojekt

Jamie Dobson ist fasziniert von der Möglichkeit, Klänge fotografisch sichtbar zu machen. Dazu stellt er Frequenzen, die das menschliche Ohr nicht hören kann, in Form von vibrierenden Flüssigkeiten dar. Mit einem Laser wird ein Lichtkreis auf die Oberfläche der Flüssigkeit projiziert, der fotografiert werden kann.

Dobson arbeitet mit stativgestützten Kameras und langen Belichtungszeiten. Mehr Bilder unter jamiedobson.com.

Die Kamera in der Hand des Künstlers

Wer sich als Künstler sieht, verschreibt sich kompromisslos seinen eigenen Interessen und Visionen, entscheidet völlig unabhängig von Aufträgen oder Kunden darüber, welchen Themen er sich widmet, und verdient mit dem Verkauf seiner Arbeiten seinen Lebensunterhalt. Die Künstler unter den Fotografen haben das Spektrum des Mediums erheblich erweitert. Heute ist die Fotografie eine der Malerei und Bildhauerei ebenbürtige Form des künstlerischen Ausdrucks.

Künstler/Fotograf, Fotograf/Künstler

Viele Künstler, die sich für die Fotografie entscheiden, laufen unter der Bezeichnung Fotograf. Der Begriff umfasst heute sowohl Künstler als auch diejenigen, die fotografischen Berufen nachgehen oder in ihrer Freizeit fotografieren.

Aufgrund der spannenden Arbeiten von Fotokünstlern und des allgemeinen Ansehens, das die Fotografie bei Galerien und Sammlern genießt, findet heute jeder seinen Platz. Viele Künstler arbeiten nicht nur an persönlichen Projekten, sondern parallel dazu auch an kommerziellen Aufträgen, die früher dem Berufsfotografen vorbehalten gewesen wären. Andererseits entdecken Fotografen neue Zielgruppen, indem sie ihre Fotos in Galerien präsentieren (*siehe* Ausstellungen, S. 228).

Die unterschiedlichen Arbeiten von Künstlern wie Yasumasa Morimura, Nan Goldin, Rineke Dijkstra, Hiroshi Sugimoto, Philip-Lorca diCorcia, Nobuyoshi Araki und Wolfgang Tillmans kommen in den verschiedenen Kapiteln dieses Buches immer wieder zur Sprache.

Kunst und Fotografie

Seit der Erfindung des Mediums haben sich Fotografie und Kunst gegenseitig befruchtet. Bereits um 1850 gaben Maler Daguerreotypien als Vorlage für

Bohnchang Koo, *In the Beginning #10*, 1995/96

Bohnchang Koo gestaltet Installationen aus Hunderten von zusammengefügten Papierbildern. Der Sohn eines Schneiders entdeckte diese Arbeitsweise, als er einmal kein Fotopapier in ausreichender Größe zur Hand hatte. Mit der Nähmaschine seines Vaters nähte er mehrere kleinere Blätter zu einem zusammen. Die Baumwollfäden lässt er von der Oberfläche seiner Arbeiten herunterhängen. Koo ist einer der führenden zeitgenössischen Künstler Koreas. Seine Arbeiten wurden in Ostasien, Europa und den USA ausgestellt.

ihre Gemälde in Auftrag, während in den ersten fotografischen Porträts, Stillleben und Akten Gemäldekompositionen Nachahmung fanden.

Für viele Künstler war die neue Sicht auf die Welt durch den Sucher einer Kamera eine Quelle der Inspiration. Das berühmte Gemälde *Akt, eine Treppe herabsteigend* (1912) von Marcel Duchamp reflektiert die fotografischen Bewegungsstudien von Etienne-Jules Marey, und auch Eadweard Muybridges Bildreihen von Menschen und Tieren in Bewegung haben unzählige Künstler beeinflusst, darunter Francis Bacon, der für seine Darstellung gewalttätiger Sexualakte fotografische Studien von Ringern im Kampf heranzog. Bacon nutzte auch Standbilder aus Filmen, wie die Nahaufnahme eines schreienden Mundes in *Panzerkreuzer Potemkin* (1925), die zur Inspiration für seine Serie mit Gemälden von schreienden Päpsten wurde.

Viele berühmte Fotografen beschäftigten sich zunächst mit der Malerei, unter ihnen Diane Arbus, Henri Cartier-Bresson und William Klein, und viele Künstler, die vor allem als Maler bekannt sind, haben auch fotografiert, so David Hockney und Chuck Close. Picasso verwendete Modebilder als Malergrund für wunderbare Zeichnungen.

Umgekehrt haben viele Kunstrichtungen die Fotografie inspiriert, insbesondere der Surrealismus mit seinen überraschenden Gegenüberstellungen und der Einbeziehung von Zufall und Traum. Zu den Fotografen, die surrealistische Bilder gemacht haben, gehört der Ungar André Kertész, dessen Arbeiten mitunter an Gemälde von René Magritte erinnern. Der Einfluss des Surrealismus ist bis heute in der Werbe- und Modefotografie spürbar, wo mit unerwarteten Gegensätzen noch immer große Wirkung erzielt werden kann.

Pioniere der Fotokunst

Julia Margaret Cameron sah sich selbst als Künstlerin mit Kamera und weniger als Fotografin. 1815 geboren, heiratete sie mit 23 Jahren einen Mann, der doppelt so alt war wie sie, und führte in der britischen Kolonie Indien das angenehme Leben einer wohlhabenden Ehefrau eines einflussreichen Kolonialherren. Nach seiner Pensionierung kehrte das Paar nach Großbritannien zurück, wo Cameron, deren Kinder schon erwachsen waren, nach einer Freizeitbeschäftigung suchte. So stieß sie im Alter von 48 Jahren auf die Fotografie. Einige Monate später beherrschte sie die sperrige Kamera und das umständliche Verfahren zur Herstellung der Bilder und wandelte ihren Hühnerstall in ein Atelier und ihren Kohlenkeller in eine Dunkelkammer um. Mit fröhlicher Begeisterung überredete sie Familienmitglieder, Bedienstete und Freunde für die Kamera zu posieren. Mit Hintergründen aus Stoff und einem Sammelsurium von selbstgemachten Requisiten gelangen ihr wunderschöne Porträts, für die sie sich von Gemälden der Präraffaeliten, religiöser Kunst und romantischer Literatur anregen ließ. Bereits nach einem Jahr stellte sie ihre Arbeiten in einer größeren Ausstellung aus. Cameron hielt sich nicht an technische Maßstäbe, die sie als hinderlich empfand. So arbeitete sie bevorzugt mit langen Belichtungszeiten von bis zu zehn Minuten, und erreichte auf diese Weise jenen partienweise unscharfen, traumartigen Ausdruck, der ihre Bilder auszeichnet.

Fotos in Ausstellungen

Die Zeit und die Geschichte können einem Foto einen Wert verleihen, der bei seiner Entstehung unvorhersehbar ist. Ein Bild bekommt weitere Bedeutung, je nach dem, ob der Abzug groß oder klein ist, gerahmt, ob er innerhalb einer Bildserie steht, in einer Galerie ausgestellt oder um Klänge oder Text ergänzt wird.

Ein Bilderrahmen signalisiert dem Betrachter, dass der Fotograf es für gelungen und bedeutungsvoll hält. Der Ausstellung und genaueren Betrachtung würdig. Dasselbe Bild ohne Rahmen besäße eine andere Ausstrahlung.

Auch an den weißen Wänden einer Galerie entfalten Fotos eine Wirkung, die außerhalb dieses speziellen Raums kaum zu erzielen wäre. Die klare Umgebung und die Erwartung der Besucher, dass das, was sie zu sehen bekommen werden, ihre Aufmerksamkeit verdient, verstärken und bündeln den Inhalt der Bilder. An einem anderen Ort, zum Beispiel in einem Café, einer Bücherei oder einem Korridor, erzielen dieselben Bilder einen ganz anderen Effekt.

Siehe die Piktorialisten Robert Demachy und Frank Eugene.

In den 1890er Jahren tat sich eine Gruppe von Fotografen mit dem Ziel zusammen, der künstlerischen Fotografie zum Durchbruch zu verhelfen. In Nachahmung der impressionistischen Malerei schufen „Piktorialisten", wie sie sich selbst nannten, stimmungsvolle, neblig-verschwommene Bilder mit vielen Schatten und fließenden Übergängen. Durch die Anwendung von Verfahren wie Gummidruck, Platindruck und Photogravüre erzielten sie Ergebnisse, die wie Zeichnungen oder Radierungen aussahen.

Zu dieser Zeit schossen Gruppen, Gesellschaften und Kameraclubs in vielen Städten wie Pilze aus dem Boden. Manche trugen große Namen, alle zeigten Ausstellungen und formulierten Programme. Die Mitglieder wechselten häufig zwischen den Gruppen hin und her, die meist kurze Zeit florierten, sich dann spalteten und schließlich auflösten. Eine bekannte Gruppe war ein amerikanischer Abkömmling der piktorialistischen Bewegung, die 1902 gegründete Photo Secession.

Zu ihren Mitgliedern gehörten Alfred Stieglitz, Edward Steichen und Clarence White. Enttäuscht von der ihrer Meinung nach schlechten Qualität amerikanischer Fotoausstellungen gründeten sie in New York die Galerie 291, so benannt nach ihrer Adresse 291 Fifth Avenue. Dort wurden nicht nur Fotos, sondern auch die Kunstwerke berühmter Maler wie Matisse, Picasso und Cézanne ausgestellt. Zum ersten Mal verband sich die Fotografie mit der Avantgarde.

Die Group f64

„Die Fotografie ist die eindrücklichste Art zu sehen."
Edward Weston, Künstler

Eine weitere berühmte Gruppe von Kunstfotografen war die Group f64, zu der Ansel Adams, Edward Weston und Imogen Cunningham gehörten. Sie stellten 1932 erstmalig gemeinsam aus. Der Name der Gruppe leitete sich von der Blendenzahl für die kleinste Blende der Objektive ihrer Großbildkameras ab und stand für ihre Passion für die durchgehende Schärfe und feine Zeichnung von Bildern, die mit einer so kleinen Blende aufgenommen werden. Die Mitglieder der Group f64 zeigten ihre Bilder auf Ausstellungen in großen Museen. Sie lebten vom Verkauf ihrer Fotos an Sammler und von Stipendien, Zuschüssen und Auszeichnungen. Persönlicher, künstlerischer Fortschritt war ihnen wichtiger als wirtschaftlicher Erfolg.

Man Ray – einfallsreicher Zauberkünstler

Man Ray, der 1890 unter dem bürgerlichen Namen Emmanuel Radnitzky in Philadelphia geboren wurde, liebte das Experimentieren und arbeitete als Maler, Filmregisseur und Fotograf. Er studierte Kunst und Design, bevor er, ohne ein Wort Französisch zu sprechen, nach Paris ging, damals die Welthauptstadt der Kunst. Da er noch völlig unbekannt war, finanzierte er seine Künstlerkarriere zunächst als Werbefotograf. Man Ray beschritt neue, innovative Wege, schuf experimentelle Porträts, Modefotos und Akte, darunter die außergewöhnlichen Bilder *Glass Tears* und *Le Violon d'Ingres* (*siehe* Abstraktionen und Verzerrungen, S. 61). Ray experimentierte auch mit Fotogrammen von zum Teil transparenten Objekten und mit dem Sabattier-Effekt, einem Verfahren, das er wegen seiner Unvorhersehbarkeit schätzte.

Gegen Ende der 1940er und in den 1950er Jahren schufen Aaron Siskind und Minor White mit Nahaufnahmen von Details in der Natur und baufälligen Gebäuden – verwitterte Bretter und Steine, blätternde Farbe, Eiskristalle, Gischt – Abstraktionen, die so ausdrucksstark waren wie die Gemälde des abstrakten Expressionismus eines Mark Rothko oder Willem de Kooning, die zur gleichen Zeit gemalt wurden.

Fotos waren eine Quelle der Inspiration für die Künstler Andy Warhol und Robert Rauschenberg. Sie verwandelten Fotos aus Zeitungen, die die Leser anschauten und anschließend wegwarfen, in provozierende, auch heute noch aussagekräftige Kunstwerke. Warhol fotografierte Aufnahmen von Autounfällen, Hinrichtungen und Auftritten von Film- und Popstars aus den Seiten der Regenbogenpresse ab. Nach dem Vergrößern erstellte er von jedem Bild Siebdrucke, teilweise in schrillen Farben. Mängel beließ er oder er verstopfte die Sieblöcher sogar absichtlich, um den Eindruck des Mangelhaften zu erwecken. Rauschenberg vergrößerte Zeitungsfotos von Präsidenten, Astronauten und Soldaten und collagierte sie mit Bildern von Symbolen für die USA wie der Freiheitsstatue oder dem amerikanischen Adler. Die Fotos wurden beschmiert, übereinandergeklebt und übermalt und es entstanden Bilder in der Größe von Plakatwänden.

Andy Warhols Werk ist für viele eine Quelle der Inspiration, auch für die hier abgebildete Gruppe. Der Autor fand dieses Foto in einem Müllcontainer in New Orleans.

David Hockney

Der britische Künstler David Hockney experimentierte mit Fotografie, aber auch mit Fotokopierern und Faxgeräten. Zur Fotografie kam er durch Zufall. Ein Kurator ließ bei einem Besuch eine Polaroidkamera zurück. Hockney machte damit Aufnahmen von seinem Haus und klebte sie zu Bildreihen zusammen, die er zu einem größeren Bild zusammensetzte. Nach dieser ersten Collage aus dreißig Fotos setzte er seine Experimente mit Ganzkörperporträts von Familienangehörigen und Freunden fort. Von seiner Mutter machte er ein Porträt, das aus hundert Polaroid-Nahaufnahmen besteht. Jedes dieser großen Bilder wird von dem Gitter zusammengehalten, das die kräftigen weißen Umrandungen der Einzelaufnahmen bilden. Diese Bildcollagen nannte er „Joiners“ (Kopplungen), und die erste Ausstellung mit ihnen hieß „Zeichnen mit der Kamera“.

Mit einer Kleinbildkamera nahm Hockney Farbfotos von seinen Freunden auf und ließ sie bei einem billigen Einstunden-Service entwickeln. Die zu unterschiedlichen Zeiten und aus verschiedenen Winkeln aufgenommenen Bilder ein- und derselben Person fügte er anschließend zu einer Collage zusammen. Diese Collagen erinnern an kubistische Gemälde und widersprechen außerdem der unausgesprochenen Erwartung, dass eine Fotografie rechteckig ist. Es sind unverbundene Blöcke, die dem Betrachter förmlich entgegenspringen.

Den Höhepunkt von Hockneys fotografischen Experimenten bildet *Pearblossom Hwy., 11–18th April 1986*. Mit einer Kleinbildkamera fotografierte er acht Tage lang den Highway, um eine riesige Collage aus Einzelbildern zu kreieren, auf denen alle Bildelemente, von der zerdrückten Coladose ganz vorn bis zu den Bergen am Horizont, gestochen scharf abgebildet werden.

David Hockney,
Pearblossom Hwy., 11–18th April 1986

Hockney schuf diese großartige Collage aus Hunderten von Fotos, die er über acht Tage aus vielen verschiedenen Positionen und Blickwinkeln aufnahm.

Zeitgenössische Künstler und Fotografie

Die im Iran geborene Künstlerin Shirin Neshat macht eindrückliche Bilder von verschleierten Frauen vor einem weißen Hintergrund. Die Porträts sind symmetrisch komponiert und ähnlich ausgeleuchtet und gestaltet wie ein Werbe- oder Coverfoto für eine Zeitschrift. Sie will darin die Seele und Stärke der iranischen Frau darstellen. Neshat zeichnet mit schwarzer Tinte auf ihre Bilder, sie tätowiert die Gesichter der Frauen mit arabischer Kalligrafie. Die Texte dazu stammen von Schriftstellerinnen und Dichterinnen, die im Iran nicht veröffentlichen dürfen.

Catherine Yass setzt auf intensive Farbeffekte. Für die Serie *Descent* fotografierte sie in Canary Wharf in London vom Dach eines Hochhauses aus. Sie stellte auf die Bürohäuser gegenüber scharf und schwenkte die Kamera während einer langen Belichtungszeit über die gesamte Länge der Gebäude nach unten. Auf den Fotos zerfallen die Gebäude in abstrakte Lichtspuren. Es entsteht der Eindruck, von etwas, das der Kontrolle entgleitet. Yass zeigt ihre Bilder als großformatige Dias in Leuchtkästen mit weicher Beleuchtung.

Männerkleidung, maskuline Posen und ein männlicher Gesichtsausdruck: Sarah Lucas' witzige, provozierende Selbstporträts führen vor, dass wir auch beim Betrachten von Porträts Geschlechterklischees im Kopf haben.

Viele zeitgenössische Künstler kombinieren die Fotografie mit anderen Medien und Kunstformen. Der britische Künstler Grayson Perry töpfert Vasen, bei deren Gestaltung er mit Zeichnungen und Fotografien arbeitet. Die Chapman-Brüder, die für ihre Skulpturen bekannt wurden, verkauften auf einer ihrer Ausstellungen belichtete, aber noch nicht entwickelte Filme.

Auf den wandgroßen Farbfotos des deutschen Fotografen Andreas Gursky schrumpfen die Menschen in der kommerziellen Umgebung, die sie sich selbst geschaffen haben – Supermärkte, Börsen, Büros – zu Zwergen. Gursky nutzt die digitale Bildbearbeitung. Durch subtile Eingriffe in das fotografierte Bild verstärkt er den flachen Bildaufbau und die Farbigkeit.

Shirin Neshat,
***Rebellious Silence*, 1994**

Ein provozierendes Selbstporträt: Für ihre Serie *Women of Allah* fotografiert Neshat sich selbst mit einem Gewehr.

Im digitalen Zeitalter

Die Digitalfotografie hat das Medium völlig verändert

In der Digitalfotografie lässt sich jede erdenkliche Idee umsetzen. Digital bearbeitete Bilder wirken real, obwohl sie die Welt anders zeigen als sie in Wirklichkeit ist. Vor der digitalen Ära war die Bildbearbeitung eine hoch spezialisierte, extrem teure Angelegenheit. Selbst eine so simple Aufgabe wie das Retuschieren von Flecken auf einem weißen Hintergrund wurde meist nicht vom Fotografen selbst, sondern von einem Experten ausgeführt. Das hat sich durch die Kompatibilität von Kameras und Computern geändert.

Umbrüche in der professionellen Fotografie

Profifotografen müssen sich heute nicht nur mit dem Medium Fotografie, sondern auch mit Computern auskennen. Früher genügten eine Kamera (bzw. Zugang zu einer Kamera) und ein paar Filme. Heute muss man über eine kostspielige Kameraausrüstung und einen Computer verfügen, um als Profi arbeiten zu können.

Die Digitalfotografie gilt als billiger und schneller als die analoge Fotografie. Der Auftraggeber kann die Ergebnisse schneller sehen und zahlt nicht mehr für Material, Entwicklung und Vergrößerung.

Augenblickliche Ergebnisse

Schon die Erfinder der Fotografie träumten davon, eine aufgenommene Szene unmittelbar sichtbar zu machen. Die Digitalkamera zeigt uns das Ergebnis sofort und spiegelt damit eine Obsession unserer Zeit wieder: Wir möchten alles haben, was wir uns wünschen und ohne zu warten.

Wie wir fotografieren hat sich verändert

Digitalkameras haben den Fotografen davon befreit, in Filmen à 36 oder 24 Aufnahmen zu denken. Sie können wie ein Notizbuch verwendet werden, mit Platz für täglich Hunderte, ja sogar Tausende von Fotos. In der Ära des Films war das allein finanziell ein Ding der Unmöglichkeit.

Kleine, kostengünstige Digitalkameras und Kamerahandys bedeuten, dass kein Fotograf mehr ohne Kamera unterwegs ist. Früher war es verboten, auf Veranstaltungen wie Konzerten oder Ausstellungen zu fotografieren. Derartige Einschränkungen lassen sich heute kaum noch durchsetzen.

> „Mit der Digitalkamera sammele ich Farben, Farbkombinationen, Konturen, Orte, Dinge, die eigentlich kein Motiv sind, die ich aber trotzdem festhalten möchte.“
> James Davies, Fotograf

Die Digitalkamera hat den Arbeitsrhythmus in der Fotografie verändert. Nach der Aufnahme eines Fotos oder einer Bildserie wird die Kamera nicht mehr weggelegt, sondern wir betrachten die Ergebnisse sofort am Kameramonitor. Diese Möglichkeit hat die Zusammenarbeit der Personen vor und

Pro Digitalfotografie

„Die Digitalfotografie macht alles möglich – die Technik hat die Ideen befreit, denn sie können jetzt perfekt umgesetzt werden.“
Blaise Douglas, Artdirector

„Fotografie heißt Kommunikation. Mit der Digitalfotografie kann ich schneller kommunizieren. Wenn eine Zeitschrift oder Plattenfirma am anderen Ende der Welt eines meiner Bilder anfragt, dann ist das heute in Minuten erledigt. Enorme Distanzen sind in Windeseile überwunden, das ist fantastisch.“
Dave Hendley, Fotograf

„Ich muss jetzt keine Angst mehr haben, dass irgendjemand den Film verdirbt, ich muss nicht mehr auf die Entwicklung warten oder selbst Zeit in der Dunkelkammer verbringen – ich habe sofort ein Bild.“
J. Beauchamp, Fotograf

„Durch die Digitalfotografie hat jeder Fotograf die Möglichkeit, ein Bild nach der Aufnahme anders zu interpretieren. Das ist für die meisten Menschen etwas Neues.“
John Myers, Fotograf und Lehrer

„Die Diskussion über analoge und digitale Fotografie ist genau die gleiche wie damals bei Vinyl versus CD. Manche schwören auf Qualität und Tonumfang bei Vinyl bzw. Film. Andere halten die Digitalfotografie, genau wie die CD, schlicht und einfach für Fortschritt.“
Ed DeSouza, Artdirector

Digitalkameras haben das Schritttempo der Fotografie verändert. Die Fotos können heute sofort geprüft und bearbeitet werden.

„Ich fotografiere heute auf eine Art und Weise, die früher aufgrund der Kosten für Filme, Filmentwicklung und Vergrößerung undenkbar gewesen wäre.“
Tom Clive, Kunststudent

hinter der Kamera grundlegend verändert, denn der Fotograf kann den Modellen die Fotos sofort zeigen und sie anders einbeziehen.

Mit Kompaktkameras, die handlich und einfach zu bedienen sind, müssen wir wenig mehr tun, als das Motiv ins Visier nehmen und auf den Auslöser drücken. Wir beurteilen die Szene gar nicht erst durch den Sucher, sondern gucken auf den Kameramonitor. Kamerahandys haben gar keinen Sucher mehr.

Unsere Reaktion darauf, fotografiert zu werden, hat sich verändert

Wo wir uns früher noch in Positur warfen, kümmert es uns heute wenig, wenn wir fotografiert werden. Schließlich wird ständig und überall fotografiert. Schon seit einigen Jahren werden mehr Kamerahandys verkauft als Digitalkameras. Zu Beginn des neuen Jahrzehnts sollen schätzungsweise 650 Millionen Kamerahandys in Gebrauch sein.

Die Löschfunktion

Digitalkameras sind die ersten Kameras, die dem Benutzer die Möglichkeit bieten, sämtliche Bilder im internen Bildspeicher zu löschen und damit Platz für neue zu schaffen. Die endgültige Vernichtung von Bildern steht allerdings im Widerspruch zum Wunsch des Fotografen, das, was er sieht, festzuhalten. Vor dem digitalen Zeitalter bewahrten viele Fotografen sämtliche Dias oder Negative auf. Eine spätere Sichtung förderte so manches Juwel zutage, das übersehen wurde. Sofortiges Löschen bedeutet auch, dass man keine Chance mehr hat, ein Bild wiederzufinden, dessen Bedeutung sich erst im Nachhinein herausstellt.

Beschleunigte Kommunikation

Digital aufgenommene Bilder können sofort betrachtet und übertragen werden. Das hat sämtliche Kommunikationsprozesse in der Branche enorm beschleunigt. Wo früher ein Foto erst Stunden, Tage oder gar Wochen später auf dem Schreibtisch der Bildredaktion lag, kann heute das Bildmaterial schon gesichtet werden, während die Veranstaltung noch läuft.

Digitalfotos werden direkt auf Computerbildschirme übertragen und lassen sich dort sofort in das Layout einer Zeitung, einer Zeitschrift oder in Werbeanzeigen einsetzen.

Auch die Art und Weise wie wir Fotos mit anderen teilen, hat die Digitalfotografie revolutioniert. Wir können Bilder per E-Mail an Freunde oder Kunden versenden oder sie auf Websites veröffentlichen.

Kontra Digitalfotografie

„Die Digitalfotografie hat das Foto völlig entwertet. Als der größte Teil der Bilder noch auf Diafilm aufgenommen wurden, war jedes Foto einmalig. Ein Unikat, das nur in der Dunkelkammer vervielfältigt werden konnte. Digitalfotos sind weniger wertvoll."
Alison Smithee, Fotografin

„Sobald man ein digitales Bild freigegeben hat, ist es für immer verloren. Es kann sofort verbreitet, vervielfältigt und verändert werden, egal von wem, egal wo. Durch die Digitalfotografie haben die Fotografen die Kontrolle über ihre Bilder verloren, was auch die Möglichkeit verringert, ihr Werk zu schützen."
Eric Daley, Fotograf

„Digitalfotos werden viel zu schnell angesehen und gelöscht. Kontaktbögen reifen im Laufe der Jahre. Das Bild, das man spontan aussucht, ist fast immer ein anderes als das, das man nach einer gewissen Zeit auswählt. Erst später nimmt man die wirklich interessanten Aspekte wahr."
Johnnie Shand Kydd, Fotograf

„Analog oder Digital – das ist wie die Wahl zwischen virtueller und tatsächlicher Welt. Ich weiß, in welcher Welt ich leben möchte."
Alan Latchley, Fotograf

„Wenn man ein Bild sofort sehen kann, geht etwas von dem Zauber verloren. Das Warten auf das Ergebnis, der Weg zum Labor waren Teil des Vergnügens."
Alex West, Fotograf

Die Funktion Delete steht dem Verlangen des Fotografen, etwas festzuhalten, geradezu entgegen.

Eine digitale Spielwiese

Auf dem Computer sind Fotografie, Gestaltung, Musik, Ton und bewegte Bilder auf einem Medium vereint und können heute problemlos miteinander kombiniert werden. Mit den meisten Digitalkameras lassen sich auch kleinere Videos aufnehmen, sofort auf dem Monitor betrachten und auf den Computer überspielen. Fotografie- und Filmtechnik haben sich einander angeglichen, und Fotografen haben Zugang zu einfachen und kostengünstigen Möglichkeiten, mit bewegten Bildern zu experimentieren.

Wir sehen mehr im digitalen Zeitalter

Durch das Internet stehen uns jederzeit unzählige Bilder zur Verfügung, die wir ansehen oder zur Veröffentlichung erwerben können. Niemand kann die Verbreitung und den Transfer von digitalen Fotos verhindern. Früher konnte man mit einer gerichtlichen Verfügung die Veröffentlichung von Bildern in Zeitungen unterbinden, aber das Internet lässt sich nicht zensieren. Während des Irakkriegs wurden im Internet gegen ein vom Pentagon verhängtes Verbot Fotos von Särgen Gefallener bei der Ankunft in den USA veröffentlicht, und auch die per E-Mail aus dem Irak in die USA gesandten Fotos von Soldaten, die Gefangene folterten, hätten die Zeitungen vor der digitalen Ära sicher nicht erreicht. Die Bilder wären von Zensoren der Armee oder bei der Entwicklung im Labor abgefangen worden (*siehe* Pressefotografie, S. 72).

Der Profifotograf und sein Kunde

> „Der Kunde muss nicht mehr persönlich bei einem Shooting anwesend sein. Er kann ein Foto überall auf der Welt online ansehen und akzeptieren, bevor man mit dem nächsten Bild weitermacht. Auch bei der Arbeit mit teuren Models ist die digitale Arbeitsweise von Vorteil. Bevor man das Model nach Hause schickt, kann man das Foto vom Kunden absegnen lassen."
> Lee Widdows, Artdirector

In der digitalen Ära müssen Fotograf und Kunde nicht mehr unbedingt zusammentreffen, sie müssen noch nicht einmal ein persönliches Gespräch führen, um die Vorgaben bzw. die fertigen Bilder zu übermitteln.

Arbeitsproben können sofort an potenzielle Kunden versandt und auf Websites präsentiert werden.

Die Kontrolle des Fotografen über seine Bilder

Mit den digitalen Bearbeitungsmöglichkeiten ist die Fotografie näher an die Bereiche Gestaltung und Design gerückt. In der Zusammenarbeit mit Gestaltern überlassen die Fotografen häufig ihnen die Kontrolle über das endgültige Bild. In diesem Sinne werden Digitalfotos eher als Rohstoff denn als fertiges Produkt angesehen.

Der Ausdruck

Die Digitalisierung bietet die Möglichkeit, Bilder auch in großen Auflagen schnell, einfach und kostengünstig und auf alle möglichen Materialien zu drucken. Das Ausdrucken eines abgespeicherten Digitalfotos bringt jetzt und später immer exakt das gleiche Ergebnis.

Sind Papierbilder Schnee von gestern?

Obwohl man sie ausdrucken kann, werden die meisten Digitalfotos immer nur in Form von Daten archiviert und am Computermonitor präsentiert. Anstatt uns Fotoalben anzusehen, klicken wir uns heute am Computer durch die Bilder – und halten dabei niemals etwas Greifbares in der Hand.

Neue Archivierungsmethoden

Wir können eine große Anzahl von Bildern auf einer CD oder DVD sichern. Auf einer Handvoll solcher Datenträger lässt sich unter Umständen die Arbeit eines ganzen Lebens speichern.

Technologischer Fortschritt lässt Produkte sehr schnell veralten

Analoge Kameras halten ein ganzes Leben lang, während Digitalkameras sehr schnell veraltet sind. Die Technik entwickelt sich rasant weiter. Der Geist ist aus der Flasche gelassen worden und lässt sich nicht mehr hineinstecken.

Muss man im digitalen Zeitalter noch vor Ort fotografieren?

Die Digitalfotografie gestattet das nahtlose Zusammenfügen von mehreren Bildern. Doch es kann sehr kompliziert sein, die Originalität einer Location und das natürliche Licht, das an einem Ort herrscht, genau zu treffen.

Digital oder Film?

Die Digitaltechnik macht Bilder möglich, die mit einer analogen Fotokamera nicht gemacht werden könnten. Manchmal kann man ein Digitalfoto und ein Analogfoto nicht voneinander unterscheiden. Einige Digitalfotos sind in punkto Schärfe und Farbgebung einfach brillant, anderen fehlt es an Seele. Sie haben nicht die Tiefe und Authentizität eines Fotos, das mit einer Filmkamera fotografiert wurde. Es gibt keine Fotos, die gut sind, weil sie mit einer traditionellen Kamera aufgenommen wurden, und es gibt keine Bilder, die gut sind, weil sie mit einer Digitalkamera gemacht wurden. Es gibt nur gute Bilder.

Was macht einen großen Fotografen aus?

Trotz der unvermeidlichen Tatsache, dass die Avantgarde von heute schon morgen zum Establishment gehören wird, scheint die Arbeit großer Fotografen immer innovativ zu sein. Ihr Werk hat so viel Potenzial, dass es über Jahrzehnte frisch erscheint. Sie sehen ein Motiv und gebrauchen ihre Gestaltungsmittel auf neue Art und Weise. Sie wollen eines erreichen: Bilder, die sich von allen anderen unterscheiden. Ihre Fotos tragen eine unverwechselbare Handschrift und zeichnen sich durch einen individuellen Umgang mit Komposition, Tonwerten oder Farben aus.

Große Fotografen stoßen in Grenzbereiche und darüber hinaus vor. Harold Edgerton wollte die kürzestmögliche Belichtungszeit findet, Hiroshi Sugimoto scheint die längstmögliche zu suchen. Obwohl jeder Kunststudent im Laufe seines Studiums verschiedene Fotos desselben Motivs zu einem Bild zusammenfügt, ging David Hockney mit *Pearblossom Hwy., 11–18th April 1986* weit über alle früheren Experimente mit der Collagetechnik hinaus (*siehe* Die Kamera in der Hand des Künstlers, S. 120).

Harold Edgerton, *Drop of Milk Splashing into a Saucer of Milk*, 1936

Auf Bildern, die er mit selbst konstruierten Blitzgeräten aufnahm, brachte Harold Edgerton die Zeit zum Stillstand (**gegenüber**).

Große Fotografen lassen sich nicht in Schubladen stecken. Sie sind nicht Porträt-, Mode- oder Kriegsfotograf, sie sind schlicht und einfach Fotografen mit einer eigenen Vorstellungsgabe. Ein guter Fotograf eröffnet uns eine neue Welt, nicht nur mit einem einzelnen Bild, sondern mit seinem ganzen Werk. Große Fotografen beeinflussen maßgeblich, wie das Medium in der Öffentlichkeit wahrgenommen wird. Sie sind Rastlose, Getriebene und erst zufrieden, wenn sie das Beste aus sich herausgeholt haben. Sie wecken in uns den Wunsch, selbst zu fotografieren. Von diesen Meistern bringt jede Generation nur einige wenige hervor.

Große Fotografen stehen mit Leidenschaft für ihre Kunst ein. Der australische Fotograf Frank Hurley wurde beschrieben als „Krieger mit der Kamera [der] überall hingehen oder alles tun [würde], um zu einem Bild zu kommen". Hurley begleitete die zum Scheitern verurteilte Antarktisexpedition von Ernest Shackleton 1914 bis1917 und produzierte unter extremen Bedingungen und mit bis zu zwanzig Blitzbelichtungen spektakuläre Schwarz-Weiß-Aufnahmen. Gegen die Anweisung Shackletons sprang er ins eisige Wasser, um über Bord gefallene belichtete Glasplatten zu retten.

Etienne-Jules Marey und Eadweard Muybridge waren so besessen von der Idee Bewegung zu fotografieren, dass sie Kameras konstruierten und die ersten Verschlüsse erfanden, sodass Belichtungen von Bruchteilen von Sekunden möglich wurden. Erwin Blumenfeld betrieb einen enormen Aufwand, um in seinen Modefotos eine Welt von überirdischer Schönheit zu erschaffen. Nicht anders Angus McBean mit den surrealen Welten seiner genialen Porträts. Man Ray führte in der Dunkelkammer nicht wiederholbare Experimente durch und riskierte, dass viele Stunden Arbeit durch eine zu lange Belichtung zunichte gemacht wurden.

Große Fotografen folgen dem Wahlspruch von Madame Yevonde: *„Be original or die"*. Ihre Bilder haben sie unsterblich gemacht.

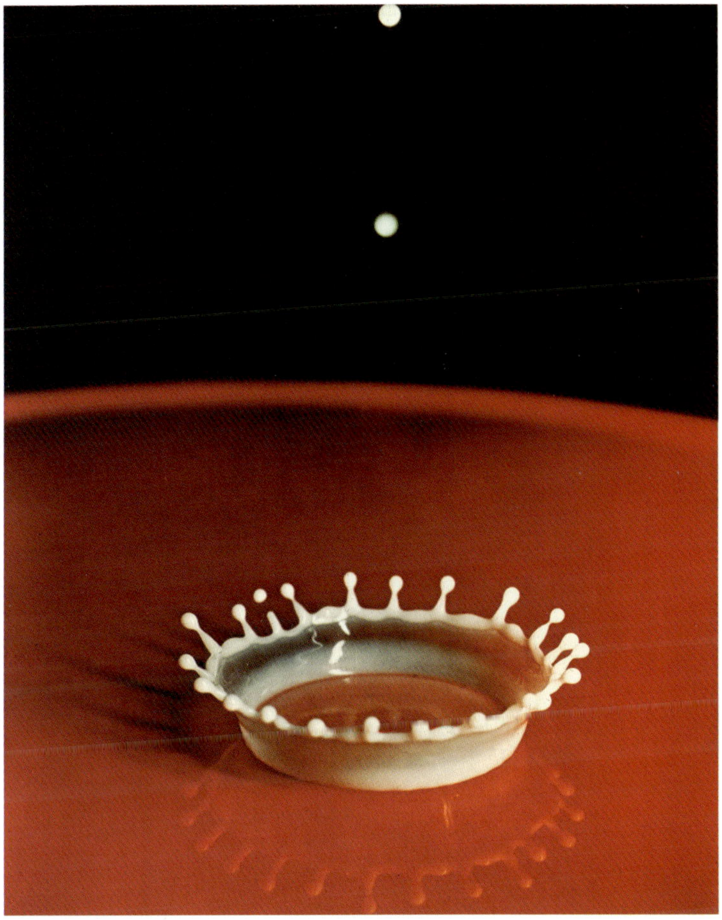

„Damit ein Bild groß ist, muss der Fotograf selbst Bestandteil des Fotos sein, das heißt, je mehr von seiner Person, seinen Ansichten, Vorurteilen, seiner Nostalgie, seinem Liebesleben und seiner Herkunft durchschimmert und je engagierter der Fotograf ist, desto größer die Chance, dass ein Foto einzigartig und schön ist."
Henry Wolf, Schriftsteller

„Ein großes Bild ändert die Wahrnehmung von Millionen von Menschen."
Dave Hendley, Fotograf

„Große Bilder bringen immer einen Standpunkt zum Ausdruck."
Adam West, Fotograf

Was macht ein großes Foto aus?

Fotos können so viel mehr sein als eine einfache Bildkomposition auf einem Stück Fotopapier oder ein weiteres Zeitungs- oder Zeitschriftenbild. Große Fotos erwecken eine Person oder ein Ereignis zum Leben und schenken dem Betrachter eine außergewöhnliche visuelle Erfahrung. Solche Bilder sprechen für sich. Sie stecken voller Emotionen und sind ein Stück Geschichte. Sie berühren uns sofort und jedes Mal aufs Neue. Sie begeistern immer wieder ein neues Publikum.

„In einem großen Bild stecken verschlüsselte Wahrheiten, die für viele Menschen persönliche Bedeutung haben. Es spricht jeden Betrachter einzeln an."
Sandro Sodano, Fotograf

Erwin Blumenfeld, *Marua Motherwell*, ca. 1941

Fünfzig Jahre vor der Einführung von Photoshop kreierte Erwin Blumenfeld in seiner Dunkelkammer sagenhafte Bilder, die heute noch modern und innovativ wirken.

Die berühmtesten Fotos der Welt

Es gibt eine gewisse Zahl von Bildern, die haben sich für immer in unser visuelles Gedächtnis eingebrannt. Eine deutsche Galerie zeigte eine Reihe blanker Vierecke mit Bildunterschriften wie „Fußabdruck des ersten Menschen auf dem Mond" oder „Albert Einstein streckt die Zunge heraus". Die Ausstellungsmacher konnten davon ausgehen, dass das dazugehörige Bild vor dem geistigen Auge der Betrachter auftauchen würde.

Die Kompositionen berühmter Fotos werden von anderen Fotografen, Malern, Filmemachern, Comiczeichnern, Karikaturisten und Graffiti-Künstlern aufgegriffen und wiederverwendet. Fotos werden zu Ikonen und gehen als T-Shirt-Aufdruck und Poster in die Popkultur ein. Sie beschäftigen die Gesellschaft mitunter so stark, dass sie Gegenstand von Büchern, Dokumentationen und Filmen werden.

Wir leben in einer Zeit, in der wir uns an Bilder von Hungersnöten, Katastrophen und menschlichem Leid gewöhnt und ein Foto sofort nach dem Umblättern einer Seite vergessen haben. Die besten Fotos zwingen uns jedoch zum Innehalten. Sie überwinden emotionale Abwehrmechanismen, regen unseren Geist an, fesseln uns und machen uns nachdenklich. Manche dieser Bilder geben sogar Anstoß zu Veränderungen.

Nacktes Mädchen auf der Flucht nach einem Napalmangriff

Das mit dem Pulitzer-Preis ausgezeichnete Foto von Kindern, die während des Vietnamkriegs vor einem Napalmangriff davonlaufen, veränderte den Gang der Geschichte. Es wurde am 8. Juni 1972 von dem Fotografen Nick Ut auf der Nationalstraße Nr. 1 in Trang Bang aufgenommen. Die neunjährige Kim Phuc läuft nackt die Straße herunter, den Rücken verbrannt von den Napalm-Bomben, die von einem südvietnamesischen Flugzeug, gesteuert von einem amerikanischen Piloten, abgeworfen wurden. Ihr Gesicht ist durch den qualvollen Schmerz verzerrt wie auf dem Gemälde *Der Schrei* von Edvard Munch, während die Soldaten dahinter vollkommen gleichgültig erscheinen.

Das Foto war ein Schock für die Welt und brachte die USA dazu, ihren Kriegseinsatz zu überdenken. Das Bild schreit um Hilfe wie das Mädchen. Die Zeitschrift *Life* berichtete später, dass auf den berühmt-berüchtigten Nixon-Tonbändern zu hören sei, dass Präsident Nixon die Echtheit des Fotos in Zweifel gezogen habe.

Der vermummte irakische Gefangene im Gefängnis von Abu Ghuraib

Wie gekreuzigt steht ein Mann mit einer Kapuze über dem Kopf auf einer Kiste, an seinen Fingern sind Elektrodrähte befestigt. In dieser Aufnahme aus dem Gefängnis von Abu Ghuraib, Irak, 2004, scheint das Böse gegenwärtig zu sein. Sie erinnert an rassistische Lynchjustiz, Exekutionen und Hinrichtungen auf dem elektrischen Stuhl. Es ist das eindringlichste Bild der ersten Dekade des 21. Jahrhunderts und schockierte die ganze Welt.

Spiel- und Dokumentarfilme, von berühmten Fotos inspiriert

Als Inspiration für den Film *Der Wilde* diente eine Bildgeschichte über Motorradgangs in der Zeitschrift *Life*. In „Auf der Suche nach dem afghanischen Mädchen" sucht der Fotograf Steve McCurry 17 Jahre nachdem er das faszinierende National-Geographic-Coverfoto aufgenommen hat, sein Modell Sharbat Gula. Robert Capas Fotos von der Landung der Alliierten in der Normandie wurden von Steven Spielberg in dem Film *Der Soldat James Ryan* nachgestellt, und Filmregisseur John Ford ließ sich für die Verfilmung von John Steinbecks Romans *Die Früchte des Zorns* von Fotografien von Dorothea Lange inspirieren. Die Protagonisten von *Old Glory Goes Up on Mt. Suribachi* wurden schon bald von Hollywood gefeiert. In dem Film *Todeskommando Iwojima* spielt John Wayne (oben) einen unerbittlichen Befehlshaber, der eine Gruppe unbedarfter Rekruten in Kampfmaschinen verwandelt.

Che Guevara

1960 nahm der kubanische Fotograf Alberto Diaz, Korda genannt, bei einer Trauerfeier für getötete kubanische Revolutionäre Fotos von Ernesto „Che“ Guevara auf. Ein Bild zeigt den nach links schauenden Che mit leicht schief sitzendem Barett mit Revolutionsstern und zerzaustem Haar. Korda wählte dieses Bild aus den vielen Fotos aus und nannte es *Guerillero Heroico*.

Nachdem Guevara einige Jahre später in Bolivien gefangen genommen und hingerichtet worden war, hängte man zum Zeichen der Trauer an den Regierungsgebäuden in Havanna zehn Stockwerke überspannende Abzüge von Kordas Foto auf. Es wurde zum Symbol für Märtyrertum, Revolution und das Streben nach Gleichheit, zur Verkörperung von Idealismus.

50 Jahre später ist das Konterfei von Che auf T-Shirts, Ansteckern und Mauspads ein vertrauter Anblick. Es hat immer noch einen hohen Wiedererkennungswert, auch in vereinfachter oder veränderter Form. Der argentinische Fußballspieler Diego Maradona, selbst eine Ikone, ließ sich das Bild auf den Oberarm tätowieren.

Gesichter von Che
Skizzenbuch eines Studenten mit gesammelten Che-Guevara-Bildern

Migrant Mother

Auf der Rückfahrt von einem Auftrag für die Farm Security Administration fuhr Dorothea Lange an einem Lager von Wanderarbeitern in Nipomo, Kalifornien, vorbei. Sie hielt aus einer Eingebung heraus an und nahm nur fünf Bilder auf, von denen eines zum wohl bekanntesten Foto aller Zeiten wurde: Das Bild mit dem Titel *Migrant Mother* wurde sofort nach seiner Veröffentlichung in der *San Francisco News* am nächsten Tag berühmt. Einige Leser schickten Lebensmittel in das Lager, aber als sie dort eintrafen, war die Familie schon weitergezogen.

Florence Thompson war 1936 32 Jahre alt, verheiratet, ohne festen Wohnsitz und musste ihre Kinder ernähren. Das Foto von einer Mutter, die ein schlafendes, schmutziges Kind im Arm hält, erinnert an Darstellungen der

Jungfrau Maria mit Kind. Das Gesicht der Frau zeigt ihre feste Entschlossenheit, die schwierigen Zeiten zu meistern. Auch dieses Foto ist ein Hilferuf.

Flagge hissen auf Iwojima

Das von Joe Rosenthal am 23. Februar 1945 während des Pazifikkriegs auf der kleinen Insel Iwojima aufgenommene Foto von Marinesoldaten beim Hissen der amerikanischen Flagge, *Old Glory Goes Up on Mt. Suribachi*, soll das am häufigsten reproduzierte Foto aller Zeiten sein. Der Fotograf erhielt dafür den Pulitzer-Preis. Kurze Zeit später begann in Washington die Errichtung des Marine Corps War Memorial, einer lebensgroßen Nachbildung der Szene.

Später schrieb die Zeitschrift *Life,* das Foto sei zu einem Bild geworden, „das die Vormachtstellung der USA in der Weltpolitik symbolisiert". Die Ausdruckskraft und sein Status als nationales Symbol reichten soweit, dass nach den Anschlägen auf das World Trade Center am 11. September 2001 viele Fotografien von Feuerwehrmännern und Polizisten nach diesem Vorbild aufgebaut wurden.

Obwohl noch drei weitere Fotografen die Ereignisse in Iwojima dokumentiert hatten, konnte nur die Szene, die Rosenthal einfing, die Öffentlichkeit wirklich fesseln. Sechs Männer arbeiten mit vereinten Kräften daran, die Fahnenstange in den von Kriegstrümmern übersäten Boden zu rammen und vor dem klaren Himmel die Flagge aufzuziehen.

Marilyn Monroe über einem U-Bahn-Lüftungsschacht

Marilyn Monroe steht in New York auf einem U-Bahn-Lüftungsschacht, unten fährt gerade ein Zug durch. Der Luftzug weht den Rock ihres weißen Kleides hoch und sie amüsiert sich, es ist das perfekte Glamour-Bild. Das Foto wurde während der Dreharbeiten für *Das Verflixte 7. Jahr* als PR-Gag aufgenommen. Viele berühmte Fotografen waren zu den Aufnahmen an der 590 Lexington Avenue anwesend, darunter Garry Winogrand und Elliott Erwitt, und es gibt verschiedene Bilder von der Szene. Andy Warhol trug eine ganze Sammlung zusammen. In unserer Vorstellung verschmelzen die unterschiedlichen Versionen zu einem einzigen Bild mit Kultstatus.

Ein geniales Bild – viele Interpretationsmöglichkeiten

Viele weltberühmte Bilder profitieren von ihrer Mehrdeutigkeit. Sie lassen es zu, das der Betrachter seine eigenen Interpretationen und Assoziationen hineinliest. Zu diesen Fotos gehören *Old Glory Goes Up on Mt. Suribachi* von Joe Rosenthal, *Le Baiser de l'Hôtel de Ville* (Der Kuss vor dem Rathaus) von Robert Doisneau und *A Sailor's Kiss, Times Square* von Alfred Eisenstaedt.

Auf dem Bild von Rosenthal sind die Gesichter der Männer von Armen und Tarnhelmen verdeckt, sodass sie sich in symbolische, unbekannte Soldaten verwandeln. Das Foto von Doisneau wurde ein internationales Sinnbild für Paris, die Stadt der Liebe, während das Bild von Eisenstaedt für die Freude über das Ende des Zweiten Weltkriegs steht. Viele Menschen behaupteten, sie wären die küssenden Paare gewesen. Da die Gesichter in den Umarmungen verschwinden, wurden die Fotos zu universellen Bildern.

Was, wenn Ihnen ein Kultfoto gelungen ist?

Wenn man das Glück hat, ein Kultfoto zu machen, so ist das wahrscheinlich ein einträgliches Geschäft, bringt aber auch Probleme mit sich. Robert Doisneau soll umgerechnet 75 000 Euro pro Jahr mit dem weltweiten Verkauf von Postern und Karten von seinem Foto *Le Baiser de l'Hôtel de Ville* verdient haben. Es brachte ihn aber auch vor Gericht, als ein Paar, bei dem es sich angeblich um die fotografierten Personen handelte, einen Anteil an den Lizenzeinnahmen forderte. Als Doisneau in diesem Zusammenhang zugab, dass die beiden keine Passanten, sondern Models waren, verklagten ihn wiederum die Models. Beide Klagen wurden abgewiesen. Korda zog vor Gericht, um die nicht genehmigte Nutzung seines Fotos von Che Guevara für eine Wodkawerbung anzufechten. Bei einem Vergleich wurden ihm 50 000 Dollar zugesprochen, die er einem Krankenhaus spendete.

Das berüchtigte Sportfoto *Die Hand Gottes,* angeblich der Beweis dafür, dass der Fußballer Diego Maradona in dieser Szene den Ball statt mit dem Kopf mit der Hand berührt, wurde von dem mexikanischen Fotografen Alejandro Ojeda aufgenommen und kurz darauf an einen anderen Fotografen verkauft, der es zur Syndikation an eine Presseagentur gab. Das Bild soll Millionen eingebracht haben – niemand weiß, wem. Ojeda sagte in einem Interview: „Ich habe davon nichts bekommen."

Bei einer 20-minütigen Aufnahmesitzung im Dalmasia Hotel in Notting Hill, London, fotografierte Martin Goodacre die Band Nirvana. Wie üblich nahm er dabei auch jedes Bandmitglied einzeln auf, auch Sänger Kurt Cobain. „Er war nicht sehr gesprächig. Anscheinend wollte er möglichst schnell wieder weg. Also machte ich ein paar Aufnahmen und entließ ihn." Eines dieser Bilder wurde *das* Foto von Cobain. „Ich konnte kaum glauben, wie toll sich das Negativ vergrößern ließ und wie gefühlvoll Cobain aussah. Ich wusste sofort, dass das ein großartiges Rock-and-Roll-Foto war."

Das Foto von Goodacre – in Sekunden aufgenommen, ohne Beleuchtung oder Make-up – wurde nach dem Selbstmord von Cobain weltweit bekannt. „Das Foto hat, vielleicht durch den Tod von Cobain, ein Eigenleben entwickelt. Man kann darauf einen düsteren Rockstar sehen, aber wenn man Cobains Geschichte kennt … Das Bild gehört mir und ich bekomme Tantiemen von den Agenturen, die es an Magazine verkaufen. Es wurde auch schon gestohlen und es wurde ohne meine Zustimmung und ohne, dass ich Geld dafür bekam, genutzt. An T-Shirts und Postern verdiene ich nichts. Ich versuche, dagegen vorzugehen, aber es ist schwierig, daran etwas zu ändern. Fotos sind schwer zu schützen, wenn sie so bekannt sind wie dieses." (*Siehe* Syndikation, S. 227, und Fotografie und Recht, S. 234.)

Unser Vertrauen in Fotos

Wir haben gelernt, Fotos zu vertrauen. Eine Fotografie liefert uns den Beweis, dass ein Ereignis stattgefunden hat oder dass jemand oder etwas existiert. Wir glauben an den Wahrheitsgehalt von Zeitungsfotos. Unsere Wahrnehmung des Weltgeschehens in den letzten anderthalb Jahrhunderten ist von der Fotografie geprägt. Damit dieses Vertrauen nicht verloren geht, ist Verantwortungsbewusstsein im Umgang mit Fotos geboten.

Fotos haben weiterhin eine Autorität, die TV- und Kinobildern heute fehlt. Im Film sind digitale Spezialeffekte ein gängiges Gestaltungsmittel. Die Schauspieler fliegen durch die Luft, wir sehen überzeugende Darstellungen des Lebens in der Zukunft, und „virtuelle" Helden vollführen unglaubliche Stunts. Das Fernsehen hat durch die Flut von Sendern, Reality-Shows, Infotainment-Sendungen und das Fehlen von sachlicher Berichterstattung und Analyse an Glaubwürdigkeit verloren. Popvideos werden so manipuliert, dass die Künstler größer und dünner wirken, Locations und Hintergründe werden übergangslos mit Studioaufnahmen kombiniert.

Zwar hat es immer schon stark manipulierte Bilder gegeben, zum Beispiel von Angus McBean und Erwin Blumenfeld, aber sie wurden immer als Fantasiebilder betrachtet, nie als Abbild der Wirklichkeit. Wir wissen auch, dass Hochglanzmagazine auf ihren Celebrity- und Beautyfotos Schönheitsfehler retuschieren, trotzdem gilt die Fotografie bei uns als ein Medium, das überwiegend Fakten präsentiert. Dieser Wert ist jedoch in Gefahr, denn die Möglichkeiten der digitalen Bildmanipulation sind verführerisch. Die Digitalfotografie könnte das Foto in den Augen der Öffentlichkeit unglaubwürdig machen. Können wir Fotos noch vertrauen? Werden wir erleben, wie die Wahrheit aus der Fotografie verschwindet und jedes Bild ganz selbstverständlich verändert wird?

Die Integrität des Fotografen

Darf man für eine Aufnahme Ereignisse nachstellen oder Gegenstände manipulieren? Darf ein Pressefotograf oder Fotojournalist jemanden zur Wiederholung einer Handlung auffordern, weil er mit diesem Bild seine Geschichte besser erzählen könnte? Schließlich nehmen auch TV-Journalisten manchmal mehrere Anläufe, bis sie eine Story optimal im Kasten haben. Porträtfotografen geben ihren Modellen Anweisungen zu Pose, Blickrichtung und Position. Warum sollte das in anderen Genres nicht erlaubt sein?

Wenn Bilder lügen – Geschichtsfälschung

Unter der stalinistischen Diktatur in der Sowjetunion konnte man Fotos nicht trauen. Geschichtsfälschung war an der Tagesordnung. In Ungnade gefallene Personen wie Leo Trotzki wurden quasi ausgelöscht, ihre Gesichter aus allen offiziellen, zur Veröffentlichung bestimmten Fotos entfernt. Einige dieser Manipulationen waren sehr grob, was vermuten lässt, dass die Retuscheure entweder darauf hinweisen wollten, dass etwas nicht stimmte, oder dass die Spuren der Retusche anderen Unbequemen als Warnung dienen sollten.

1999 wurde ein offizielles Gruppenporträt der britischen Königsfamilie an die Presse ausgegeben, auf dem das Gesicht eines bedrückt wirkenden Prinzen digital durch ein lächelndes ersetzt worden war. Mag diese Manipulation auch auf ehrbaren Motiven beruhen, sie schuf einen gefährlichen Präzedenzfall in der Pressefotografie.

Abwedeln, Nachbelichten und die Retusche von Entwicklungs- und Vergrößerungsfehlern gehörten in der Dunkelkammer zur Arbeitsroutine, aber in der traditionellen Fotografie gingen die Fotografen nie so weit, dass die Darstellung der tatsächlichen Szene verändert wurde.

Während des Irakkrieges 2004 entließ die *Los Angeles Times* einen ihrer Fotografen, weil sich herausstellte, dass er ein Bild, das auf der Titelseite erschien, bearbeitet hatte. In der Absicht, die Dramatik des Bildaufbaus zu steigern, hatte er zwei Bilder von einem britischen Soldaten, der in Basra einer Gruppe geduckter irakischer Zivilisten Anweisungen gibt, ineinander verschmolzen. Die Aktion wurde bemerkt, weil in der Gruppe Menschen zweimal zu sehen waren. Wie die meisten Zeitungen verfolgt auch die *Los Angeles Times* die Politik, Zeitungsfotos nicht zu bearbeiten.

Wir müssen den Fotos genauso trauen können wie dem Text. Ein Foto zu fälschen, ist so als würde ein Autor die Fakten in seinem Artikel erfinden. Der Zwischenfall rüttelte die Redaktionen auf der ganzen Welt auf. Roger Tooth, Bildredakteur der britischen Zeitung *The Guardian* kommentierte: „Es tat der Branche gut, dass ein Exempel statuiert wurde. Beim *Guardian* haben wir strenge Regeln. Unsere Fotografen wurden angewiesen, ein Zeitungsfoto nicht anzutasten. Diese Grenze mussten wir ziehen."

Manipulation von Bildern

Der Verhaltenskodex der britischen Presse verpflichtet eine Zeitung zur Kennzeichnung von zusammengefügten Bildern als „Fotomontage". Für Zeitschriften gilt dieser Grundsatz jedoch nicht. Einige der darin abgebildeten Fotos werden vor der Veröffentlichung heftig manipuliert, und der Leser ist so klug wie zuvor.

Kreativ eingesetzt, kann die Digitalfotografie in der Modefotografie unglaubliche Effekte erzielen, obwohl die künstliche Erschaffung von übernatürlich schönen Models, die dünner, glatter und gesünder scheinen als ein normaler Mensch, in moralischer Hinsicht fragwürdig ist. Wer kann beurteilen, welche Wirkung diese Bilder auf die Seele und den Körper insbesondere von jungen Betrachtern haben, die diese Bilder mit der Realität gleichsetzen?

In Magazinen werden erschreckend perfekt aussehende Superstars abgebildet. Eine nichtssagende neue Spezies Mensch, wundersam faltenfrei, mit strahlender Haut, leuchtenden Augen, glattem Gesicht, perfekten Zähnen und glänzendem Haar – all das dank Postproduktion statt Mutter Natur. Wie viel Manipulation dieser Art ist akzeptabel? Eine Frage, die nicht einfach zu beantworten ist. Bleibt anzumerken, dass gerade in einer Zeit der exzessiven Bildmanipulation, in den 1990er Jahren, der Schnappschuss die Porträt- und Modefotografie eroberte, gewissermaßen die Antithese zur Bildretusche (*siehe* Der Schnappschuss, S. 140).

Die Verantwortung des Fotografen

Fotografen tragen den fotografierten Menschen gegenüber die Verantwortung, dass die Bilder, die sie aufgenommen haben, im richtigen Licht gesehen werden. Sie sollten das Privileg, dass sie durch die Kamera genießen, nicht missbrauchen und sichergehen, das Bilder, wenn sie veröffentlicht werden, nicht missbraucht werden. Insbesondere in der Zeitungsfotografie und im Fotojournalismus, wo bereits die Bildunterschrift die Bedeutung eines Fotos völlig verändern kann.

Pressedienste und auf Fotojournalismus spezialisierte Agenturen versehen alle ihre Fotos mit Bildunterschriften, für die Fotografen und Redakteure verantwortlich sind. Der Betrachter muss anhand korrekter Informationen in der Lage sein, das, was er auf dem Bild sieht, richtig zu interpretieren. Es ist vorgekommen, dass die Medien kriegsführender Länder ein und dasselbe Foto für ihre propagandistischen Zwecke nutzten, wobei sie die Deutung der Aufnahme mit entsprechenden Bildunterschriften in ihrem Sinne lenkten.

„Die Fotografie ist von Natur aus ausbeuterisch. Schließlich heißt es ein Bild auf‚nehmen'. Jemand vertraut dir, und du greifst zu."
Alan Latchley, Fotograf

Wann sollte ein Fotograf nicht mehr fotografieren?

Auf die Frage „Wie würden Sie sich verhalten, wenn ein brennendes Mädchen vor ihnen auftaucht?" soll der Kriegsfotograf Don McCullin geantwortet haben: „Schätzungsweise 5,6 bei 1/60". Wann sollte ein Auftragsfotograf seine Pflichten als professioneller Beobachter vergessen und stattdessen an seine moralische Verantwortung denken und eingreifen?

Ein Zeitungsfotograf ist ein bezahlter Augenzeuge. Wie kann es einen Moment geben, in dem das zweitrangig wird? Journalisten-Legende Harry Evans erzählt in seinem Klassiker *Pictures on a Page* von einer Gruppe von internationalen Pressefotografen, denen in Bangladesh eine grausige fotografische Gelegenheit geboten wurde: die Erschießung von Gefangenen. Manche wandten sich sofort ab, ohne zu fotografieren, andere blieben und zeichneten „das Ereignis" mit der Kamera auf, schrieb Evans. Einer der Fotografen wurde für sein Bild mit dem Pulitzer-Preis ausgezeichnet. Die, die voll Abscheu gegangen waren, waren der Überzeugung, dass dies eine Gelegenheit war, bei der man die Welt hätte verändern können, wenn nicht fotografiert worden wäre. Was hätten Sie getan?

Der Schnappschuss

Ein Schnappschuss ist ein Foto, bei dem nur wenig oder gar keine Zeit zwischen Anvisieren des Motivs und Aufnahme liegt. Schnappschüsse werden aus der Hand fotografiert, häufig mit Amateur- oder Kompaktkameras. Der Fotograf kümmert sich wenig um die Bildkomposition und überlässt Fokussierung und Blitzauslösung der Automatik. Dem deutschen Wort „Schnappschuss" liegt der englische Begriff *snapshot* zugrunde. Diese Bezeichnung bekam die Momentaufnahme um 1890, weil sie in etwa solange dauerte wie das hörbare Schnappen des Verschlusses.

Schnappschussporträts in Fotoalben

Während der Zeit des Visitenkarten-Sammelns wurden Alben mit Schlitzen in Standardgröße produziert, in die die Visitenkarten hineingesteckt werden konnten. So ließen sich die Karten ordnen und präsentieren. Heute besitzen die meisten Familien ein Fotoalbum. Laut einer Schätzung der Londoner Zeitung *Times* finden sich in einem Durchschnittshaushalt etwa 1500 analoge Fotos. Die Alben enthalten persönliche fotografische Aufzeichnungen der Rituale im menschlichen Leben: Geburtstage, Hochzeiten, Ausflüge und Ferien, Partys und Familientreffen.

Verhalten bei Schnappschüssen

Im besten Falle bringt die schnelle, spontane Schnappschuss-Fotografie fröhliche, ungezwungene Bilder voller Lebendigkeit und Bewegung hervor. Auf weniger gelungenen Amateurfotos sehen die Menschen steif, peinlich berührt und verkrampft aus.

Auf vielen Schnappschüssen grinsen die abgebildeten Personen, ziehen Grimassen oder machen eine besondere Geste. Japanische Schnappschüsse zeigen andere Gesten als westliche, insbesondere bei jungen Leute ist das Victory-Zeichen sehr beliebt. Überall spreizen Kinder hinter dem Kopf ihrer Freunde zwei Finger, „Hasenohren", und strecken die Zunge heraus, eine Pose, die durch den Schnappschuss von Albert Einstein berühmt wurde.

Professionelle Schnappschüsse

Früher war „Schnappschuss" ein eher verächtlicher Begriff für mit ungeschultem Auge geknipste Amateurfotos. Heute bezeichnet er eine bei vielen Profis in der Porträt-, Mode- und Dokumentarfotografie beliebte Ästhetik. Einige von ihnen arbeiten dazu mit einfachen Kompaktkameras mit eingebautem Blitz und nutzen Bildfehler als Gestaltungsmittel: Unschärfe, grobes Korn, rote Augen, ausgeblichene Gesichter, harte Schatten und schräge Winkel. Von anderen wird diese Methode als „schlechte Fotografie" kritisiert, wie sie „jedes Kind machen könnte".

Schnappschuss-Poser

Auf Schnappschüssen sieht man Gesten und Posen, die einem nirgenwo sonst begegnen.

Berühmte Schnappschüsse

Mit Andy Warhols Polaroid-Porträts mit harten Schatten, flachen Farben und grellem Blitzlicht erwachte das Interesse an technisch mangelhaften Fotos. Warhol scherte sich nicht um seine fehlenden Fotografie-Kenntnisse, ja er war begeistert von der Ästhetik, die zustande kam, wenn man das Medium derart „unprofessionell“ benutzte.

William Eggleston war der erste Fotograf, der für seine Art „beiläufiger“ Schnappschussfotografie gefeiert wurde. Er fotografierte, was er sah, Motels am Straßenrand, das Innere eines Kühlschranks, Bars, den Himmel, streunende Hunde und streunende Menschen. Auf seinen Bildern scheinen alle diese mehr oder weniger zufälligen Motive gleich bedeutend zu sein.

Auch Wolfgang Tillmans fotografiert, was ihm vor die Linse gerät: Freunde, seine unordentliche Wohnung, Diskotheken, Flugzeuge am Himmel. Sein Buch *If One Thing Matters Everything Matters* ist ein Bekenntnis zur Schnappschussfotografie. Die gezeigten 2400 Bilder ergeben eine visuelle Chronologie seines Lebens, für die er sämtliche Rollen Film durchgesehen hat, die er seit seinem zehnten Lebensjahr verknipst hat. Der amerikanische Schriftsteller Hunter S. Thompson steht für einen Schreibstil, der als Gonzo-Journalismus bekannt wurde und bei dem es sich um eine radikale Form des Stream of Consciousness handelt. Analog dazu ist Tillmans ein Gonzo-Fotograf, der alles, was er sieht, in einem pausenlosen Bilderstrom aufzeichnet.

Der äußerst produktive japanische Fotograf Nobuyoshi Araki veröffentlichte zahlreiche Bücher. Ihn faszinieren nicht nur alltägliche Szenen auf der Straße, sondern gerade auch sexuelle Motive, die er ebenfalls mit der Teilnahmslosigkeit eines Passanten einfängt.

Noch eins fürs Album

Richard Billingham nahm die Bilder für sein bekanntes Buch *Ray's a Laugh* mit einer billigen Kamera auf billige Filme auf, die er in der Drogerie um die Ecke entwickeln ließ. Einige Fotos sind körnig, schlecht belichtet und entwickelt, andere werden kaum vom Blitz ausgeleuchtet oder sind unscharf. Der Bildaufbau ist chaotisch. Es sind Schnappschüsse, die stark vergrößert wurden. Das und die Gestaltung des Buches lassen den Eindruck entstehen, dass man ein sehr intimes Familienalbum ansieht (*siehe* Fotobücher, S. 87).

Nan Goldin nimmt Schnappschüsse auf, die persönliche und private Szenen zeigen, wie man sie in jedem Fotoalbum findet: Freunde, Partys, Hochzeiten, Ferien im Ausland und neugeborene Babys. Momente, in denen die Kamera wie selbstverständlich dabei ist und keine Belästigung darstellt. Unter diese alltäglichen Bilder mischt sie Bilder von Sex, Drogenkonsum, Gewalt und Transvestismus, die genau auf dieselbe Art und Weise aufgenommen sind. Goldin enthüllt auf diese Weise ihr Leben und das ihrer Freunde – chaotisch, oft kurz, gewalttätig, leidenschaftlich und tragisch. Ihre Arbeiten wurden in internationalen Galerien und Museen ausgestellt und in Büchern veröffentlicht.

Schnappschuss-Ästhetik

Terry Richardson führte die Gonzo-Fotografie in der Haute Couture ein: Mit Einmalkameras im Wert von vier Dollar fotografierte er Supermodels. Es hieß, er kaufe seine Ausrüstung auf dem Weg zur Arbeit. Richardsons Ansatz bringt frische, sehr witzige Modefotos hervor. Auf vielen Bildern ist er selbst zu sehen.

„Die Flut von Promifotos im Schnappschuss-Stil hat die Arbeit der Fotografen entwertet. Einige Zeitschriften schicken schon gar keinen Fotografen mehr zu einem Interview. Sie drücken dem Journalisten einfach eine Kamera in die Hand, damit er nach dem Interview ein paar Aufnahmen macht."
Alan Latchley, Fotograf

Der deutsche Fotograf Juergen Teller zeigt Falten, schiefe Zähne und Narben der Models und sucht dort nach rauer Schönheit, wo andere nur Mängel sehen. Teller fotografiert für *Vogue* und Kampagnen für Jigsaw, Hugo Boss und Calvin Klein. Seine Buch *Go-Sees* zeigt Hunderte von Models in spe, die in der Hoffnung auf einen Auftrag in seinem Studio erscheinen. Teller machte schnelle, spontane Schnappschüsse von den jungen Frauen im

Hauseingang oder auf der Straße. Das Ergebnis ist ein Fotobuch zum gnadenlosen Schönheitswettbewerb in der Modewelt. Teller plant keine seiner Aufnahmen im Voraus. Er trifft sich einen Tag vor dem Shooting mit der Person, die er fotografieren soll, und lässt danach alles auf sich zukommen.

In den Printmedien wurde der professionelle Schnappschuss populär, weil er eine Art Protest gegen die digitale Bildbearbeitung darstellt, die eine Beseitigung jeglicher Schönheitsfehler am Computer ermöglicht und häufig zu einem Realitätsverlust führt. Das Unperfekte eines Schnappschusses vermittelt einen Eindruck von Echtheit, der professionell ausgeleuchteten und komponierten Fotos fehlt. Das Foto einer ungeschminkten, ungestylten Person wirkt erfrischend ehrlich.

Der Lomo-Schnappschuss

Viele Fotografen wurden begeisterte Anhänger der Lomo-Kompaktkamera. Die kleine, bedienungsfreundliche Kamera, bei der man eine von drei Einstellentfernungen auswählt und auf den Auslöser drückt, löste eine wahre Schnappschuss-Manie aus. Passionierte „Lomografen", wie sich die treuen Fans nennen, fotografieren exzessiv und wahllos. Zu den Regeln, die sie sich gegeben haben, gehören: „Nimm deine Lomo überallhin mit" und „Lomografie ist keine Unterbrechung deines Alltags, sondern Teil desselben".

„Die Menschen mögen Schnappschüsse, denn es sind Bilder, die von ihnen selbst aufgenommen worden sein könnten. Studiofotos und Lifestyle-Bilder von Models mit perfekten Zähnen, perfekten Kindern und unter einem perfekten Himmel sind durchschaubar und langweilig. Schnappschüsse sind näher an der Wirklichkeit."

„Bei meiner Lomo sehe ich nicht durch den Sucher. Stattdessen konzentriere ich mich auf die Szene vor mir und drücke im richtigen Moment auf den Auslöser, peng! Dann hast du ein echtes Bild. Meiner Ansicht nach geht es in der Fotografie um das echte Leben. Ich hasse Aufnahmen im Studio. Um das wirkliche Leben einzufangen, muss man mittendrin sein und darf nicht unbeteiligt herumstehen. Denn dann fangen alle sofort an, sich irgendwie künstlich zu verhalten. Mit der Lomo kann man fotografieren, ohne den Fluss des Lebens zu unterbrechen."
Fabian Monheim, Lomograf

Dex growing, 1995 – 2005

Bilder, die über einen Zeitraum von zehn Jahren immer am gleichen Ort aufgenommen wurden **(gegenüber)**.

Die Kamera – eine Zeitmaschine

In der Fotografie geht es nicht nur um das Festhalten von Ereignissen oder die Aufzeichnung inszenierter oder zufälliger Bildkompositionen. Fotografen sind Herren über die Zeit. Eine Kamera schneidet die Zeit in weitaus dünnere Scheiben als unsere Augen. Gleichzeitig kann sie das Verstreichen von Zeit besser zeigen als jedes andere Medium. Mithilfe der Fotografie können wir den Film unseres Lebens in unterschiedlicher Geschwindigkeit ablaufen lassen wie in einer Zeitmaschine.

Die ersten Fotos aus dem Krieg, die mit langen Belichtungszeiten aufgenommen wurden, schockierten die Betrachter nicht nur wegen der Brutalität auf dem Schlachtfeld, sondern auch, weil die Toten absolut scharf abgebildet waren, während die zur Hilfe eilenden, sich bewegenden Lebenden verschwommen und unscharf waren. Die Toten wirkten real und die Lebenden wie Geister. Je länger die Kamera bei geöffnetem Verschluss eine Szene aufzeichnet, desto vergänglicher scheint das Leben. Bei Belichtungen von Minuten oder Stunden ist selbst auf der geschäftigsten Straße kein Mensch mehr zu sehen. Wir sind einfach nicht lange genug da, um einen bleibenden Eindruck zu hinterlassen. Nur die Gebäude, die wir errichtet haben, sind auf diesen Fotos sichtbar.

Fotografen haben auf unterschiedliche Weise mit der Zeit experimentiert. Eadweard Muybridge zeigte uns zum ersten Mal Bewegungsabläufe. Harold Edgerton unterteilte Sekunden in winzige Bruchteile und brachte damit die Zeit zum Stillstand. Er zeigte uns Gewehrkugeln im Flug und einen fallenden Tropfen. David Hockney setzte Porträts aus vielen Bildern zusammen, um eine Person über einen längeren Zeitraum und nicht, wie bei einem traditionellen Porträt, in einem isolierten Augenblick darzustellen.

Ross Cooper & Jussi Ängeslevä, *The Last Clock*

Ross Cooper und Jussi Ängeslevä sind die Erfinder einer „Uhr", die eine Szene gleichzeitig mit einer Belichtungszeit von einer Minute, einer Stunde und zwölf Stunden aufnimmt. In den drei Ringen erscheinen die Bilder sekündlich (außen), minütlich (Mitte), stündlich (innen), wie die Zeiger einer Uhr über das Ziffernblatt wandern. Auf diesen Bildern wird die Zeit nicht wie üblich angehalten, sondern wir sehen sie laufen **(unten)**.

Aufnahmen über mehrere Jahre

Seit 1975 nimmt Nicolas Nixon jedes Jahr ein Gruppenfoto von den vier Brown-Schwestern auf: Laurie, Heather, Bebe und Mimi. Er verwendet immer dieselbe Großformatkamera und arrangiert eine ähnliche Komposition. Abgesehen von Frisuren und Moden sehen wir, wie über mehr als dreißig Jahre das Leben der Frauen langsam verstreicht. Die Serie funktioniert wie eine Zeitlupe: Vier Menschen altern vor unseren Augen.

Für ihre Serie *As Time Goes By* fotografierte Barbara Davatz 1982, 1988 und 1997 sechs Freunde mit ihren Partnern. Die ersten Bild zeigen modebewusste Teenager, die letzten Menschen mittleren Alters. Die einfachen Fotos sind bezaubernd. Einige Freunde wechseln ihre Partner über die Jahre, Bianca und Ernesto sind über die drei Aufnahmesitzungen ein Paar geblieben. Ihre 15 gemeinsamen Jahre werden zu drei Fotos verdichtet. Von Bild zu Bild rücken sie allerdings weiter auseinander. Hoffentlich sind sie bei der nächsten Aufnahme noch zusammen!

Was kommt heraus, wenn man die Sekundenbruchteile der Belichtungszeiten im Leben eines Fotografen zusammenzählt, der geschätzt etwa eine halbe Million Fotos macht? Vielleicht ein paar Tage – nicht viel für eine lebenslange Arbeit.

NIKE

Jenseits des Papierbilds

Fotografie geht heute weit über den klassischen Abzug hinaus. In den Installationen vieler Fotokünstler erscheinen Fotos nicht mehr nur als zweidimensionale Bilder, sondern auch als dreidimensionale Objekte.

Isobel Brown, *Les objets de désir*, 2004

Für ihre Installation *Les objets de désir* (**rechts**) fertigte Isobel Brown Stoffpuppen-Karikaturen. „Ich nahm Hochglanzfotos aus Männermagazinen und machte daraus dreidimensionale, weiche Skulpturen, zu denen der Betrachter eine andere Beziehung aufbaut", erklärt sie. *Siehe auch* Installationen von Annette Messager, Barbara Kruger und Christian Boltanski.

Tina Maas, *Untitled*, 2005

Tina Maas kreiert Bilder auf mit Flüssigemulsion sensibilisierten Wachsplatten (**rechts**), die, von Unterwasserlampen beleuchtet, auf dem Wasser treiben.

Makin Ma, *Gazza*, 1998

Essbare Hommage an den Kebab-Liebhaber und Fußballer Paul Gascoigne von Makin Ma (**gegenüber**).

Wohin entwickelt sich die Fotografie?

Brendan Walker, *The Thrill-Sensing Auto-Portrait Machine*, 2005

Brendan Walker erfand eine Kamera, die von menschlichen Emotionen gesteuert wird. Auf einer Karussellfahrt wird der Verschluss auf dem Höhepunkt der Spannung ausgelöst **(rechts)**.

Patrick Meny, *Isolated*, 2005

Patrick Meny experimentiert mit Bildern, die Botschaften enthalten, die nur aus einem bestimmten Betrachtungsabstand sichtbar sind **(unten)**.

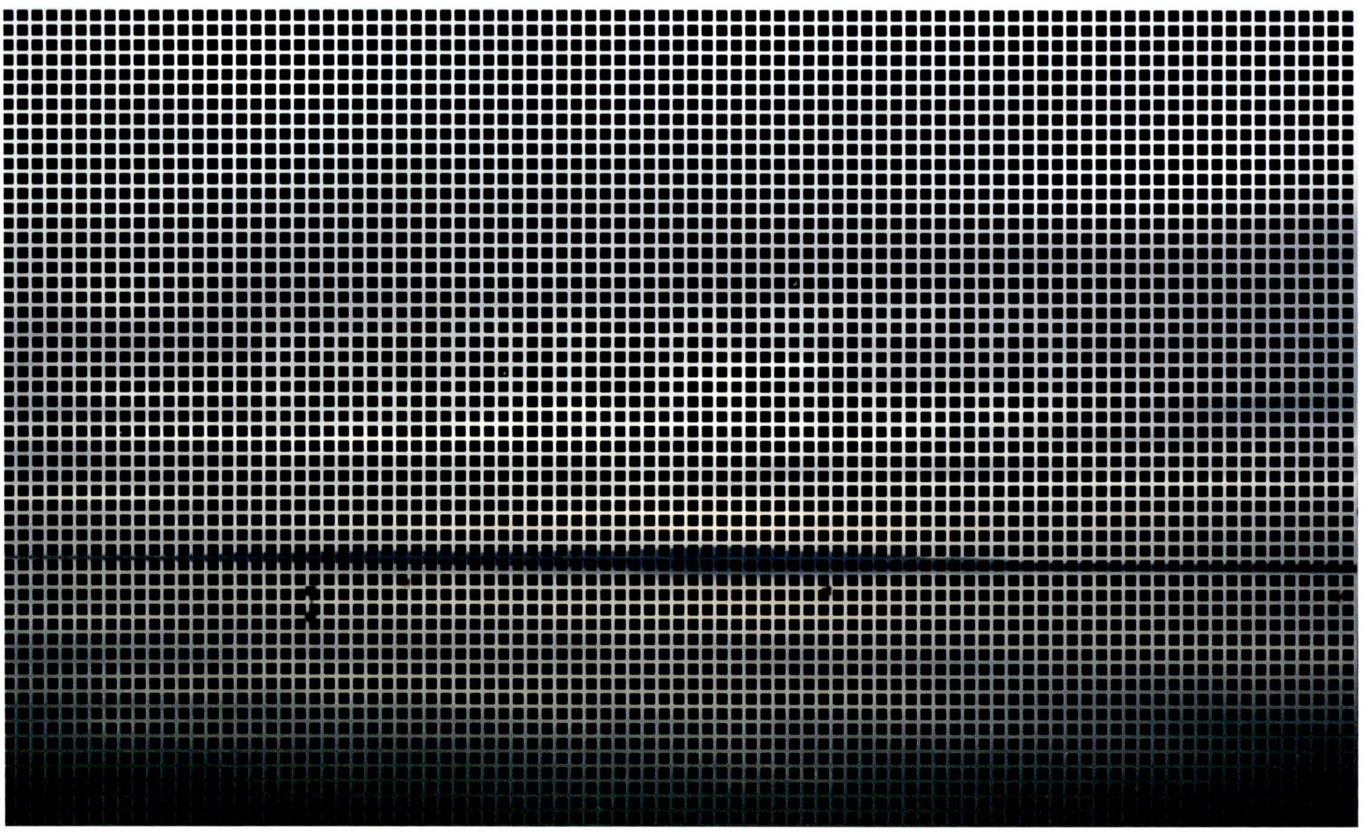

Da ist die Kamera – an die Arbeit!

IV

Jazz
flash button

OPTICAL LENS

CASIO

Nikon

Morrissey

Nikon

Die Gestaltungsmittel des Fotografen

Zu den Gestaltungsmitteln des Fotografen gehören Kameras, Licht, Farbe, Computer, Filmmaterial, Blende, Komposition, Schärfentiefe, Belichtung, Fokus, Entwicklung und Ausdruck bzw. Vergrößerung.

Alle diese Elemente beeinflussen die Qualität und die Ästhetik des Ergebnisses und werden aus diesem Grund vom Fotografen sorgfältig ausgewählt. Jeder der Fotografen in diesem Buch handhabt und kombiniert sie anders und schafft dadurch außergewöhnliche und charakteristische Arbeiten.

Zahlen verstehen

Es hat den Anschein, als sei die Fotografie eher für Mathematiker entwickelt denn als kreatives Ausdrucksmittel. Auf den ersten Blick wirken die vielen Zahlen verwirrend. In einigen Fällen scheint es sich um Rechenaufgaben zu handeln, etwa 10 x 8, 6 x 7 und $\frac{1}{250}$. Dazukommen Blendenzahlen wie 16, 64 und 2,8 und Brennweiten wie 35 mm, 50 mm und 500 mm. Es gibt die Lichtwerte, zum Beispiel +$\frac{1}{3}$, +1 oder +2, und die ISO-Zahlen, die mit der Zeit immer höher werden: 800, 1600 und 3200. Die Digitalfotografie wirbt mit astronomisch hohen Pixelzahlen und Millionen von Byte. Alle diese Zahlen werden in diesem und, zum Nachschlagen, im letzten Kapitel Nachladen (S. 230) erklärt.

Internationale Normen

In der Fotografie sind herstellerübergreifende Standards von besonderer Wichtigkeit. Ein Fotograf muss sich darauf verlassen können, dass seine Kameraeinstellungen mit den Einstellungen eines Belichtungsmessers oder Blitzgeräts eines anderen Herstellers übereinstimmen, dass Kamera und Computer kompatibel sind, und dass er den Film, den er kauft, in jedem beliebigen Labor entwickeln lassen kann.

Zu diesem Zweck haben Wissenschaftler, Ingenieure und Hersteller Standardeinstellungen und Systeme entwickelt, dank derer die Vorgehensweisen bei der Aufnahme, Übertragung und Verarbeitung von Fotos immer die gleichen sind, unabhängig davon, welche Kameras, Objektive, Filme oder Computer zum Einsatz kommen.

Mit solchen Systemen werden zum Beispiel die Lichtempfindlichkeit von Filmen und Objektivstärken angegeben oder die Farbe und Intensität von Licht eingestuft. Auch in der Digitalfotografie gibt es Standards, mithilfe derer Angaben zur Bildqualität einer Kamera, ihrer Speicherkapazität und der relativen Größe von Bildern gemacht werden können. Hinzukommen universelle Systeme zur Bildübertragung zwischen Kamera und Computer und von einem Computer zum anderen. Auch darum geht es in diesem Kapitel.

Die Kamera

Die Kamera ist das Hauptwerkzeug des Fotografen, trotzdem ist keine noch so teure oder hochentwickelte Kamera ein Garant für gute Bilder.

Das Funktionsprinzip haben alle Kameras gemeinsam. Eine Kamera ist ein Kasten mit einem Loch, durch das Licht einfällt, auf der einen und einer lichtempfindlichen Fläche, die das Bild aufzeichnet, auf der anderen Seite. Unterschiede bestehen darin, auf welche Weise und wie gut die jeweilige Kamera diese Aufgabe erfüllt.

Herstellerfirmen wollen uns immer wieder davon überzeugen, wie überholt und veraltet unsere Kameras seien. Aber all ihren Bemühungen zum Trotz hängen wir an unseren Kameras. Sie sind ein wertvoller Schatz, den wir nicht hergeben wollen, wahrscheinlich weil sie uns begleitet und geholfen haben, unsere Erinnerungen zu bewahren. Computer, Faxgeräte, Drucker und Telefone wandern wesentlich häufiger in den Müll als Kameras. Lernen Sie so viele Kameratypen wie möglich zu benutzen.

„Du kannst alles benutzen, von einer 10-x-8-inch-Kamera bis zum Passbildautomaten. Die Hauptsache ist, dass deine Botschaft verstanden wird."
Nick Knight in einem Interview in der *Vogue*, 2003

Gehäuse und Aufbau einer Kamera

Kameras sind seit ihrer Erfindung wunderbare Gegenstände. An ihrem Design und an der Konstruktion erkennt man, wann sie gebaut wurden. Alte Holzkameras sind so schön wie ein besonderes Möbelstück. Eine Lomo weckt die Erinnerung an die ehemalige Sowjetunion. Heute werden immer kleinere Digitalkameras und Kamerahandys als modische Accessoires gehandelt. Ultraschick oder im Retro-Look designt, sollen sie in jede Handtasche passen oder wie ein Schmuckstück getragen werden.

Je mehr Sie über eine Kamera und deren Funktionsweise wissen, desto mehr Kontrolle haben Sie über die Aufnahmen. Dennoch setzen die Hersteller alles daran, dem Fotografen die Kontrolle aus der Hand zu nehmen, indem sie mehr und mehr Automatikfunktionen integrieren, zum Beispiel Belichtungsprogramme, anstatt dem Fotografen Scharfeinstellung, Ausschnittwahl, Belichtung, Verschlusszeit, Einfrieren oder Blurren und den Einsatz des Blitzes selbst zu überlassen. Lernt man jedoch, eine Kamera manuell zu bedienen, kann man alle diese Aspekte gestalterisch einsetzen.

Eine Kamera braucht ein Objektiv, das die Abbildung auf die lichtempfindliche Fläche projiziert, und einen Mechanismus zur Einstellung der Entfernung. Notwendig ist ein Verschluss, damit das Licht über exakt den gewünschten Zeitraum einfallen kann, und eine größenveränderliche Öffnung zur Regulierung der auf die lichtempfindliche Fläche treffenden Lichtmenge. Zum Ausrichten der Kamera braucht sie ein Suchersystem, und bei analogen Kameras ist noch ein Mechanismus zum Transport des belichteten Films vonnöten.

Veraltete Technologie wird regelmäßig ersetzt, aber von Kameras können wir uns nur schwer trennen.

Alles auf „Kamera"

Kamerascheu, hätte ich doch meine Kamera dabei, kameragerecht, vor der Kamera stehen, mit der Kamera einfangen, versteckte Kamera, Vorsicht Kamera!

Digitalfotos lassen sich je nach Digitalkamera auf unterschiedlichen Speicherkarten sichern, zum Beispiel auf Smart Media Cards, Compact Cards und Memory Sticks.

Was ist der Unterschied zwischen einer filmbasierten und einer Digitalkamera?

Bei filmbasierten Kameras wird die Abbildung auf einem lichtempfindlichen Film erzeugt. Erst nach der Entwicklung des Films kommt das Bild zum Vorschein. Diese Kameras sind mechanische Geräte mit einigen elektronischen Bauteilen wie Belichtungsmesser und Motor.

Digitalkameras funktionieren rein elektronisch. Ihre lichtempfindliche Fläche ist ein Sensorchip. Der Chip, der sogenannte CCD *(Charged Coupled Device)*, wandelt Licht, Farben und Helligkeit einer Fotografie in elektrische Signale um und legt sie so auf einer Speicherkarte ab, auf der die Bilder bleiben, bis sie auf einen Computer oder Drucker gespielt werden können.

Die Arbeit mit Digitalkameras

Die meisten Digitalkameras sehen anders aus als filmbasierte Kameras. Sie zeigen die Abbildung auf einem kleinen LCD-Monitor auf der Rückseite der Kamera. Sofort nach der Aufnahme lässt sich das Ergebnis auf diesem Bildschirm wie auf einem Fernseher betrachten, und Sie können Fotos löschen, wenn Sie damit nicht zufrieden sind.

Bei einer analogen Kamera müssen die aufgenommenen Bilder zunächst in der Dunkelkammer oder im Fotolabor entwickelt und vergrößert werden. Ein Digitalfoto kann sofort auf den Computer geladen und vergrößert betrachtet, ausgedruckt, per E-Mail versandt oder auf Websites gestellt werden. Zur Übertragung von Bildern von einer Digitalkamera auf einen Computer nehmen Sie die Speicherkarte aus der Kamera und stecken Sie in ein mit dem Computer verbundenes Kartenlesegerät. Die Bilder können auch mit einem USB-Kabel direkt von der Kamera auf den Computer übertragen werden.

Nach der Übertragung werden die Fotos auf dem Computer gespeichert und auf der Speicherkarte gelöscht, sodass die Karte wieder verwendet werden kann. Diese sogenannte Neuformatierung ist einer der Vorteile der Digitalfotografie. Anstatt haufenweise Filme zu kaufen, können Sie dieselbe Speicherkarte immer wieder einsetzen.

Ein weiterer Vorteil der Digitalkamera ist die Möglichkeit, die Lichtempfindlichkeit der Kamera bei jeder Aufnahme zu ändern, sodass Sie ein Bild bei hellem Sonnenlicht und das nächste in dunklem Schatten aufnehmen können. Bei einer filmbasierten Kamera müsste man bei so stark veränderter Beleuchtung einen anderen Film einlegen. Eine digitale Kamera lässt sich auch Aufnahme für Aufnahme auf unterschiedliche Lichtarten einstellen. Per Knopfdruck wechselt die Kamera von einer auf Kunstlicht abgestimmten Belichtung zu einer Belichtung bei Tageslicht. Bei einer analogen Kamera muss man entweder einen anderen Film einlegen oder Filter verwenden, um Farbstiche zu vermeiden.

Digitalkameras reagieren auf Licht anders als Filme. Wenn die Bilder direkt aus der Kamera kommen, wirken sie häufig ziemlich „flau" und kontrastarm. Allerdings lassen sich die Eigenschaften eines Films am Computer wirkungsvoll simulieren.

Welche Kamera?

Auf dem Markt ist eine riesige Auswahl an Kameras erhältlich, mit unterschiedlichen Bildformaten und von unterschiedlicher Bildqualität und Auflösung. Neben herkömmlichen analogen Modellen und Digitalkameras gibt es auch noch jede Menge Spezialkameras, die weitere kreative Möglichkeiten bieten, zum Beispiel Panoramakameras, Lomo-Kameras, Unterwasserkameras, Einwegkameras und Sofortbildkameras. Lochkameras kann man ohne weiteres selbst bauen. Wählen Sie die Kamera danach aus, was für Bilder Sie damit machen wollen und wie Sie sie präsentieren bzw. verwenden wollen. Ob als kleine, mittelgroße oder wandgroße Ausdrucke, am Bildschirm oder als Druckvorlagen zur Publikation in Büchern, Zeitschriften oder Zeitungen. Damit Sie wissen, ob eine Kamera Ihren Erwartungen und Anforderungen entspricht, sollten Sie das Handbuch lesen und mit Menschen sprechen, die mit der Kamera arbeiten. Bringen Sie möglichst viel über die Vor- und Nachteile der Kamera in Erfahrung.

Die Wirkung der gewählten Kamera nach außen

Einige Kameras wirken wie wissenschaftliche Instrumente. Die Sinar 4-x-5-inch-Fachkamera könnte so in einem Physiklabor oder in einer Zahnarztpraxis stehen. Die Gandolfi 10 x 8 inch mit ihrem Gehäuse aus poliertem Holz scheint in ein gemütliches Wohnzimmer aus der guten alten Zeit zu gehören.

Die von Ihnen ausgewählte Kamera beeinflusst die Reaktionen der Menschen, die fotografiert werden, auf Sie als Fotografen. Wo die Gandolfi eventuell einladend wirkt, blickt man bei der Sinar auf ein furchteinflößendes, kalt-glänzendes mechanisches Instrument. Der Fotograf Johnnie Shand Kydd fotografierte Neapel mit einer abgenutzten, fünfzig Jahre alten Mamiya. Nicht, weil es seine einzige Kamera war, sondern weil er dachte, sie sahe wertlos aus und niemand würde sie stehlen. Was in den drei Monaten, in denen er durch die Straßen Neapels streifte, auch nicht der Fall war.

„Ich verwende verschiedene Profikameras und Filmformate, um meine Sicht auf die Wirklichkeit zu zeigen und die Wirklichkeit zu erforschen. Kameras sind eine Erweiterung meiner Wahrnehmung und ich muss sie mögen. Jedes Mittel erfüllt seinen Zweck und ich muss entscheiden, welches zu welchem Projekt passt."
Bruce Davidson, Fotograf

„Die Arbeit mit einer zweiäugigen SLR kommt mir bei Aufnahmen von fremden Menschen weniger aggressiv vor. Man schaut nach unten in die Kamera und nicht direkt in die Augen der fotografierten Personen."
Alan Latchley, Fotograf

„Bei der Arbeit mit einer Digitalkamera können Sie den Beteiligten das Bild, das Sie gemacht haben, direkt auf dem Monitor zeigen. Sie können die anderen einbeziehen, indem Sie formulieren, worum es Ihnen geht."
Adam West, Fotograf

Mit der Kamera ändert sich das Verhalten derer, die fotografiert werden, und das Arbeiten. Fabian Monheim erklärt: „Die kleine Lomo **(oben)** ist hervorragend für Porträts geeignet, denn es ist, als wäre keine Kamera zwischen dem Fotografen und dem Fotografierten. Und man ist flexibel, kann problemlos näher 'ran und weiter weg gehen." Alastair Thain zieht eine wuchtige, selbstgebaute Großformatkamera vor **(unten)**, die auf der Schiene einer Filmkamera hin- und hergeschoben wird.

Auswahl einer analogen Kamera

Die Größe des Films entscheidet über die von einer analogen Kamera gelieferte Bildqualität. Die viel größere Fläche des 5-x-4-inch-Formats bietet im Vergleich zum Kleinbildformat eine weitaus bessere Qualität und Detailzeichnung. Alle Kameras können mit beliebigen Filmtypen in der entsprechenden Größe bestückt werden: Dia-, Farbnegativ- oder Schwarz-Weiß-Film.

Die einäugige Spiegelreflexkamera für das Kleinbildformat (1)

Diese Kameras arbeiten mit Filmen mit 24 oder 36 Aufnahmen in lichtdichten Filmpatronen. Der Film wird in der Kamera zur Belichtung aus der Patrone gezogen und zurückgespult, wenn er voll ist. Durch den Filmtransport wird gleichzeitig der Verschluss gespannt. Das Wort „reflex" weist auf den eingebauten Schwingspiegel hinter dem Objektiv hin, der die Szene im Sucher einspiegelt. Beim Druck auf den Auslöser klappt der Spiegel hoch, damit das Licht auf den Film treffen kann. Aufgrund dieser Bauart sieht der Fotograf im Sucher exakt den vom Objektiv erfassten Ausschnitt. Diese Kameras sind mit einem eingebauten Belichtungsmesser ausgestattet. Auf dem Markt sind viele verschiedene Kleinbild-SLRs (für *Single Lens Reflex)* mit Wechselobjektiven erhältlich, zum Beispiel von Nikon und Pentax. Die Preise schwanken je nach Ausstattungsmerkmalen und Objektivqualität.

Diese SLRs sind leicht und bedienungsfreundlich, aber die Fotos im KB-Format werden bei starker Vergrößerung immer körniger. Andererseits gefällt Ihnen vielleicht gerade dieser Effekt.

Die einäugige Spiegelreflexkamera für das Mittelformat (2)

In diese Kamera wird 120er Rollfilm eingelegt, der auf einen Papierstreifen aufgeklebt und mit diesem zusammen auf eine Plastikspule gerollt ist. Da der Papierstreifen vorne und hinten einige Zentimeter länger ist, kann beim Einlegen/Entnehmen kein Licht auf den Film gelangen.
Ein Spiegel reflektiert die Abbildung in eine von oben einsehbare horizontale Mattscheibe. Die resultierenden, meist 6 x 6 cm großen Bilder sind mehr als vier Mal so groß wie das Filmstück einer KB-Kamera. Sowohl die Objektive als auch die Filmmagazine können ohne großen Aufwand ausgetauscht werden.

Auf dem Markt sind mehrere Typen von Mittelformatkameras mit leicht unterschiedlichen Formaten erhältlich, darunter 6 x 7 cm und 6 x 4,5 cm von Herstellern wie Hasselblad, Bronica und Pentax. Bei manchen braucht man ein Stativ, andere erlauben das Fotografieren aus der Hand. An viele Mittelformatkameras lassen sich digitale Rückteile ansetzen, die hochwertige Digitalfotos liefern.

Diese Kameras sind zwar teurer als SLRs für das Kleinbildformat, liefern dafür aber sehr gute Negative und Dias. Bei einigen Modellen steht die Abbildung im Sucher auf dem Kopf.

Die 5-x-4-inch-Großformatkamera (3)

Die Großformatkamera, auch Laufboden- oder Fachkamera genannt, wird in der Regel auf ein Stativ aufgesetzt. Auf einer Mattscheibe sehen Sie exakt die vom Objektiv erfasste Abbildung. Nach der Anordnung der Bildelemente auf der Mattscheibe wird das Objektiv geschlossen und eine lichtdichte Planfilmkassette anstelle der Mattscheibe in die Kamera eingesetzt. Für die Aufnahme wird der Kassettenschieber entfernt und der Verschluss zur Belichtung ausgelöst. Dann wird der Kassettenschieber wieder eingesetzt, damit der Film bis zur Entwicklung vor Lichteinfall geschützt ist. Die wenigen auf dem Markt erhältlichen Großformatkameras werden unter anderem von Sinar und Deardorff hergestellt.

Die Großformatkamera bietet eine überragende Bildqualität, denn sie zeichnet selbst mikroskopisch kleine Details auf. Das Bild auf der Mattscheibe steht seitenverkehrt auf dem Kopf, was die Komposition erschwert.

Großformatkameras können mit digitalen Rückteilen bestückt werden, die Digitalfotos in hervorragender Qualität liefern.

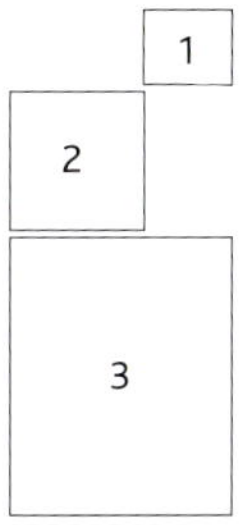

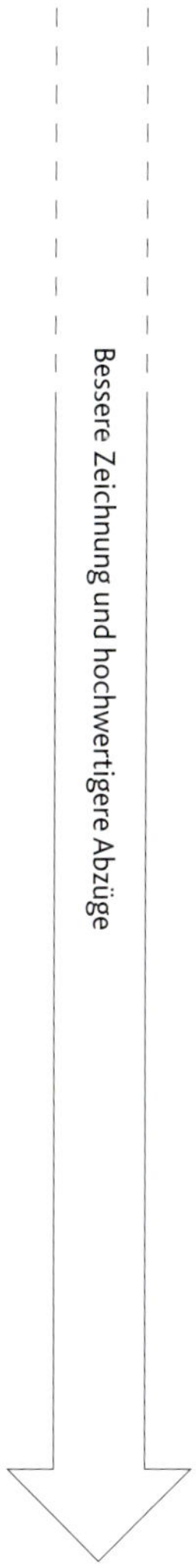

Auswahl einer Digitalkamera

Vor dem Kauf einer Digitalkamera sollten Sie entscheiden, welche Art von Fotos Sie machen wollen und wie Sie weiter mit ihnen verfahren wollen. Sollen die Bilder groß in einer Galerie ausgestellt werden? Wollen Sie die Fotos in kleinem Format ausdrucken oder sie am Bildschirm präsentieren? Sollen sie stark nachbearbeitet werden?

Die Bildgüte eines Digitalfotos hängt von der Qualität des Kameraobjektivs und der Größe des Kamerasensors, von der maximalen Pixelzahl und von der Art, wie die Kamera die aufgezeichneten Informationen speichert, ab.

Megapixel und Auflösung

Jedes Pixel auf einem Digitalfoto ist ein gleichmäßiger Farbblock. Je größer die Zahl der Farbblöcke, aus denen sich ein Foto zusammensetzt, desto besser sind Zeichnung und Qualität. Neben der Zahl der Megapixel ist das Format des Kamerasensors entscheidend für die Qualität der Daten. Ein kleiner Bildsensor mit hoher Auflösung hat ein sehr starkes Bildrauschen, das heißt viele Pixel in falschen Farben, die bei der Vergrößerung sichtbar werden und die Bildqualität verschlechtern.

Anhand der maximalen Pixelzahl, mit der die Kamera ein Bild aufzeichnen kann, und den Abmessungen des Sensors lässt sich die beste erreichbare Auflösung ermitteln. Aufgrund ihrer winzigen Größe werden Pixel in Millionen angegeben. Eine Million Pixel ist ein Megapixel. Eine Kamera mit einem Megapixel kann Bilder mit maximal einer Million Pixel aufzeichnen usw.

Wenn maximale Qualität nicht erforderlich ist, kann ein Foto, unabhängig von der Leistungsfähigkeit der Kamera, immer auch mit niedrigerer Auflösung aufgenommen werden.

Dateiformate

JPEG und RAW sind die beiden gängigsten Formate zur Speicherung von Digitalfotos. Mit dem JPEG-Format wurde ein universelles Standardsystem zum Speichern, Betrachten und Versenden von Bildern geschaffen, das bei geringem Qualitätsverlust besonders wenig Speicherplatz benötigt. Die Dateien können von jeder Computer-Software gelesen werden.

Die professionelle RAW-Dateien enthalten die vom Kamerasensor aufgezeichneten Rohdaten und müssen am Computer bearbeitet werden. Sie bieten höhere Qualität, größere Flexibilität und mehr Kontrolle, aber man braucht eine spezielle Software zum Ansehen und Bearbeiten der Aufnahme und mehr Speicherplatz. Nicht alle Digitalkameras können sowohl JPEG- als auch RAW-Dateien aufzeichnen.

Kostengünstige Digitalkameras

Die meisten kostengünstigen Kompaktkameras und Fotohandys sind nicht für Schnappschüsse geeignet, weil es eine Verzögerung zwischen dem Betätigen des Auslösers und der Aufnahme gibt, da die Kamera Zeit zur Scharfeinstellung und Belichtungsermittlung braucht. Sie sind häufig auch nicht mit einem optischen Zoom ausgestattet, der die Glaslinsen des Objektivs hin-

und herschiebt und die volle Qualität des Sensors nutzt, sondern mit einem Digitalzoom, mit dem lediglich die Pixel in dem entsprechenden Bildbereich digital vergrößert werden.

Kameras mit niedrigerer Pixelzahl arbeiten nur im JPEG-Format. Die Resultate sehen am Bildschirm ordentlich aus, reichen aber selbst für kleinere Ausdrucke kaum aus. Solche Kameras eignen sich als „Notizbuch" und für Fotos, die per E-Mail versendet werden sollen.

Digitale Kompaktkameras

Digitale Kompaktkameras verfügen über eingebaute Objektive mit optischem Zoom und ermöglichen verschiedene Aufnahmemodi. Das verwendete Format ist meist JPEG, einige Modelle sind auch mit einer Videofunktion ausgestattet. Digitale Kompaktkameras liefern Daten für kleine und mittelgroße Ausdrucke in guter Qualität.

Digitale Spiegelreflexkameras

Gute digitale SLRs liefern Bilder in druckreifer Qualität. Sie zeichnen die Daten wahlweise sowohl im JPEG- als auch im RAW-Format auf und sind mit Wechselobjektiven, zahlreichen Aufnahmemodi und häufig auch mit einer Videofunktion ausgestattet. Mit zunehmender Pixelzahl und Sensorgröße steigt ihr Preis.

Mega-Megapixel

Eine noch höhere Pixelzahl bieten digitale Rückteile, die an Mittelformatkameras und an Großformatkameras angesetzt werden können. Sie zeichnen Bilder meist im professionellen RAW-Format auf. Solche Kamerarückteile zeichnen sich durch eine außerordentliche Auflösung aus.

Gigabyte und Speicherkarten

Die Speicherkarten in Digitalkameras können nur eine begrenzte Menge von Informationen speichern. Wenn die Karte voll ist, müssen die Fotos auf den Computer übertragen werden, damit die Karte neu formatiert und verwendet werden kann. Eine Karte, die viele Informationen sichern kann, hat eine hohe Speicherkapazität. Das Maximum an Information, das eine Karte speichern kann, wird in Gigabyte (GB) angegeben. Je mehr Megabyte eine Karte speichern kann, desto größer ist ihre Speicherkapazität. Je höher die Speicherkapazität, desto teurer die Karte.

Die Größe jedes aufgezeichneten Fotos wird in Megabyte angegeben. Mit geringerer Auflösung aufgenommene Bilder haben wenige Megabyte, Fotos mit sehr hoher Auflösung hingegen viele. Bei jedem Bild kann eine andere Auflösung eingestellt werden. Da die Fotos in unterschiedlichen Auflösungen abgespeichert werden können, hängt die Anzahl der Fotos, die auf eine Karte passen, von der Auflösung der Bilder ab.

Beim Fotografieren mit maximaler Auflösung verbraucht man viel Speicherplatz. Das Löschen von Bildern, die nicht gebraucht werden, schafft jedoch wieder Platz.

Besondere Kameras

Die Leica

Die im Jahr 1925 eingeführte Leica war die erste Kleinbildkamera der Welt. Die Ausschnittwahl erfolgte mit Hilfe eines Suchersystems auf der Kamera, dem sogenannten Messsucher. Die Schnelligkeit, das geringe Gewicht und der nahezu geräuschlose Betrieb revolutionierten die Fotografie.

Eine besondere Rolle spielte die Kamera für den Fotojournalismus, Henri Cartier-Bresson und Martin Munkacsi arbeiteten mit Leicas (*siehe* Mode, S. 66, und Mit Fotos Geschichten erzählen, S. 72.)

Die Minox

Die legendäre „Spionagekamera", die in zahlreichen James-Bond-Filmen zum Einsatz kam, liefert 8 x 11 cm große Bilder. Präzise wie ein Uhrwerk und mit einem guten Objektiv ausgestattet, bringt die winzige Kamera für ihre Größe erstaunlich gute Resultate.

Die Lomo – aus der Hüfte geschossen

Die Lomo-Kompaktkamera ist eine robuste, kostengünstige, leichte und handliche Kleinbildkamera, die in St. Petersburg in Russland hergestellt wird. Sie begeistert viele Fotografen wegen ihrer Bedienungsfreundlichkeit und der Belichtungsautomatik, die selbst bei schwachem Licht verlässlich die richtige Belichtungszeit wählt. Anders als bei den meisten anderen Kompaktkameras kann der Verschluss viele Sekunden oder sogar Minuten lang geöffnet bleiben.

Die Linse intensiviert die Farben und produziert an den Rändern eine leicht dunklere, unschärfere Abbildung – das ist der typische Lomo-Look. Die passionierte Fangemeinde dieser Kamera, die Lomografen, organisieren regelmäßig Ausstellungen, veröffentlichen Bücher und haben das „Lomo World Archive" ins Leben gerufen.

Als Lomo die Einstellung der Produktion der Kompaktkamera bekannt gab, baten die Lomografen, unterstützt von russischen Politikern wie Wladimir Putin, der daraufhin zum Lomografen ehrenhalber ernannt wurde, erfolgreich um die Wiederaufnahme.

Eine der neu entwickelten Kameras, die das Repertoire der Lomografie ergänzen, ist die Colorsplash mit Farbwechselfiltern.

Lochkamerafotografie – die selbstgebaute Kamera

Jeder Fotograf sollte sich einmal an der Konstruktion einer Lochkamera versuchen, zum Beispiel aus einer Streichholzschachtel, einem Schuhkarton, einer Filmdose oder einem Mülleimer. Lochkameras gibt es zwar auch zu kaufen, aber das Selberbauen macht mehr Spaß. Die zur Erzeugung einer Abbildung notwendige Belichtungszeit hängt von der Größe des Lochs und der zu belichtenden, lichtempfindlichen Fläche ab. Manche Fotografen verwenden einfach Fotopapier. Bei der Entwicklung ergibt sich ein negatives Bild, von dem dann im Kontaktverfahren ein Positiv erstellt wird. Auch eine

Dieses Bild wurde mit einer Colorsplash aufgenommen **(unten)**.

„Manche Menschen fotografieren nur beim Sonntagsausflug. Andere sind so knauserig, dass sie es fertig bringen, auf demselben Film zwei Weihnachtsfeste abzulichten. Lomographen sind das genaue Gegenteil."

„Wenn man eine Kamera auf die konventionelle Art verwendet, weiß man im Voraus, was herauskommt. Mit der Lomo macht man Bilder, Bilder, Bilder. Das Ergebnis sind fantastische, lustige, zufällige Aufnahmen. Lomografie bedeutet, unbekümmert zu fotografieren."
Fabian Monheim, Lomo-Botschafter in Großbritannien

Die Lochkamera-Postkarten von Guy Patterson **(oben)** werden mit Sonnenlicht gedruckt.

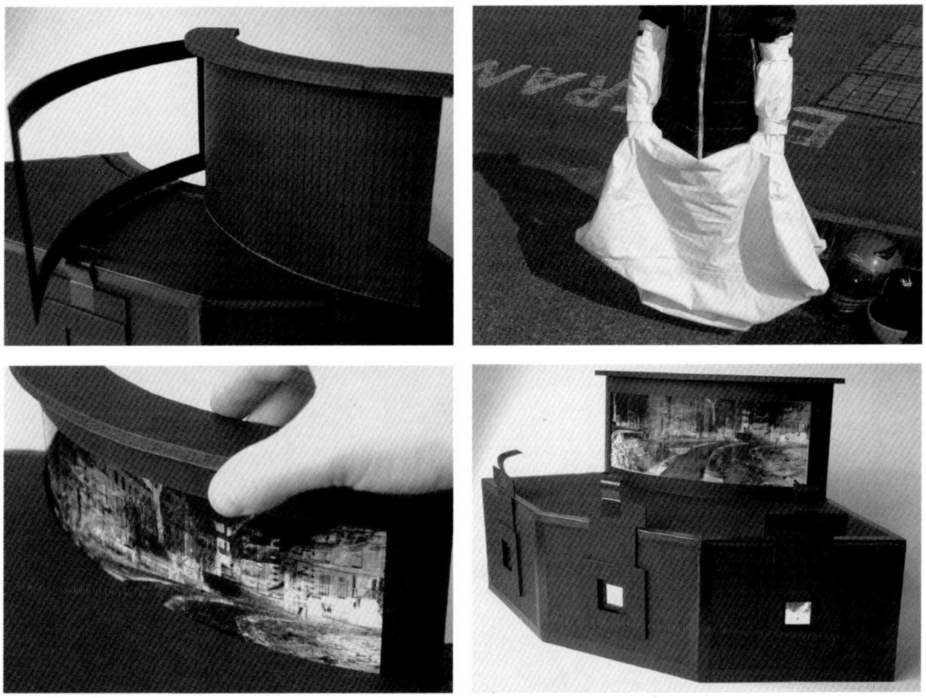

In Paula Indrontinos Dreifach-Lochkamera wird die Abbildung auf einer gebogenen Fläche erzeugt. Oben rechts ihre selbstgenähte Jacke zum Austauschen des Papiernegativs vor Ort.

konventionelle analoge oder eine Digitalkamera können zu einer Lochkamera umfunktioniert werden, indem die Linse entfernt und durch ein Stück schwarze Pappe ersetzt wird, in das Sie ein Loch bohren.

Das Fotografieren mit Lochkamera bietet eine Vielfalt von kreativen Möglichkeiten. Der Fotograf Steven Pippin baute Lochkameras aus alten Waschmaschinen. Er legte das zu belichtende Papier in die Trommel und führte Waschgänge mit Fotochemikalien durch. Mit einer Kamera mit mehreren Löchern lassen sich die Experimente weiter fortsetzen.

Der Künstler Guy Patterson schickt aus dem Urlaub selbstgemachte Lochkamera-Postkarten. Er fotografiert mit einer alten Kaffeedose auf Lithfilm und druckt die Aufnahmen im Cyanotypieverfahren mit hellem Sonnenlicht.

„Die Lochkamera ist das Fundament der Fotografie. Man braucht nichts weiter als diesen schwarzen Zauberkasten. Durch die Lochkamera kann man nicht hindurchschauen, also müssen Sie sie da platzieren, wo Sie ein gutes Bild vermuten. Als ich meine Keksdosen-Lochkamera auf der Covent Garden Piazza [in London] aufstellte, fragten mich viele Leute: ‚Was machen Sie da? Springt gleich ein Kaninchen aus dieser Dose?' Ich antwortete: ‚Nein, ich mache ein Foto.' Sie starrten auf das Loch und fragten, ob da eine Kamera drin wäre. Ich sagte: ‚Nein, das ist die Kamera.'"
Neil Onslow, Fotograf und Lehrer

Die Diana

Die Diana, hergestellt von der Great Wall Plastic Company in Hongkong, ist eine Mittelformatkamera aus Kunststoff, die mit 120er Rollfilm bestückt wird. Ihre Bauart sorgt für Überraschungen bei den Ergebnissen. Streulicht fällt auf den Film, und das Bild im Sucher weicht etwas stärker als üblich von dem Ausschnitt, den das Objektiv erfasst, ab. Hinzukommt, dass die Fotos im Zentrum scharf und an den Rändern leicht verschwommen sind. Der Verschluss lässt sich immer wieder öffnen, so kann man den Film mehrfach belichten. Keine zwei Diana-Kameras, so scheint es, funktionieren genau gleich. Die Great Wall Plastic Company stellte viele Modelle dieser Kamera her, meist mit extravaganten Namen wie Debonair, Harrow Delux und Leader.

Polaroidkameras

Mary Ellen Mark nahm ihre Serie *Zwillinge* mit der großen 20-x-24-inch-Polaroidkamera auf, mit der auch Andy Warhol und Arnold Newman arbeiteten.

Die Polaroid-Fotografie bringt wie die Daguerreotypie ein Unikat hervor. Die Kamera wurde in den 1940er Jahren von Edwin Land erfunden, nachdem er von seiner dreijährigen Tochter gefragt worden war, warum sie die Bilder, die er von ihr gemacht hatte, nicht sofort sehen könne. Während das belichtete Negativ durch die Kamera geführt wird, zerplatzt ein Beutel mit Entwicklungschemikalien, die von Walzen verteilt werden, und innerhalb von etwa einer Minute entsteht ein Positiv.

Die massenhafte Verbreitung der Polaroidfotografie begann mit der Einführung der legendären SX70 Anfang der 1970er Jahre. Der Künstler Lucas Samaras experimentierte als einer der Ersten mit allen möglichen künstlerischen Eingriffen in den kurzen Entwicklungsprozess.

Der britische Fotograf David Bailey fotografierte mit der SX70, damals die fortschrittlichste Kamera der Welt, Eingeborene in Papua-Neuginea. Sie hielten die Polaroidfotos für einen „nutzlosen Spiegel", in dem sich nichts veränderte, und wandten sich enttäuscht ab.

Die große 20-x-24-inch-Polaroidkamera soll aus einer alten Reprokamera hervorgegangen sein, die mit einem Polaroid-Rückteil bestückt wurde, um damit ein Geburtstagsporträt von Howie Rogers, dem Erfinder des Polaroid Polacolour-Films, aufzunehmen. Edwin Land gefiel das Ergebnis so gut, dass seine Firma fünf solcher Kameras herstellte, die heute noch weltweit in Gebrauch sind: Sie sind 1,5 m hoch und 100 kg schwer.

Mit der Action-Sampler-Kamera werden Sie zum Mini-Muybridge.

Die Holga, die Lubitol und Mehrlinsenkameras

Die Holga ist eine leichte Mittelformatkamera komplett aus Kunststoff – sogar die Linse ist aus Plastik –, mit einer festen Verschlusszeit, die sich auch ganz einfach in eine Lochkamera verwandeln lässt. Die Lubitol ist eine Mittelformatkamera aus dem Hause Lomo. Weitere interessante Kameras zum Ausprobieren sind der Action Sampler, eine Vier-Linsen-Kamera wie auch der technisch simple Super Sampler mit Reißleine, der Oktomat mit acht Linsen, die Pop9 mit goldglänzendem Gehäuse und die Action Shot 16. Alle diese Kameras arbeiten mit Kleinbildfilm und garantieren wunderbare, unberechenbare Bildsequenzen.

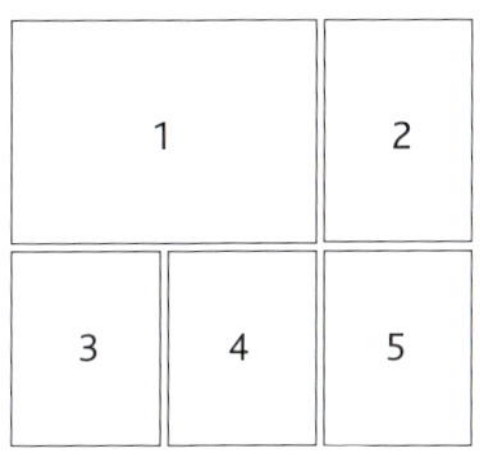

1. Der Fotograf Fabian Monheim mit einem Action Tracker. 2. Farb-Lochkamera mit mehreren Löchern, von dem Fotografen und Lehrer Tim Marshal aus einer Kinofilmdose gebaut. Indem er das Klebeband über den einzelnen Löchern abzieht, kann er auf einem rund zugeschnittenen Blatt Farbfotopapier mehrere Aufnahmen machen. 3. Die Gameboy-Kamera von Nintendo. 4. Die Snap-Kamera, die über ein USB-Kabel direkt mit dem Computer verbunden wird. 5. Das „Porträtstudio", der Passbildautomat im neuen Gewand.

FREE POT
D IS FOR DADDY
TOWN SNAKE ALERT
Bowling
Mini-Golf
Meals
FILM
ANTIBACTERIAL
Easy
tasty
BALANCE
£361.52-
AVAILABLE

Kamerahandys und Handyfotografie

Das Fotografieren und Versenden von Bildern mit Fotohandys bietet großartige neue Möglichkeiten Bilder zu machen und zu verwenden (siehe Seite gegenüber). Nicht nur hat die Auflösung sich enorm verbessert, die integrierten Kameras sind längst mit Zoomobjektiven, Blitz usw. ausgestattet. Die Fotos können in passabler Qualität ausgedruckt werden. Das Fotohandy findet zunehmend in der Zeitungsfotografie Verwendung, wo Qualität nicht das wichtigste Kriterium ist.

Einwegkameras

Einwegkameras bieten die Gelegenheit, Bilder einmal anders aufzunehmen als mit konventionellen Kameras bzw. an Orten, an die man eine teure Kamera nicht mitnehmen will. Es gibt spezielle Einwegkameras für Panorama- und Unterwasserfotografie und Modelle mit Blitz.

Das peinliche Zeitungsfoto von Englands Fußballerstar Paul Gascoigne acht Tage vor Beginn der Weltmeisterschaft 1998 Kebab-essend im Londoner Stadtviertel Soho, wurde mit einer Einwegkamera gemacht. Ein Journalist entdeckte Gascoigne in der Menge, wohl wissend, was die Regenbogenpresse für dieses Bild geben würde, investierte er in einem Laden um die Ecke ein paar Pfund in eine Kamera. Das Foto brachte ihm viele tausend Pfund ein.

Der Passbildautomat – hinter dem geheimnisvollen Vorhang

Ab 1914 mussten amerikanische Pässe zum Nachweis der Identität mit einem Passbild versehen sein. Als eine billige Alternative zum Studioporträt kam der münzbetriebene Passbildautomat auf den Markt. Die ersten Passbildautomaten standen an Bushaltestellen und Bahnhöfen und lieferten acht Bilder in acht Minuten. 1926 kreierte der Künstler André Breton mit dem ersten Passbildautomaten in Paris „surrealistische" Bilder von sich und seinen Freunden, unter ihnen Salvador Dalí (*siehe* Das ideale Modell, S. 35.)

Der Künstler Dick Jewell schuf ein „passbildtaugliches Fotoalbum". Er griff damit den gleichlautenden Hinweis an den Automaten auf, mit dem versichert wird, dass Qualität und Format der Bilder amtlichen Anforderungen entsprechen – und produzierte Tausende von Fotostreifen, auf denen kein einziges Bild je in einem Pass verwendet werden könnte. Er fand heraus, dass er die Beleuchtung in der Kabine durch das Abdecken einiger der Blitzgeräte verändern und Seitenlicht erzeugen konnte. Wenn er alle Lichtquellen verdeckte, konnte er sogar eine eigene Beleuchtung nutzen, zum Beispiel Kerzen oder Taschenlampen. Er schuf Sequenzen mit Handlungsabläufen, die sich unmöglich in den wenigen Sekunden zwischen den Blitzen hätten abspielen können. Er benutzte Spiegel und Requisiten, arrangierte komplexe, von Busby Berkeley inspirierte Porträts, klassische Stillleben und ein Automaten-Porträt von Leonardo da Vincis *Mona Lisa*. Einige Bilder sind so inszeniert, dass es wirkt, als wären sich die Menschen darauf der Kamera gar nicht bewusst.

Handyfotografie

Fotos von Jo Jackson, Tom Vek, Harriet Banks und Rory Brady, Kamera: Nokia-Fotohandys **(gegenüber)**

„Es wird eine eigene Sprache werden. Irgendwann werden die Menschen mit Fotos kommunizieren wie per SMS, wie mit Worten."
Fotograf Tom Hunter in einem Interview mit *The Guardian*, 2004

Büroangestellte in Tokio an einem Purikura-Automaten, einer modernen Variante des Passbildautomaten, die Fotosticker produziert.

Auch Andy Warhol arbeitete mit Fotoautomaten. Die Bilder sollten komplett von einer Maschine erzeugt werden, von den Fotos fertigte er dann Siebdrucke an. Die Künstlerin Babette Hines trug eine Sammlung von Tausenden von Automatenbildern zusammen, aufgenommen über einen Zeitraum von achtzig Jahren, und der Filmregisseur Brett Ratner stellte in seinem Haus in Hollywood einen gebrauchten Passbildautomaten auf, in dem sich seine Gäste – Film- und Popstars – fotografieren konnten.

Der Purikura-Automat ist eine Variante des Passbildautomaten, die seit einigen Jahren in Japan sehr beliebt ist. Er liefert farbige Fotosticker.

Stereofotografie

Ein Stereo-Bildpaar **(Mitte)** von Gary Welch, aufgenommen mit einer selbstgebauten Kamerakonstruktion **(ganz oben)**. Beim Ansehen der beiden Fotos durch ein stereoskopisches Betrachtungsgerät **(oben)** entfaltet es eine besondere Wirkung. Die doppelte Bilderfassung bedeutet die doppelte Menge an „Bildinformation" im Vergleich zu einem einzelnen Foto.

Stereokamera

Stereofotos erwecken den Eindruck von einer räumlichen Ansicht. Die Bildpaare werden mit Kameras mit zwei Objektiven aufgenommen, die in etwa den gleichen Abstand voneinander haben wie unsere Augen, und zwei Ansichten derselben Szene aufnehmen. Bei der Betrachtung der Bilder durch ein zweiäugiges Betrachtungsgerät, das sogenannte Stereoskop, wirken die Fotos dreidimensional.

Die ersten Stereofotos entstanden in den 1850er Jahren. Die zur Betrachtung der Bilder notwendigen Stereoskope waren die Fernsehgeräte jener Tage, reich verziert, höhenverstellbar und auf geschnitzten Beinen stehend, sodass sie in jedes Salon-Interieur passten. Auch der produktive Jacques-Henri Lartigue beschäftigte sich mit der Stereofotografie.

Die beiden Fotografen Gary Welch und Doug Southall machen auch heute noch faszinierende Stereoaufnahmen. „Die Reaktion der Menschen auf Stereofotos ist faszinierend. Sie sind hin und weg. Sie schauen sich die ganze Szene an und gucken in jede Ecke. Sie vertiefen sich. Das Bild ist eben realer als ein flaches Foto", sagen die Künstler. „Diese Bilder machen Galerien überflüssig. Ein intensives Seherlebnis kann man überall haben."

Fotokopierer und Scanner als Kamera

Dick Jewell beschreibt seine Experimente mit dem Fotokopierer: „Ich hatte schon versucht, mit Farb- und Schwarz-Weiß-Kopierern Porträts zu machen und den Raum unter dem Deckel als Fotostudio zu nutzen, indem ich verschiedene Objekte auf die Glasplatte legte, da bekam ich einen Anruf, weil ich sofort Fotos für ein Bandposter machen sollte. Ich hatte keine Kamera bei mir, also steckte ich die Köpfe der Musiker einfach in den Fotokopierer."

Ein Fotokopierer bietet weitere Möglichkeiten. Er kann Bilder auf Acetat- oder Transparentpapier kopieren und Kontaktabzüge herstellen oder die Bilder während des Kopiervorgangs auf der Glasplatte verschieben.

Computer-Scanner, medizinischer Scanner, Sicherheitsscanner – alle diese Geräte kann man auch für fotografische Experimente einsetzen. Der Ganzkörperscanner liefert sogar eine 360°-Ansicht des Körperinneren.

Die raue, körnige Qualität der Bilder einer Sicherheitskamera wurde schon für Mode-, Porträt- und Werbefotos genutzt.

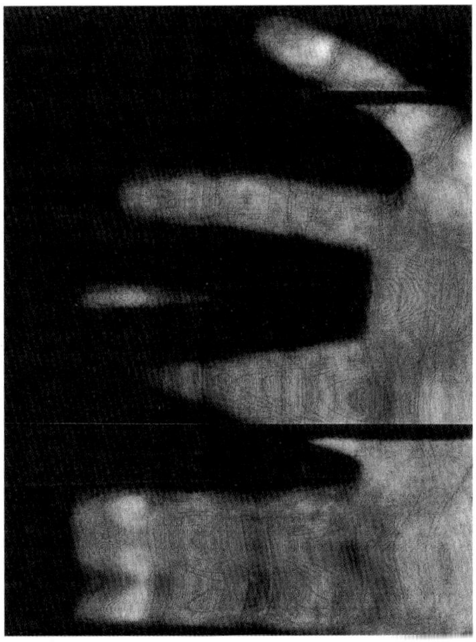

Der Fotokopierer lässt sich zum Sofortbild-Studio umfunktionieren.

Scanner als Kamera

Michael Golembewski baute eine Scannerkamera aus einem Filmscanner, Holzkisten und einem Objektiv (**unten**). Bei der Aufnahme bewegter Objekte komprimiert die Kamera die Bewegung. Die Bilder (**rechts**) zeigen zusammengedrückte fahrende Autos und eine mittels Bewegung deformierte Person. Von den Fotos können Abzüge in Plakatwandgröße erstellt werden.

Wärmebild- und Nachtsichtkameras

Mit Infrarot- und Nachtsichtkameras aus den Bereichen Medizin, Sicherheit, Militär und Brandschutz können in der Porträt-, Landschafts-, Stillleben- und Modefotografie große Effekte erzielt werden. In dem Film *The Blair Witch Project* zum Beispiel wurde die Nachtsichteinstellung eines Camcorders innovativ genutzt.

Panoramakameras

Das Wort „Panorama" leitet sich von den griechischen Wörtern *pan* für alles und *horama* für Anblick ab. Ein Panorama ist eine Rundumsicht von einem festen Standpunkt aus. Die erste Panoramakamera, von ihrem Erfinder Megaskop genannt, wurde 1845 von Friedrich von Martens in Paris gebaut. Mit der Schwinglinsen-Kamera, die er mit langen, dünnen, biegsamen Daguerreotypie-Platten bestückte, nahm er atemberaubende Bilder von der Aussicht vom Dach des Louvre aus auf. Experimentieren Sie auch mit Sicherheitskameras, Zeitrafferaufnahmen, Computertomografien, Unterwasserkameras, Streak-Kameras, Satelliten- und Ultraschallfotos und einer auf Einzelbildmodus eingestellten Filmkamera.

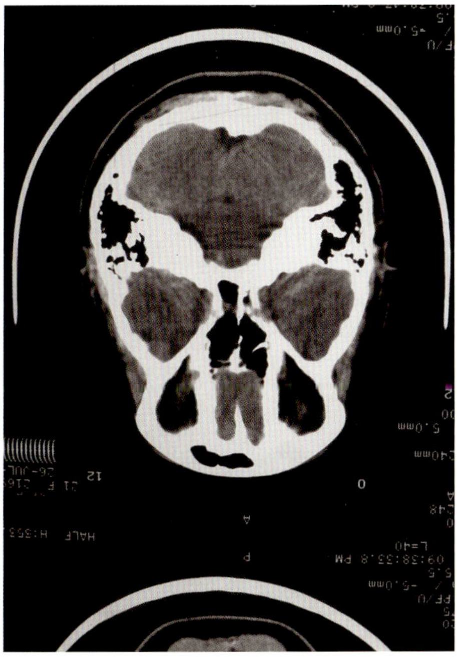

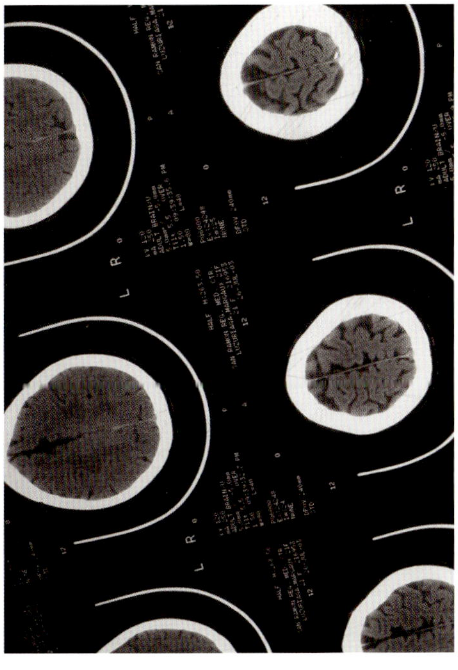

Kamerafunktionen

Objektive

Würden mehrere Fotografen aufgefordert, gleichzeitig dieselbe Szene zu fotografieren, wären die Resultate völlig unterschiedlich. Jeder sieht etwas anderes und stellt seine Kamera dementsprechend anders ein. Der Zeitpunkt der Auslösung ist nicht die einzige individuelle Entscheidung. Der Fotograf wählt das Objektiv, steuert Scharfeinstellung, Verschlusszeit und Blende. Er hat die Wahl zwischen vielen verschiedenen Möglichkeiten, und zusammen üben diese Faktoren einen erheblichen Einfluss auf das Ergebnis aus.

Das Objektiv ist das Auge der Kamera. Licht, das auf einen Gegenstand trifft, wird von dessen Oberfläche reflektiert. Sowohl das menschliche Auge als auch das Objektiv sehen einen Gegenstand, sobald die geraden Lichtstrahlen von einer Linse gebündelt werden und eine Abbildung erzeugen. Von unseren Augen wird das Bild zum Gehirn übertragen, bei der Kamera landet die Abbildung auf dem Film oder dem digitalen Chip. Die Reichweite der menschlichen visuellen Wahrnehmung ist unveränderlich, aber die Kamera mit ihren Wechselobjektiven und Zooms „sieht" nähere und entferntere Objekte und breitere Ansichten, als mit bloßem Auge möglich wäre.

Fotografische Objektive bestehen aus mehreren gebogenen Glaslinsen in einem Tubus, die so geformt und positioniert sind, dass optische Fehler und Verzerrungen minimiert sind. Die meisten Linsen sind konvex, das heißt, in der Mitte dicker als an den Rändern. Bei einer Linse, die in der Mitte sehr dick und daher stark gewölbt ist, ist der Abstand zwischen Linse und Brennpunkt, in dem die von einem Objekt reflektierten Lichtstrahlen zusammenlaufen, viel geringer als bei einer dünneren, weniger stark gekrümmten Linse. Mit der Angabe der Entfernung zwischen Linse und Brennpunkt in Millimetern wird beschrieben, inwieweit ein Objektiv die Szene verkleinern oder vergrößern kann. Dies ist die sogenannte Brennweite, die auf der Fassung oder am Rand des Objektivs abgelesen werden kann. Mit kurzen, mittleren oder langen Brennweiten lassen sich vollkommen andere Ansichten derselben Szene erfassen. Die Auswahl der Brennweite ist eine gestalterische Entscheidung des Fotografen.

Kurze Brennweite/Weitwinkelobjektive

Objektive mit einer kurzen Brennweite sind Weitwinkelobjektive, das heißt sie haben einen großen Bildwinkel. Aufgrund ihrer starken Krümmung kann die Linse sehr viel von einer Szene erfassen. Gängige Weitwinkelobjektive für Kleinbildkameras haben die Brennweiten 24 mm und 28 mm. Die Brennweite beschreibt das Objektiv, ein Objektiv mit einer Brennweite von 24 mm wird 24-mm-Objektiv genannt.

Das Weitwinkelobjektiv kam früher fast nur bei Landschaftsaufnahmen zum Einsatz, bis kreative Fotografen begannen, sein Potenzial auszuloten.

Siehe billbrandt.com

Inspiriert von Orson Wells' Film *Citizen Kane* nahm Bill Brandt in den 1940er und 50er Jahren eine bahnbrechende Aktserie mit kurzer Brennweite auf, für die er seine Modelle in leeren Räumen so positionierte, dass eine maximale Verzerrung entstand.

William Klein zog in den 1950er Jahren mit dem Weitwinkelobjektiv auf die Straße, als er den Auftrag bekam, New York zu fotografieren. Er bezeichnete sich selbst als „Pseudo-Anthropologen", seine Methode als „Tabulosigkeit" und stieß den Menschen seine Kamera geradezu ins Gesicht. Er provozierte Reaktionen aller Art, von Freude bis Wut, und schuf ein dynamisches Chaos. Die Stadt scheint sich ihren Weg in die Kamera zu kämpfen.

Bill Brandt, *Belgravia*, 1951
Bill Brandt verlieh seinen Bildern mit dem Weitwinkelobjektiv Dramatik.

Normale Brennweite/Normalobjektiv

Das Objektiv, das an einer Kleinbildkamera in etwa den gleichen Bildwinkel erfasst wie das menschliche Auge, ist das 50-mm- oder Normalobjektiv. Diese Brennweite liegt zwischen der eines Weitwinkel- und der eines Teleobjektivs.

Henri Cartier-Bresson arbeitete mit einem Normalobjektiv, eben weil es eine ähnliche Ansicht liefert wie das Auge. Angeblich hat er fast eine Million Fotos gemacht, ohne je ein Weitwinkelobjektiv einzusetzen. Er wollte die beobachtete Szene ohne jede Verzerrung wiedergeben. Außerdem war er der Ansicht, dass ein Fotograf unbemerkt arbeiten sollte, ohne in eine Szene einzugreifen, was ihn von William Klein unterscheidet.

Lange Brennweite/Teleobjektiv

Leicht gekrümmte Linsen führen zu einer Bündelung der von einem Objekt reflektierten Lichtstrahlen in einem vom Objektiv weit entfernten Punkt. Sie werden als langbrennweitig oder Teleobjektive bezeichnet, erfassen einen kleineren Bildwinkel und vergrößern die Szene. Gängige Teleobjektive für das Kleinbildformat sind 135-mm-, 300-mm- und 500-mm-Objektive.

Im Sucher sieht man die vom Objektiv erfasste Abbildung, die auf eine Einstellscheibe reflektiert wird. Manche Kamerasucher zeigen etwas weniger, als auf dem Film oder CCD wiedergegeben wird.

Langbrennweitige Objektive wurden ursprünglich für Situationen entwickelt, in denen eine zu große Nähe zum Geschehen gefährlich für den Fotografen oder verboten war. Wieder war es der Fotorevoluzzer William Klein, der als Erster diese Optik in der Modefotografie kreativ einsetzte. Für *Vogue* sollte er ein Kleid mit auffälligen Streifen fotografieren. Er wies seine Models an, mitten in Rom zur Hauptverkehrszeit auf einem Zebrastreifen hin- und herzugehen, und fotografierte aus einer Entfernung von fünfhundert Metern ihren Kampf durch das Gewühl. „Etwas wie Klein ist vorher noch nie passiert. Er ging bis an die Grenzen", schwärmte *Vogues* legendärer Artdirector Alexander Liberman. „Mit seinen Tele- und Weitwinkelaufnahmen gab er uns eine ganz neue Perspektive." (*Siehe* Eleganz und Elefanten, S. 69, und Eine abgedrehte Klatschzeitung, S. 88)

Zoomobjektive

Ein Zoomobjektiv hat eine variable Brennweite, die mit Hilfe eines drehbaren Rings oder durch Hin- und Herschieben des Tubus verändert werden kann. So lässt sich der Bildwinkel ohne Änderung des Standorts stufenlos variieren. Bei einem Zoomobjektiv muss nach Änderung der Brennweite die Scharfeinstellung nicht erneut angepasst werden: Die Abbildung vergrößert oder verkleinert sich, aber die Schärfe bleibt gleich.

Objektive für Makro-/Nahaufnahmen

Der kleinste Abstand, bei dem das menschliche Auge noch scharf sehen kann, ist etwa zwanzig Zentimeter. Ein Objektiv kann viel näher an ein Objekt herangehen, sodass die Kamera Dinge sehen kann, die mit bloßem Auge nicht erkennbar sind. Makroobjektive ermöglichen eine größere Abbildung eines Objekts als 1:1.

Dieser Effekt kann auch mit Zwischenringen, die zwischen Kameragehäuse und Objektiv gesetzt werden, mit Nahlinsen oder Vorsätzen erzielt werden. Manche Zoomobjektive sind mit einer Makrofunktion ausgestattet.

Das Fischauge/Ultraweitwinkelobjektiv

Dieses Objektiv hat große, stark gekrümmte Linsen und eine vorgewölbte Vorderlinse, die ihm den Namen „Fischauge" eingetragen hat. Es erfasst einen sehr großen Bildwinkel und bildet die Szene verzerrt ab. Auf seiner kreisrunden Abbildung erscheinen die nah am Objektiv gelegenen Objekte riesengroß und entferntere winzig klein.

Mit dieser in den 1960er Jahren entwickelten Optik wurde viel experimentiert. Der Fotograf David McCabe fotografierte damit Andy Warhol ein Jahr lang in dessen Factory – die Verzerrung passt perfekt zu Warhol und seinem außergewöhnlichen Atelier.

Scharfeinstellung – unendlich und weiter

Das menschliche Auge stellt immer scharf. Der Fotograf hingegen kann entscheiden, ob er einige, alle oder gar keine Bildelemente scharf abbilden will.

Die meisten Objektive werden beim Blick durch den Sucher durch Drehen am größeren Einstellring scharf gestellt. Den Scharfeinstellring erkennt man daran, dass er sich stufenlos drehen lässt, während der zweite, der Blendenring, rastet. Wenn der Schärfenring gedreht wird, bewegen sich die Glaslinsen des Objektivs vor oder zurück, sodass sich der Punkt verschiebt, an dem sich die Lichtstrahlen in der Kamera treffen.

Die Skala auf dem Objektiv zeigt die Einstellentfernung üblicherweise in Metern an. Wenn Sie durch den Sucher schauen und den Ring im Uhrzeigersinn drehen, werden entfernte Objekte scharf abgebildet. Wenn der Ring in dieser Richtung den Anschlag erreicht, ist das Objektiv auf „Unendlich" eingestellt, das heißt die Schärfe liegt auf dem entferntesten Punkt, auf den das Objektiv noch fokussieren kann. Angezeigt wird diese Einstellung auf dem Objektiv durch das entsprechende mathematische Symbol, das aussieht wie eine auf der Seite liegende 8. Dreht man das Objektiv bis zum Anschlag in die andere Richtung, stellt man die kürzeste Einstellentfernung ein.

„Was bedeutet Schärfe und wer hat das Recht zu sagen, welche Schärfe die richtige ist?"
Julia Margaret Cameron, Fotografin

Schärfe oder Unschärfe?

Ein im Sucher klar erkennbares Objekt wird als „scharf" bezeichnet, eine verschwommene Abbildung gilt als unscharf. Die Entscheidung für oder gegen Schärfe kann eine Fotografie völlig verändern. Die Schärfe ist ein Gestaltungsmittel des Fotografen, das er mit dem Scharfeinstellring steuert.

Julia Margaret Cameron, Fotopionierin, verzichtete in vielen Porträts bewusst auf Schärfe: „Wenn ich bei der Scharfeinstellung etwas erreichte, das in meinen Augen besonders schön war, hielt ich inne, anstatt das Objektiv bis zum Punkt der höchsten Schärfe weiterzudrehen, der von allen anderen Fotografen so beharrlich verteidigt wird."

Norman Parkinson, *Portrait after Kees Van Dongen*, 1959

Parkinson legte bei dieser Aufnahme die Schärfe auf den Hintergrund und nicht auf das Modell.

Nehmen Sie das Objektiv von der Kamera ab und regeln Sie die unterschiedlichen Blenden ein, um nachzuvollziehen, wie sich die Blendenöffnung je nach Einstellung ändert.

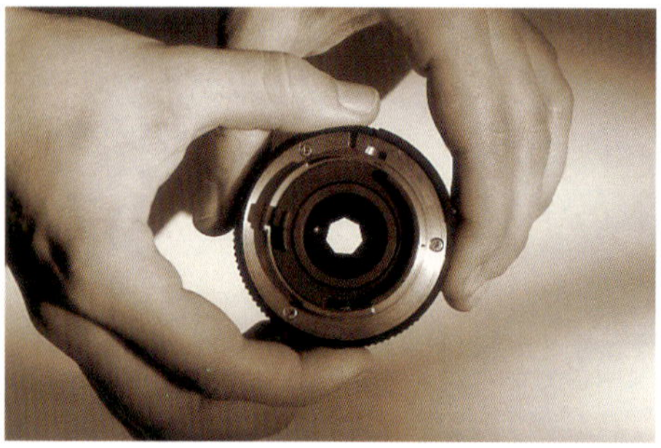

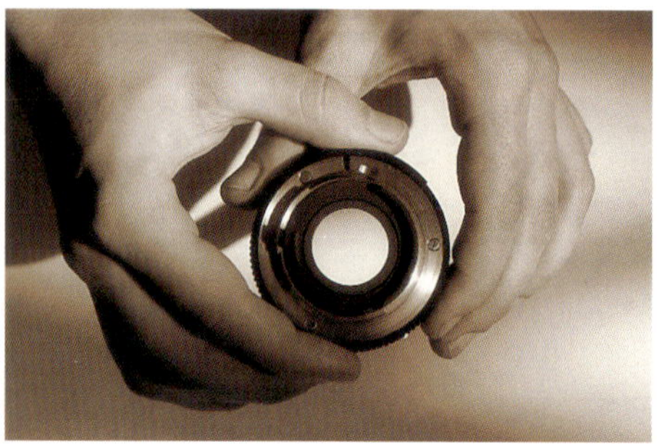

Blende – die Iris des Kameraauges

Bei sehr schwachem Licht, zum Beispiel bei Nacht, erweitert sich die Iris in unseren Augen sehr stark, damit die Pupillen so viel Licht wie möglich passieren lassen. Bei grellem Sonnenlicht verengen sich unsere Pupillen zu winzigen schwarzen Punkten, da sich die Iris infolge der Lichtintensität zusammenzieht.

Bei der Kamera ist es die Blende, die es dem Fotografen ermöglicht, die Menge des in die Kamera einfallenden Lichts zu steuern. Durch Veränderung des Durchmessers der Öffnung lässt sich die Helligkeit der Abbildung variieren bzw. die Lichtmenge auf die Beleuchtungssituation abstimmen.

Die ersten Objektive wurden mit verschiedenen Blechscheiben mit hineingebohrten Löchern unterschiedlicher Größe geliefert. Sie wurden je nach Lichtintensität ausgewählt und hinter dem Objektiv eingeschoben. In modernen Objektiven wird die Öffnung mit Hilfe einer Lamellenblende aus Metall variiert, die über den rastenden Einstellring am Objektiv bedient wird. Mit jeder Rastung ändert sich die Größe der Blendenöffnung um eine Stufe.

Blendenzahl und Blende

Der Blendenring ist mit sogenannten Blendenzahlen geeicht. Bei Objektiven für das Kleinbildformat gibt es normalerweise die Blendenzahlen 22, 16, 11, 8, 5, 6, 4 und 2,8. Je höher die Blendenzahl, desto kleiner die Blendenöffnung. 22 ist die kleinste Öffnung, 2,8 die größte. Die Blendenzahl wird aus dem Verhältnis von Brennweite zur Öffnungsweite errechnet. Von Blende zu Blende verdoppelt bzw. halbiert sich die ins Objektiv einfallende Lichtmenge.

Auf- und Abblenden

Wenn Sie am Einstellring eine höhere Blendenzahl einstellen und damit die Blende verkleinern, so nennt man das Abblenden. In umgekehrter Richtung wird das Objektiv aufgeblendet. Diesen Vorgang kann man gut nachvollziehen, wenn man das Objektiv von der Kamera abnimmt und hindurchschaut. Dreht man den Blendenring in die eine oder andere Richtung, tritt der Effekt deutlich zu Tage.

Die Abbildung im Sucher und auf dem Film

Wenn Sie durch den Sucher der Kamera schauen und das Objektiv auf- oder abblenden, ist dieser Effekt für Sie nicht sichtbar, denn sobald das Objektiv an die Kamera angesetzt ist, zeigt es die Ansicht ausschließlich bei Offenblende. Die Optik blendet erst dann auf die von Ihnen gewählte Blende ab, wenn Sie zur Aufnahme auf den Auslöser drücken. Selbst wenn Sie die kleinste Blendenöffnung eingeregelt haben, sehen Sie im Sucher bis zum Moment der Aufnahme die Ansicht bei maximaler Öffnung. Sinn dieser Konstruktion ist eine möglichst helle Abbildung der Szene im Sucher, was Scharfeinstellung und Bildkomposition erleichtern soll. Die Blendenöffnung hat großen Einfluss auf die Bildwirkung, daher unterscheidet sich die Abbildung im Sucher unter Umständen deutlich von der Abbildung auf dem Film, wenn das Objektiv zur Aufnahme abgeblendet wurde.

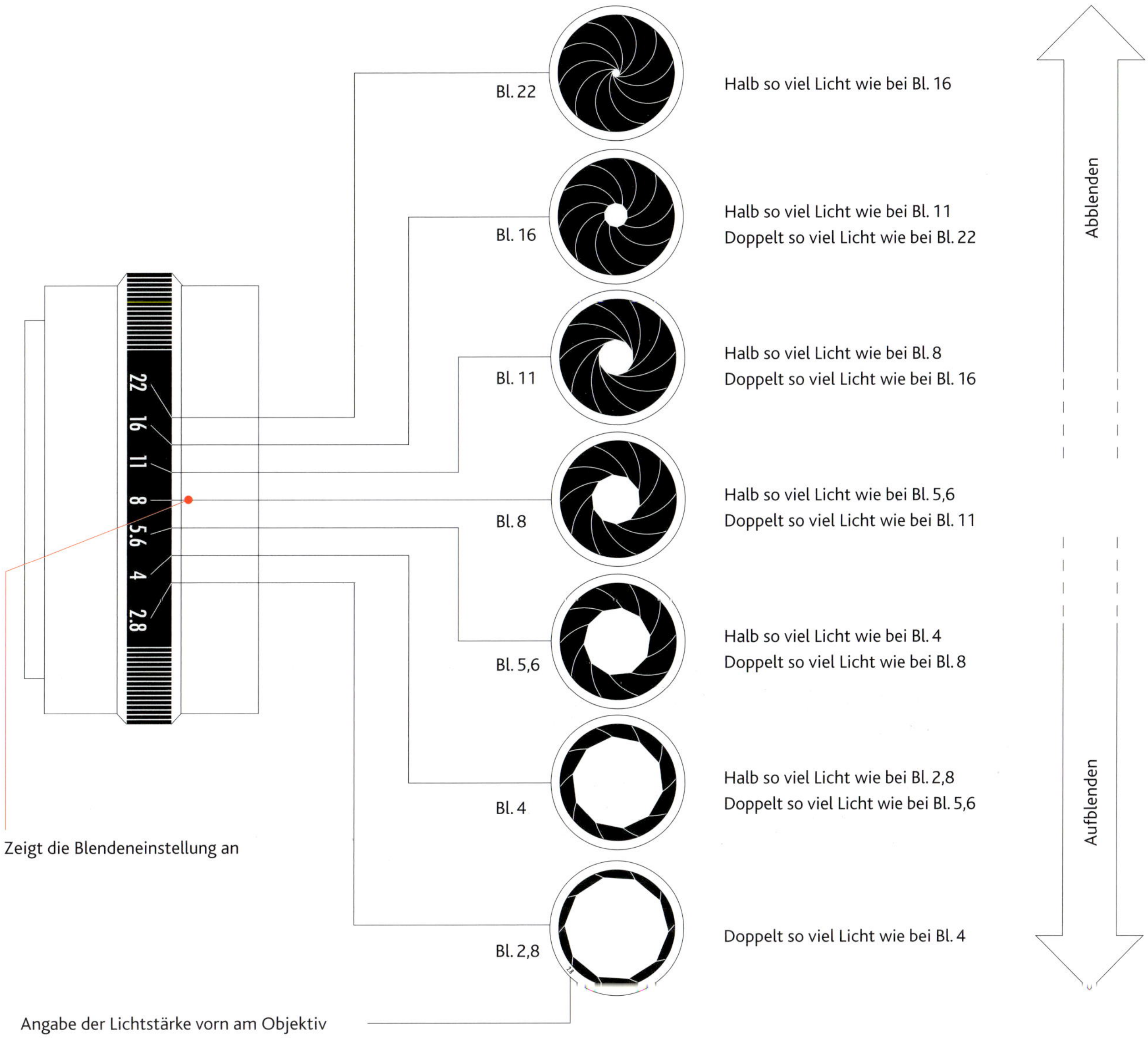

Lichtstarke Objektive

Ein Objektiv mit großer maximaler Öffnung wird als „lichtstark" bezeichnet. Diese Optik ist für schlechte Lichtverhältnisse gut geeignet, denn der Fotograf kommt ohne Blitz oder zusätzliche Lampen aus. Die Herstellung von lichtstarken Objektiven ist aufwändig, deshalb sind sie teurer. Die Lichtstärke des Objektivs und seine Brennweite werden vorn auf dem Objektiv oder auf seiner Fassung angegeben.

Blendeneinstellungen bei unterschiedlichen Kameras

Normierte Einstellungen machen es möglich, dass die Ermittlung der korrekten Belichtung davon unabhängig ist, von welchem Hersteller die Kamera, das Objektiv oder der Film sind, die Sie verwenden. Bei manchen Kameras wird die Blendeneinstellung im Kamerasucher oder auf dem LCD-Monitor angezeigt.

„Ich bin eine Kamera mit geöffnetem Verschluss."
Christopher Isherwood, Schriftsteller

Verschlusszeit – auf das Timing kommt es an

Wie viel Licht ins Objektiv einfällt, hängt nicht nur von der Blendenöffnung ab, sondern auch von der Verschlusszeit. Vor der Erfindung des Verschlusses maßen die Fotografen die Zeit, während der das Objektiv der Kamera geöffnet blieb, indem Sie den Objektivdeckel abnahmen, die Sekunden zählten und den Deckel wieder aufsetzten. Erst nachdem Eadweard Muybridge den ersten Verschluss baute, konnten – mit kurzen Verschlusszeiten – auch Bewegungen fotografiert werden (*siehe* Die Experimente von Eadweard Muybridge, S. 89).

Die Verschlusszeiten der Kamera werden auf einem Wahlrad auf der Oberseite der Kamera, im Sucher oder im Datendisplay angezeigt. Auf den meisten Kameras findet man die Zahlenreihe 1, 2, 4, 8, 15, 30, 60, 125, 250, 500 und 1000, wobei 1 für 1 Sekunde – die längste Belichtungszeit – steht, 2 für eine halbe Sekunde, 4 für eine Viertelsekunde, 8 für eine Achtelsekunde usw. bis hin zur kürzesten Verschlusszeit von 1000, einem Tausendstel einer Sekunde. Bei Änderung der Verschlusszeit wird die Lichtmenge, wie bei den Blendenstufen, mit jedem Schritt verdoppelt bzw. halbiert.

Auch der Buchstabe „B" ist auf dem Verschlusszeitenwahlrad aufgeführt. In dieser Einstellung bleibt der Verschluss so lange geöffnet, wie der Auslöser heruntergedrückt wird. Sie kommt bei Langzeitbelichtungen, zum Beispiel nachts, oder bei Mehrfach-Blitzbelichtungen in einem abgedunkelten Studio zum Einsatz.

Verschlusszeiten und Bewegung

Die Verschlusszeit beeinflusst die Wiedergabe von bewegten Objekten. Mit einer kurzen Belichtungszeit lassen sich Bewegungen „einfrieren", während eine lange Verschlusszeit zu Bewegungsunschärfen führt. Die Wahl der Verschlusszeit ist eine kreative Entscheidung des Fotografen. Bei langer Verschlusszeit können Sie die Kamera auch „mitziehen", das heißt, die Kamera verfolgt während der Belichtung ein bewegtes Objekt, sodass der Hintergrund verschwommen erscheint. Bewegung und Unschärfe können auf einem Foto den Eindruck von Freude, Gefahr, Unmittelbarkeit oder Lebendigkeit vermitteln.

Es gibt immer genug Licht

Fotos können nicht nur in Bruchteilen von Sekunden, sondern auch mit Verschlusszeiten von vielen Sekunden oder sogar Stunden aufgenommen werden. Das Resultat ist ein völlig anderes als bei kürzeren Belichtungszeiten.

Die Steuerung der Verschlusszeit ermöglicht sogar das Fotografieren in Situationen, in denen scheinbar völlige Dunkelheit herrscht. Es gibt immer genug Licht zum Fotografieren. Ganz gleich, wie dunkel es ist. Der Verschluss muss nur lange genug geöffnet bleiben. Wenn eine solche Abbildung scharf sein soll, müssen Sie die Kamera stabilisieren (*siehe* Die Kamera – eine Zeitmaschine, S. 144).

länger

Extrem lange Belichtungszeit von 1,5 Stunden bei Hiroshi Sugimoto, *siehe* S. 20

Dieses Bild erforderte eine minutenlange Belichtung.

1 Sekunde	doppelt so lang wie 1/2
1/2	halb so lang wie 1 Sekunde doppelt so lang wie 1/4 Sekunde
1/4	halb so lang wie 1/2 Sekunde doppelt so lang wie 1/8 Sekunde
1/8	halb so lang wie 1/4 Sekunde doppelt so lang wie 1/15 Sekunde
1/15	halb so lang wie 1/8 Sekunde doppelt so lang wie 1/30 Sekunde
1/30	halb so lang wie 1/15 Sekunde doppelt so lang wie 1/60 Sekunde
1/60	halb so lang wie 1/30 Sekunde doppelt so lang wie 1/125 Sekunde

Bewegte Objekte, mit langer Verschlusszeit aufgenommen, verwischen. Hier wurde zusätzlich die Kamera mitgezogen.

Verwischte Bewegungen bei Verschlusszeiten von unter 1/60

Eingefrorene Bewegungen bei Verschlusszeiten von über 1/60

1/125	halb so lang wie 1/60 Sekunde doppelt so lang wie 1/250 Sekunde
1/250	halb so lang wie 1/125 Sekunde doppelt so lang wie 1/500 Sekunde
1/500	halb so lang wie 1/250 Sekunde doppelt so lang wie 1/1000 Sekunde
1/1000	halb so lang wie 1/500 Sekunde

Bei kurzen Verschlusszeiten werden Bewegungen eingefroren.

Extrem kurze Belichtungszeit von 1/100 000 s bei Harold Edgertons Aufnahmen von fallenden Tropfen, *siehe* S. 130

kürzer

Überbelichtung
Aufgrund der gewählten Zeit-/Blendenkombination gelangt zu viel Licht in die Kamera , was zu ausgefressenen Lichtern und verwässerten Farben führt.

Unterbelichtung
Die eingetretene Lichtmenge reicht nicht aus, was zu einer zu dunklen Abbildung führt.

ASA und ISO
ASA and ISO sind alternative, weltweit verwendete Systeme zur Angabe der Lichtempfindlichkeit von Filmen. Je höher der ASA-Wert, desto lichtempfindlicher der Film, desto weniger Licht braucht die Kamera für ihre Aufnahmen.

Bei Digitalkameras lässt sich die Lichtempfindlichkeit des Sensors bestimmen.

Belichtungsprogramme
Kameras bieten verschiedene Belichtungsprogramme.
1) Zeitautomatik: Der Fotograf stellt die Blende ein, und die Kamera wählt automatisch eine passende Belichtungszeit aus.
2) Blendenautomatik: Der Fotograf stellt die Verschlusszeit ein, und die Kamera wählt automatisch die passende Blende aus.

Belichtungsprobleme, Belichtungsreihen und Clip-Tests
Da Belichtungsmesser darauf ausgelegt sind, aus einer Reihe von Tonwerten von hell bis dunkel eine korrekte Belichtung zu errechnen, lassen sie sich von Szenen mit eher gleichbleibenden Tonwerten oder hohen Kontrasten eventuell täuschen. Unter diesen Umständen hilft entweder Erfahrung, ein Handbelichtungsmesser, eine automatische Belichtungsreihe oder ein Clip-Test.

Zur Erstellung einer automatischen Belichtungsreihe (Bracketing) machen Sie mehrere Aufnahmen. Einige etwas reichlicher und einige etwas knapper belichtet als vom Messgerät ermittelt. So stellen Sie sicher, dass mindestens ein Foto korrekt belichtet ist.

Mit einem Clip-Test kann man die korrekte Belichtung bei der Entwicklung eines Dia- oder Negativfilms sicherstellen. Ein oder mehrere Bilder werden bei völliger Dunkelheit vom belichteten Film abgeschnitten. Diese Stücke werden dann entwickelt und geprüft. Je nach Ergebnis wird der restliche Film ebenso lang bzw. kürzer oder länger entwickelt (mehr zum Clip-Test *siehe* S. 191).

Belichtung – Blende und Verschlusszeit
Die Blende steuert, wieviel Licht in das Objektiv einfällt, die Verschlusszeit bestimmt, wie lange es einfällt. Beide zusammen steuern die Belichtung. Bei korrekter Belichtung gelangt genau die richtige Dosis an Licht auf den Film oder CCD, die erforderlich ist, um die gesamte Bandbreite der Tonwerte der Abbildung, von den Schatten bis zu den hellsten Bereichen, aufzuzeichnen. Wenn der Fotograf zu viel oder zu wenig Licht einfallen lässt, gelingt das nicht.

Eine dritte Voraussetzung für eine korrekte Belichtung ist außerdem die Einstellung der Lichtempfindlichkeit des verwendeten Films an der Kamera bzw. die Bestimmung der gewünschten Lichtempfindlichkeit bei der Digitalkamera.

Belichtungsmessung
Zur Ermittlung der korrekten Belichtung sind die meisten Kameras mit einem internen Messgerät ausgestattet. Ein Belichtungsmesser verfügt über einen Sensor, der das auf die Szene treffende Licht misst, den Helligkeitsumfang von hell bis dunkel erfasst und diese Informationen in einen Durchschnittswert umrechnet.

Passt die Belichtung, wird das durch eine Leuchte oder Nadel im Sucher der Kamera oder auf dem Datendisplay angezeigt. Für den Fotografen kann dies der Ausgangspunkt vieler kreativer Experimente sein.

Belichtungseinstellung
Nach erfolgter Belichtungsmessung können Sie am Blendering und am Verschlusszeitenwahlrad die Belichtungseinstellung vornehmen. Sie haben dabei die Wahl zwischen mehreren Zeit-/Blendenkombinationen, die zu einer korrekten Belichtung führen, denn Blende und Verschlusszeit stehen in einem Verhältnis zueinander: Bei einer kleinen Blendenöffnung in Kombination mit einer langen Verschlusszeit trifft die gleiche Menge Licht auf den Film oder CCD wie bei einer großen Öffnung, gepaart mit einer sehr kurzen Belichtungszeit.

Korrekte Belichtung, unterschiedliche Effekte
Die verschiedenen Zeit-/Blendenpaare erzielen zwar die identische Belichtung, führen aber zu ganz unterschiedlichen Ergebnissen. Diese vielfältigen Möglichkeiten der Belichtungseinstellung verschaffen dem Fotografen kreativen Freiraum, die Eigenarten der jeweiligen Blenden und Verschlusszeiten zu nutzen. Sie können zuerst die Blende auswählen und dann die Verschlusszeit entsprechend anpassen. Damit steuern Sie die sogenannte „Schärfentiefe". Oder Sie stellen zuerst die Belichtungszeit ein und dann die passende Blende. So lässt sich die Wiedergabe von Bewegung in einer Szene beeinflussen.

Unterschiedliche Zeit-/Blendenpaare für eine identische Belichtung

Mit vielen verschiedenen Zeit-/Blendenkombinationen kann dafür gesorgt werden, dass die richtige Lichtmenge auf die lichtempfindliche Fläche trifft. In diesem Beispiel ermittelte der Belichtungsmesser eine korrekte Belichtung bei Blende 8 und 1/125 s; die anderen möglichen Kombinationen sind Bl. 22 bei 1/15, Bl. 16 bei 1/30, Bl. 11 bei 1/60, Bl. 5,6 bei 1/250, Bl. 4 bei 1/500 und Bl. 2,8 bei 1/1000.

Alle diese Zeit-/Blendenkombinationen ergeben die gleiche Belichtung, führen aber zu ganz unterschiedlichen Resultaten – dies wird besonders deutlich, wenn man die Optionen mit der kleinsten (Bl. 22) und größten (Bl. 2,8) Blende auswählt.

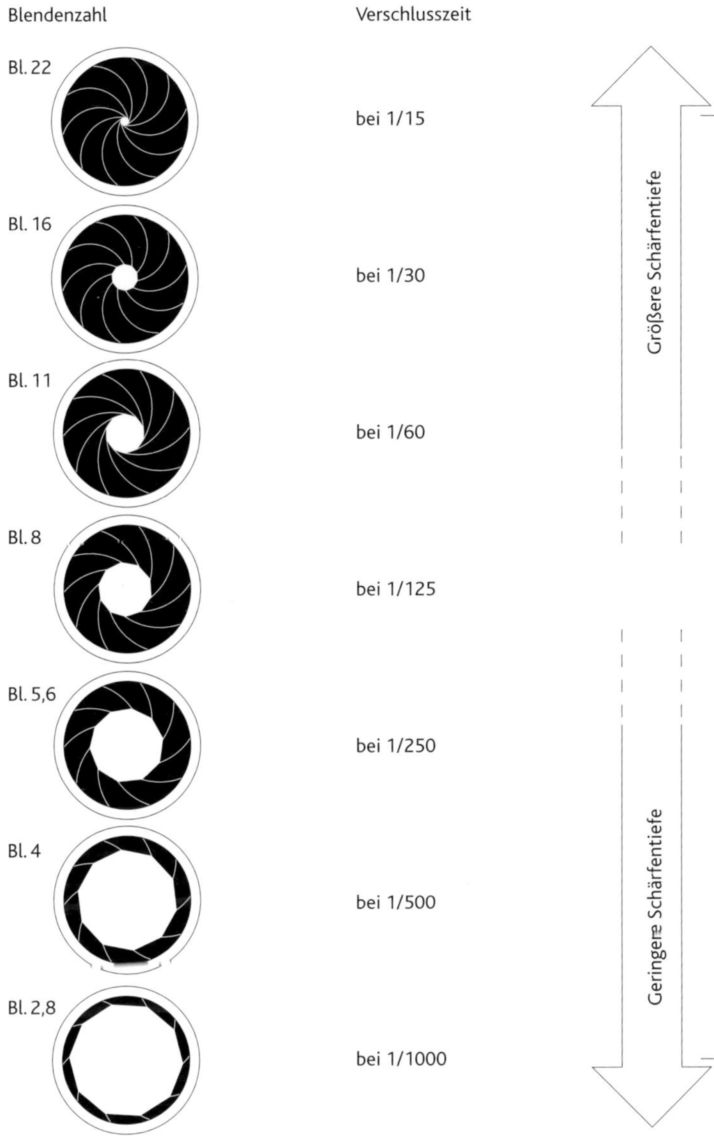

Bl. 22 – kleinste Blende, größte Schärfentiefe

Bei Bl. 22 entsteht große Schärfentiefe. Alle Personen sind scharf abgebildet. Die Kamera war bei dieser Aufnahme auf einem Stativ befestigt.

Änderung der Blende, Änderung der Schärfentiefe

Eine Änderung der Blendenöffnung ändert nicht nur die einfallende Lichtmenge, sondern beinflusst auch die Bildwirkung. Je kleiner die Blendenöffnung, desto schärfer werden sowohl Hintergrund als auch Vordergrund abgebildet. Der Bereich, in dem sämtliche Bildelemente scharf erscheinen, ist die sogenannte Schärfentiefe. Die Steuerung der Schärfentiefe gehört zu den Gestaltunsgmitteln des Fotografen.

Bl. 2,8 – größte Blende, geringste Schärfentiefe

Bei Bl. 2,8 wird nur der Bereich, auf den der Fotograf fokussiert hat, scharf abgebildet, weil die Schärfentiefe sehr gering ist.

Diese vier Bilder wurden sämtlich bei Bl. 2,8 aufgenommen. Auf jedem Foto liegt die Schärfe auf einer anderen Bildpartie, was den Effekt einer geringen Schärfentiefe deutlich macht.

Ansel Adams, Edward Weston und Imogen Cunningham nannten ihre Fotografengruppe Group f64. Der Name steht für ihre Faszination für die Zeichnung in den Bildern, die sie mit ihren Großbildkameras bei kleinen Blenden aufnahmen. Große Schärfentiefe und eine durchgehend scharfe Abbildung vom Vorder- bis zum Hintergrund zeichnete ihre Fotos aus (*siehe* Die Kamera in der Hand des Künstlers, S. 120).

Die Schärfentiefe variiert je nach Objektiv

Die Schärfentiefe bei jeder Blende variiert je nach Objektiv. Teleobjektive bieten bei jeder Blende eine geringere Schärfentiefe als Normalobjektive, eine 300-mm-Optik liefert bei Bl. 8 viel weniger Schärfentiefe als ein 50-mm-Objektiv bei Bl. 8. Die größte Schärfentiefe bieten bei jeder Blende Weitwinkelobjektive. Bei Verwendung eines Fischauges werden sowohl kameranahe Objekte als auch Bildelemente in größerer Entfernung selbst bei relativ großer Blende scharf abgebildet. Dieses Phänomen gibt dem Fotografen noch mehr kreativen Spielraum.

Steuerung der Schärfentiefe

Kleinere Blendenöffnungen – zum Beispiel Bl. 22 und Bl. 16 – liefern eine große Schärfentiefe, das heißt, der allergrößte Teil der Abbildung erscheint scharf. Größere Blenden – wie Bl. 2,8 – bieten eine geringe Schärfentiefe. Auf Bildern, die mit großen Blenden fotografiert werden, ist nur der Bereich scharf, auf den scharfgestellt wurde.

Thomas Hoepker, *World Heavyweight Champion Muhammad Ali Shows Off his Right Fist, Chicago, Illinois*, 1966

Mit einer sehr großen Blende erreichte Hoepker eine geringe Schärfentiefe, in der Absicht nur die riesige Faust des Boxers scharf abzubilden.

Bei der Steuerung der Schärfentiefe besteht ein großer kreativer Spielraum. Wenn sich der Fotograf für eine geringe Schärfentiefe entscheidet, erscheint nur das Objekt einer Szene scharf, auf das scharfgestellt wurde, und alles andere unscharf. Das kann sehr wirkungsvoll sein: Die Scharfeinstellung auf ein kameranahes Objekt lässt die restliche Szene verschwimmen. Eine geringe Schärfentiefe kann zur Betonung und Freistellung eines Objekts in unruhiger Umgebung genutzt werden.

Kontrolle von Bewegungen

Wenn die Verschlusszeit zuerst und anschließend die Blende ausgewählt wird, lässt sich die Bewegungsunschärfe auf einem Foto steuern. Mit einer kurzen Belichtungszeit werden Bewegungen eingefroren, bei langer Verschlusszeit mit Stativ können bewegte und statische Objekte kombiniert werden. Während einer langen Belichtung lässt sich die Kamera auch zusätzlich noch bewegen, um die Dramatik zu verstärken.

Weegee, *Crowd at Coney Island, Temperature 89 Degrees ... They Came Early, and Stayed Late, July 22nd 1940*

Dieses Foto von Weegee hat eine sehr große Schärfentiefe. Der Fotograf regelte eine kleine Blendenöffnung ein, damit die Szene von vorne bis hinten durchgehend scharf abgebildet wurde. Alle Details sind deutlich sichtbar, vom Strohhut der Frau links ganz vorn über den Mann mit dem Schwimmring in der Mitte der Menge bis zu dem Schriftzug „Cyclone“ einen halben Kilometer entfernt.

Hochformat

Querformat

Ein Stativ kann die Komposition erleichtern, insbesondere wenn es dabei auf eine harmonische Anordnung der Bildelemente ankommt.

Komposition – Ordnung oder Chaos

Bei der Bildkomposition gestaltet der Fotograf die Welt um bzw. neu. Er entscheidet, wie er die Bildelemente im Sucher anordnet. Manchmal werden Bilder spontan komponiert, manchmal mit viel Vorbereitung. Einige Fotografen bevorzugen die Gestaltungsmöglichkeiten des quadratischen Formats. Andere schätzen die Flexibilität einer Kleinbildkamera, mit der sowohl im Hoch- als auch im Querformat fotografiert werden kann. Experimentieren Sie mit so vielen Kameras wie möglich.

Die Komposition verleiht einem Bild Stabilität, denn durch sie entsteht Geschlossenheit und Zusammenhang zwischen den Bildelementen. Auf der anderen Seite kann ein Fotograf auch eine bewusst instabile und beunruhigende Komposition schaffen. Unser Gehirn schätzt Ordnung, Harmonie und Symmetrie, aber auch mit Disharmonie und Chaos lässt sich große Wirkung erzielen.

Sichtung

Bei der Sichtung werden aus allen aufgenommenen Fotos diejenigen ausgewählt, die der Vorstellung, die dem Fotografen während der Aufnahme vor Augen stand, am nächsten kommen oder diese sogar übertreffen. Bei der Sichtung kommt es vor, dass man Fotos entdeckt, die auf den ersten Blick misslungen scheinen, dann aber aufgrund eines zufälligen oder unerwarteten Details doch in Frage kommen. Finden Sie heraus, welche Fotos Ihrer Art, die Welt zu betrachten und darzustellen, am meisten entsprechen.

Cropping

Eine Beschneidung der Bildränder kann die Dramatik eines Fotos steigern, seine Aussage deutlicher hervorbringen, mitunter auch verändern. Manche Fotografen lehnen diesen nachträglichen Eingriff ab. Puristen wie Henri Cartier-Bresson zogen ihre Bilder mit dem Rand des Negativs ab, um zu zeigen, dass der Ausschnitt nicht verändert wurde und dass die Komposition im Sucher der Kamera und nicht später in der Dunkelkammer stattfand. Cartier-Bresson betrachtete die Ausschnittänderung als „Betrug". Auch Diane Arbus vergrößerte ihre Bilder mit dem unregelmäßigen schwarzen Rand, den ihr Negativträger verursachte. Manchmal ließ sie auch die Spuren einer fehlerhaften Entwicklung bestehen. Richard Avedon vergrößerte ebenfalls das gesamte Filmblatt seines großformatigen Negativs, ohne Ausschnittänderung. Seine Modelle stecken zwischen den schwarzen Rändern wie in einem Käfig.

Garry Winogrand, *Los Angeles, California*, 1964

Einige Fotografen komponieren ein Bild vorab im Kopf und warten dann den Zeitpunkt ab, bis es sich so ergibt. Dieses Bild ist ein Glückstreffer – faszinierend und boshaft. So ein Motiv existiert unvorhersehbar für den Bruchteil einer Sekunde, da sind Instinkt und Reaktionsvermögen gefragt.

Schwarz-Weiß-Fotografie

Warum immer noch in schwarz-weiß fotografieren?

Heute wird überwiegend in Farbe fotografiert. Warum beschäftigen wir uns überhaupt noch mit der Schwarz-Weiß-Fotografie?

Weil wir die Welt in Farbe sehen, fällt uns ein Schwarz-Weiß-Foto sofort ins Auge. Es wirkt rein und klar. Nichts lenkt von der Ausdrucksstärke der Komposition ab, Farben könnten Spannung und Dramatik stören.

Hiroshi Sugimoto fotografiert in Schwarz-Weiß, weil das Resultat „schöner ist als die reale Welt" und Lois Greenfield bevorzugt Schwarz-Weiß, weil das Foto „kein Abbild ist, sondern eine neue Schöpfung".

Schwarz-Weiß verleiht einem Foto Bedeutung, Realismus und Authentizität. Die Bilder haben häufig mehr Gewicht und Stärke als Farbfotos. Die Herstellung eines Schwarz-Weiß-Abzugs kann sehr aufwändig sein, wenn der Fotograf von allen seinen Möglichkeiten Gebrauch macht, einzelne Bildpartien hervorzuheben und in allen Bereichen den Kontrast zu bearbeiten. Deshalb können Schwarz-Weiß-Bilder auch kunstfertiger wirken als Farbfotos.

Warum 12, 24 oder 36 Bilder?

Aus irgendeinem Grund sind handelsübliche Filme so konfektioniert, dass die Anzahl der Aufnahmen immer ein Vielfaches von 12 ist. Möglicherweise war für die verschiedenen Filmlängen die Praktikabilität bei der Entwicklung ausschlaggebend. Verwirrend ist, dass das KB-Format auf manchen Verpackungen nach wie vor als „135er Film" bezeichnet wird. Das ist Kodaks alte Produktnummer für den 35-mm-Film.

„Sicherheitsfilme"

Seit 1890 wurde, ungeachtet seiner großen Feuergefährlichkeit, Cellulosenitrat als Trägermaterial für fotografische Filme verwendet. Die Lagerung dieses Materials war sehr gefährlich. Ende der 1930er Jahre wurde der „Sicherheitsfilm" mit weniger leicht entflammbaren Kunststoffträgern eingeführt. Manche Marken haben den Begriff bis heute beibehalten.

Auswahl eines Schwarz-Weiß-Films

Fotografen wählen ihr Filmmaterial nach dessen Charakteristiken aus. Sie entscheiden sich für einen bestimmten Film zum Beispiel wegen seiner Körnigkeit oder der Kontrastwiedergabe. Alle Materialien haben ihre eigenen Eigenschaften. Probieren Sie in unterschiedlichen Situationen so viele Filme wie möglich aus.

Schwarz-Weiß-Film

Schlüsselkomponente der heutigen Schwarz-Weiß-Filme und -papiere ist immer noch das Silber. Über 150 Jahre nachdem man herausfand, wie seine Lichtempfindlichkeit für die Herstellung von dauerhaften Bildern nutzbar zu machen ist. Schwarz-Weiß-Filme bestehen aus einem dünnen, durchsichtigen Trägermaterial, das mit einer Emulsion aus Silbersalzen und Gelatine beschichtet wird. Die Gelatine hält die lichtempfindlichen Silbersalze auf dem Schichtträger fest. Der Film wird in verschiedene Formate geschnitten und am Rand mit dem Namen des Herstellers und Nummern für die einzelnen Aufnahmen versehen. All diese Arbeitsschritte finden bei völliger Dunkelheit statt. Der Film wird mit der Schichtseite, also der matten Seite, zum Objektiv in die Kamera eingelegt. Die durch Lichteinfall auf die Emulsion erzeugte Abbildung wird erst nach der Entwicklung für das menschliche Auge sichtbar. Bis dahin darf der Film keiner weiteren Lichteinwirkung ausgesetzt werden. Das auf dem Film erzeugte Bild ist an den belichteten Stellen dunkel und an den unbelichteten farblos. Bei der Vergrößerung wird die Abbildung auf mit einer ähnlichen Emulsion beschichtetes Papier projiziert, sodass ein Positiv entsteht.

ASA und Schwarz-Weiß-Film

ASA ist ein System zur Klassifizierung der Lichtempfindlichkeit von Filmen. Relativ geringempfindliche Filme haben eine niedrige Zahl wie 100 oder 200.

ASA-Wert	Empfindlichkeit
50	halb so empfindlich wie 100 ASA
100	doppelt so empfindlich wie 50 ASA halb so empfindlich wie 200 ASA
200	doppelt so empfindlich wie 100 ASA halb so empfindlich wie 400 ASA
400	doppelt so empfindlich wie 200 ASA halb so empfindlich wie 800 ASA
800	doppelt so empfindlich wie 400 ASA halb so empfindlich wie 1600 ASA
1600	doppelt so empfindlich wie 800 ASA halb so empfindlich wie 3200 ASA
3200	doppelt so empfindlich wie 1600 ASA halb so empfindlich wie 6400 ASA
6400	doppelt so empfindlich wie 3200 ASA

Geringempfindliche Filme

Hochempfindliche Filme

Hochempfindliche Filme, die bei schwachem Licht zum Einsatz kommen, haben einen hohen ASA-Wert, zum Beispiel 1600 oder 3200.

Filmkorn

Die kleinen Kristallstrukturen, die nach der Entwicklung auf dem Film sichtbar sind und zusammen die Abbildung erzeugen, werden „Korn" genannt. Wenn sie vergrößert werden, verschmilzt unser Auge sie zu zusammenhängenden Tonwerten, die ein glaubhaftes Bild ergeben. Die Größe des Korns eines Negativs entscheidet über die Detailwiedergabe beim Vergrößern. Filme mit höherer ASA-Zahl sind grobkörniger als geringempfindliche Filme.

Alison Jackson nutzt das grobe Korn hochempfindlicher Filme für ihre Pseudo-Paparazzi-Fotos von Doppelgängern von Prominenten, die sie in ironisch-witzigen Szenen arrangiert.

Der portugiesische Fotograf José Luis Neto machte riesige Vergrößerungen von Negativen, die er in Stadtarchiven in Lissabon entdeckt hatte, und die die Misshandlung von Gefängnisinsassen um 1900 zeigten. Aus Gruppenaufnahmen von den Gefangenen, einmal vermummt, einmal unvermummt, erstellte er zwei Bildreihen. Die erste zeigt extrem vergrößerte kleinste Details aus dem Bild mit den vermummten Häftlingen, die zweite zeigt ihre Gesichter, die auf dem zweiten Bild stecknadelkopf groß zu sehen sind, von Neto aber zu Lebensgröße vergrößert wurden. Das Filmkorn ist so groß wie Farbspritzer, aber jedes einzelne gequälte Gesicht tritt deutlich zu Tage. Die Fotos erinnern an die Bilder von den Misshandlungen der Gefangenen im Irak.

Ursprünge des Schwarz-Weiß-Abzugs

Den Schwarz-Weiß-Abzug gibt es erst, seitdem zur Reproduktion von Bildern der Rasterdruck verwendet wird. Bis dahin hatten alle Fotos eine chemische Färbung, wie zum Beispiel die Bilder von Julia Margaret Cameron, die eine schöne, satte Brauntönung aufweisen.

Positive wurden bis zur Erfindung des Vergrößerungsgeräts in den 1850er Jahren mit Kontaktverfahren erstellt. Dabei wird das Negativ in Kontakt mit lichtempfindlichem Material gebracht und belichtet. Es entsteht ein Positiv, das ebenso groß ist wie das Negativ. Wird ein Bild beim Abzug vergrößert, verliert es an Qualität. Manche Fotografen wollen keinerlei Qualitätsverlust in Kauf nehmen und ziehen es daher vor, ihre großformatigen Negative im Kontaktverfahren zu kopieren.

Schwarz-Weiß-Vergrößerung

Die Erstellung eins Schwarz-Weiß-Papierbildes ist leicht erlernbar. Viele Fotografen entwickeln ihre Bilder grundsätzlich selbst, da die Arbeit in der Dunkelkammer viel kreativen Spielraum und maximale Kontrolle zugleich bietet. Jedes Negativ lässt sich auf mannigfaltige Weise interpretieren. Kontrast und Tonwerte lassen sich steuern, und verschiedene Bildpartien können durch Abwedeln und Nachbelichten aufeinander abgestimmt werden. Beim Vergrößern gibt es kein Richtig oder Falsch. Bill Brandt bezeichnete das Negativ als „bloßen Ausgangspunkt".

Aufbewahrung von Filmen

Lagern Sie Ihr Filmmaterial an einem kühlen Ort, schützen Sie es vor Feuchtigkeit und legen Sie einen Film nicht bei hellem Licht ein.

Digitales Korn

Digitalkameras benutzen ASA-Einstellungen, um die passende Lichtempfindlichkeit einzuregeln. Je höher die Einstellung, desto deutlicher sieht man die Pixel. Dieses Phänomen wird „digitales Rauschen" genannt.

Wie viele Fotos sollten Sie auf einmal machen?

„Ein Amateur will 36 verschiedene Bilder auf seinem Film aufnehmen. Ein Profi belichtet 36 Filme, um ein einziges gutes Bild im Kasten zu haben."
Alan Latchley, Fotograf

„Jeder Schwarz-Weiß-Handabzug ist ein Unikat. Das Geschick des Dunkelkammerexperten, seine Interpretation des Negativs, Alter und Charge des Fotopapiers, der Zustand des Entwicklers und sogar die Luftfeuchtigkeit – alle diese Faktoren führen dazu, dass das Ergebnis nicht wiederholbar ist."
Pete Guest, Dunkelkammerexperte

Unter „Abwedeln" versteht man die Aufhellung einer Bildpartie durch partielles Fernhalten des Lichts während der Belichtung. Beim „Nachbelichten" wird die Belichtung für bestimmte Bildbereiche verlängert, was einen abdunkelnden Effekt hat.

Schwarz-Weiß-Infrarotfilm

Infrarotfilme reagieren empfindlich auf Infrarotstrahlung. Diese Art Licht ist für das menschliche Auge unsichtbar. Blätter am Baum sehen auf einem Schwarz-Weiß-Infrarotfilm wie verschneit aus, Hauttöne leuchten strahlend hell und Augen erscheinen sehr dunkel.

Nicht weniger Möglichkeiten bei der Erzeugung von Schwarz-Weiß-Prints bietet die digitale Dunkelkammer. Drucker, die mit archivfesten Tinten arbeiten, gewährleisten die gleiche Haltbarkeit wie bei Abzügen aus der traditionellen Dunkelkammer.

Ein guter Abzug oder Ausdruck erfordert große Liebe zum Detail. Schauen Sie sich die Arbeit eines Fotografen nicht am Bildschirm oder in Büchern an. Was Sie da sehen, sind nur Reproduktionen. Machen Sie sich auf zum Original. In Galerien oder Museen können Sie die Abzüge oder Ausdrucke, die die Fotografen selbst angefertigt haben, in Augenschein nehmen. Das ist ein ganz anderes Erlebnis.

Weegee, *Lovers at the Palace Theatre*, 1943

Für eine Serie fotografierte Weegee Liebespaare im Kino und bei Nacht am Strand. Mit Infrarotfilmen und Infrarotblitz, ebenfalls für das menschliche Auge nicht sichtbar, machte er Bilder, ohne dass ihn die Menschen bemerkten.

Gradationswandelpapier

Für Schwarz-Weiß-Abzüge wird heute meistens Gradationswandelpapier verwendet. Bei der Belichtung kommen im Vergrößerungsgerät eine Reihe von Filtern zum Einsatz, die die Emulsion auf diesem Papier unterschiedlich beeinflussen. Die Filter sind graduell abgestuft. Auf einer Skala von 0 bis 5 erzeugen Filter von 0 bis 2 Bilder mit geringem Kontrast, 3 einen mittleren und 5 den höchstmöglichen Kontrast.

Selentonung, Platindruck, Kupfertonung, Albumindruck, Fotoätztechniken und Gummidruck, um nur einige zu nennen, sind weitere spannende Verfahren, mit denen man in der Dunkelkammer experimentieren kann.

Kontrast

Bilder mit einem hohen Kontrast, das heißt großen Unterschieden zwischen den hellsten und dunkelsten Tonwerten, werden als „kontrastreich" bezeichnet. Sie bestehen fast nur aus reinweißen und tiefschwarzen Tonwerten. Aufnahmen mit Tonwerten ähnlicher Helligkeit werden „kontrastarm" genannt.

Obwohl man in den meisten Fällen einem mittleren Kontrast mit einer großen Bandbreite an Tonwerten zwischen Schwarz und Weiß den Vorzug geben wird, kann eine Kontraständerung sehr wirkungsvoll sein. Zu den Fotografen, die brillante kontrastreiche Fotos kreiert haben, gehören Bill Brandt, John Deakin und Daido Moriyama.

Röntgenstrahlen

Wilhelm Röntgen entdeckte 1895 die Röntgenstrahlen und ihre Wirkung auf fotografische Emulsionen. Die Lichtstrahlen, die Materie durchdringen, erzeugen auf Film ein schwarz-weißes Schattenbild. Viele Fotografen, darunter Helmut Newton, haben die Röntgenfotografie kreativ eingesetzt.

Flüssigemulsion

Mit Flüssigemulsionen können Fotografen Schwarz-Weiß-Bilder auf Materialien ihrer Wahl erzeugen, zum Beispiel auf Glas, Metall, Holz, Leinwand, Stoff, Gips oder dreidimensionalen Objekten wie Steinen oder Kacheln.

Viele Oberflächen können mit Flüssigemulsion sensibilisiert werden. Dieses Bild von Charlotte Baker-Wilbraham **(oben)** gehört zu einer Serie mit Bildern von Zirkusartisten und wurde auf große Aluminiumbleche gedruckt.

„Mir gefällt der Protest gegen das Digitalfoto – viele Fotografen haben Verfahren wie die Ferrotypie und den Gummidruck wiederentdeckt."
Eric Daley, Fotograf

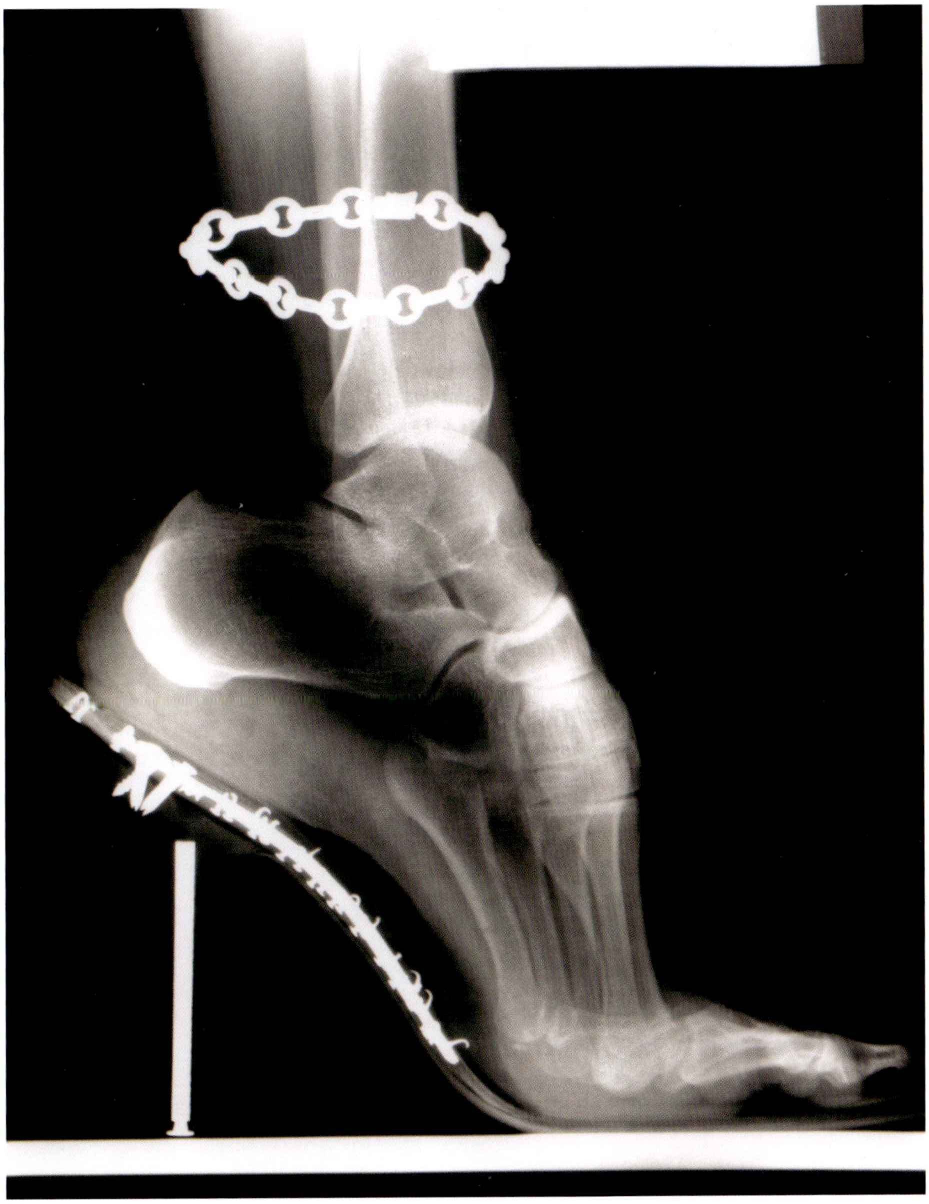

Helmut Newton, *High-Heel X-Ray and Cartier Bracelet*, Paris, 1994

Helmut Newton hatte die großartige Idee, Röntgenstrahlen für ein Modefoto zu verwenden **(links)**.

Digitale ASA-Einstellung und Farbe

Digitalkameras zeichnen Farben in jeder ASA-Einstellung anders auf. Bei niedrigeren ASA-Werten sind Detail- und Farbwiedergabe besser. Mit hoher ASA-Einstellung aufgenommene Digitalfotos weisen flaue Farben und digitales Rauschen auf.

Manchmal muss es in Farbe sein

Ein Fotograf kann die Farben durch die Wahl des Filmmaterials steuern. Für diese Aufnahmen von der Colourscape-Skulptur von Peter Jones und Lynne Dickens wurde ein geringempfindlicher Film ausgewählt. Er sorgt für eine intensive Farbwiedergabe

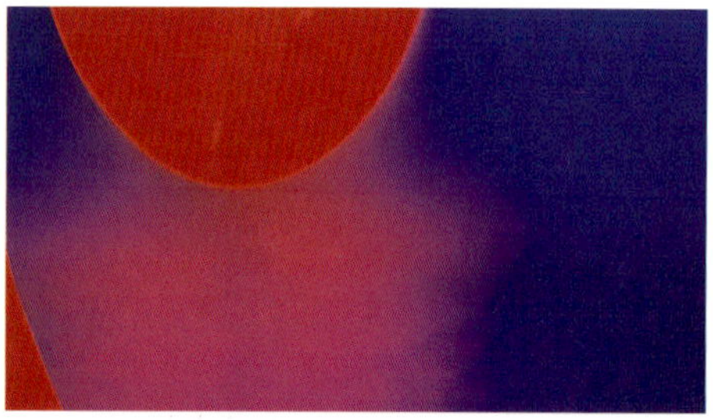

Farbfotografie

Manche Fotos sind ohne Farben nicht denkbar. Die satten und intensiven Farben der Bilder von Martin Parr and David LaChapelle, die es in Wirklichkeit gar nicht gibt, sind für ihre Arbeiten wesentlich. Wolfgang Tillmans und Juergen Teller verwenden auf ihren Schnappschüssen eine ganz andere, gedämpfte Farbpalette, die Alltäglichkeit und Selbstverständlichkeit vermittelt.

Die Farbe ist ein Gestaltungsmittel des Fotografen. Sie lässt sich durch die Auswahl des Films, die Beleuchtung und die digitale Nachbearbeitung steuern. Eine verbindliche Methode in Farbe zu fotografien gibt es nicht, Sie entscheiden, was für Sie passend ist.

Farbfilme

Seit Jahrhunderten wissen Maler, dass man durch das Mischen der Grundfarben Rot, Grün und Blau nahezu jeden Farbton erzeugen kann. Farbfilme haben drei Emulsionsschichten, die jeweils rot-, grün- oder blauempfindlich sind. Bei der Entwicklung werden die vielen, von der Kamera wahrgenommenen Farben durch unterschiedliche Kombinationen dieser drei Schichten wiedergegeben (*siehe* Wie funktioniert die analoge Fotografie?/Farbe, S. 16).

Jeder Hersteller verwendet andere Farbstoffe, die dem jeweiligen Farbfilm seine eigene Charakteristik verleihen. Mancher Film wird wegen seiner lebhaften Farben geschätzt, ein anderer steht für eine gedämpfte Farbwieder-

gabe. Probieren Sie unterschiedliche Fabrikate aus, um ihre Eigenschaften kennenzulernen.

Die Anfänge des Farbfilms

In den 1840er Jahren begannen Porträtstudios, handkolorierte Daguerreotypien anzubieten. Die Farben wurde mit einem Pinsel direkt auf die spiegelnde Oberfläche aufgetragen. 1861 fotografierte der Physiker James Clark Maxwell ein Stoffband durch Rot-, Grün- und Blaufilter und kombinierte die Diapositive zu einem Farbbild. Die Dreifarbentheorie ist die Basis der Farbfotografie. Allerdings sollten noch fast fünfzig Jahre vergehen, bis eine Methode gefunden war, ein Farbbild mit einer einzigen Aufnahme zu erzeugen. Das sogenannte Autochrome-Verfahren der Brüder Auguste und Louis Lumière beherrschte die Farbfotografie im ersten Viertel des 20. Jahrhunderts.

Beim Autochrome-Verfahren wurden lichtempfindliche Glasplatten mit blau, grün und rot eingefärbten Kartoffelstärkekörnchen bestrichen. So entstanden große Glasdias, die mithilfe der Laterna magica projiziert, gegen das Licht gehalten oder auf Leuchtpulten betrachtet werden konnten. Autochrome-Bilder wirken immer körnig, wie pointillistische Gemälde. Jacques-Henri Lartigue und Leon Gimpel fotografierten auf Autochromplatten.

Es wurden viele alternative, ähnlich funktionierende Farbverfahren auf den Markt gebracht, darunter das Vivex-Verfahren, brillant eingesetzt von Madame Yevonde Anfang der 1930er Jahre. Sie fotografierte ihre reichen Auftraggeberinnen, meist Herzoginnen, in pseudo-klassischen Posen und nutzte die satten, üppigen Vivex-Farben, um ihre Schönheit hervorzuheben (*siehe* Studioporträts, S. 34).

Mit seinen kräftigen Farben ähnelte Vivex dem Technicolor-Verfahren, das ebenfalls in den 1930er Jahren eingeführt wurde. *Siehe* die Filme *Vom Winde verweht* (1939) und *Schneewittchen und die sieben Zwerge* (1937).

Der 1936 eingeführte Kodachrome-Diafilm wurde wegen seiner haltbaren, gesättigten Farben zum Film der Wahl vieler Profifotografen. Neben weiteren Diafilmen kam Ende der 1940er Jahre auch der Farbnegativfilm auf den Markt.

ASA und das Farbgleichgewicht von Filmen

Farbdia- und Farbnegativfilme werden wie Schwarz-Weiß-Filme nach ihrer Lichtempfindlichkeit klassifiziert. Geringempfindliche Filme haben einen niedrigen ASA-Wert, hochempfindliche einen hohen. Geringempfindliche Farbfilme sind schärfer und geben die Farben kräftiger wieder. Filme unterschiedlicher Hersteller, die die gleiche Lichtempfindlichkeit haben, können trotzdem ganz unterschiedliche Eigenschaften aufweisen.

Die meisten Farbdia- und Farbnegativfilme sind auf Tageslicht abgestimmt, das heißt, sie sind auf die Verwendung bei natürlichem Licht im Freien oder in einem Innenraum bei Blitzlicht oder eine Mischung aus Blitz und natürlichem Licht ausgelegt.

Die Farbe einer Lichtquelle kann mit einem Farbtemperaturmessgerät gemessen werden, das diesen Wert in Kelvin (K) anzeigt. Das Ergebnis für Kerzenlicht unterscheidet sich erheblich von dem für das Licht einer Leuchtstoffröhre, weil die Kerze ein warmes, gelbes Licht abgibt und die Leuchtstoffröhre ein kaltes, blaugrünes. Die Farbe des Tageslichts liegt bei 5500 K.

Maßgeblich ist dabei die Mittagssonne, zu anderen Tageszeiten ist es etwas wärmer oder kälter. Ein Tageslichtfilm gibt, wenn die Beleuchtung diese Farbtemperatur hat, Farben wirklichkeitsgetreu wieder.

Alle professionellen Leuchtkästen sind auf Tageslicht abgestimmt, ebenso wie Studioblitzköpfe und Kamerablitzgeräte. Einer der Vorteile der Arbeit mit einer Digitalkamera besteht darin, dass die Farbbalance schon in der Kamera korrigiert werden kann. Die Einstellungen lassen sich von Bild zu Bild anpassen, falls sich die Farbtemperatur der Hauptlichtquelle ändert. Mehr zur Farbe des Lichts erfahren Sie im folgenden Kapitel.

Farbdiafilm

Andere Bezeichnungen für Farbdiafilm sind Diapositivfilm und Farbumkehrfilm.

Farbdiafilme ergeben bei der Entwicklung ein Positiv, welches in den Farben dem Motiv entspricht. Die meisten Profifotografen arbeiteten früher nur mit Diafilm. Wenn man Fotos zur Veröffentlichung in einer Zeitschrift, einem Buch oder einem Prospekt aufnehmen wollte, blieb gar keine andere Wahl als die Aufnahme auf Diafilm, da sie die Basis für die gesamte Technologie der Farbreproduktion bildeten. Die moderne Digitalfotografie hat diesen Bereich allerdings völlig verändert.

Farbdiafilme werden mit sogenannten E6-Chemikalien entwickelt. Ein geringempfindlicher Diafilm bietet leuchtende Farben und ein sehr feines Korn. Die Abzüge sind bei richtiger Aufbewahrung nahezu unbegrenzt haltbar.

Der Diafilm hat allerdings auch Nachteile: Er vergibt keinen Fehler. Über- oder Unterbelichtungen und eine schlechte Farbbalance sind deutlich sichtbar. Wenn sie nicht bei hellem Sonnenlicht verwendet werden, sind Diafilme eventuell kontrastarm, und Diafilme mit höheren ASA-Werten liefern flaue, körnige Ergebnisse. Dieser Effekt kann aber kreativ genutzt werden.

Wenn Sie einem Auftraggeber ein Dia aushändigen, besteht immer die Gefahr, dass Sie das Bild nie wiedersehen. Von Digitalfotos oder Bildern auf Farbnegativfilm können Sie jedoch immer wieder Abzüge bzw. Ausdrucke erstellen, denn das Original bleibt in Ihrem Besitz.

Farbnegativfilm

Auf Farbnegativfilmen werden nach der Entwicklung die Farben einer Szene in umgekehrten Tonwerten abgebildet. Farbnegativfilme werden in C41-Chemikalien entwickelt und auf Farbnegativpapier vergrößert, um ein Positiv herzustellen.

Farbnegativfilme haben einen größeren Belichtungsspielraum als Farbdiafilme. In begrenztem Umfang sind Korrekturen von Fehlbelichtungen beim Anfertigen der Vergrößerungen möglich. Farbnegativfilme liefern auch bei höherer Lichtempfindlichkeit gute Qualität.

Ob ein Abzug von einem Farbnegativ mit der Intensität und Detail- und Farbwiedergabe eines gut belichteten Farbdias mithalten kann, darüber lässt sich streiten. Abzüge von Farbnegativfilmen haben außerdem eine geringere Haltbarkeit als Farbdias.

Clip-Test

Bei der Entwicklung eines Dia- oder Negativfilms im Labor stellt ein Clip-Test eine korrekte Belichtung sicher. Ein oder mehrere Bilder werden bei völliger Dunkelheit von dem belichteten Film abgeschnitten. Diese Stücke werden entwickelt und überprüft. Falls das Ergebnis nicht zufriedenstellend ausfällt, kann der restliche Film kürzer oder länger entwickelt werden.

Eine Verlängerung oder Verkürzung der Entwicklungszeit, meist in Schritten von einer halben Blendenstufe, bewirkt eine hellere bzw. dunklere Wiedergabe. Wenn Sie der Meinung sind, Ihr Film wäre um eine halbe Blendenstufe zu hell belichtet, weisen Sie das Labor an, den Film um –½ Blendenstufe kürzer zu entwickeln, um die Helligkeit zu reduzieren. Ergibt der Clip-Test eine zu dunkle Wiedergabe, lassen Sie den Rest bei +½, +1, +1 ½ oder +2 Blendenstufen entwickeln. Die maximale Anpassung, die Sie vornehmen können, ohne dass die Effekte dieser Behandlung zu stark sichtbar werden, liegt bei anderthalb bis zwei Blendenstufen.

Empfindlichkeitssteigerung

Zur Empfindlichkeitssteigerung wählen Sie absichtlich eine höhere ASA-Einstellung als vom Film-Hersteller angegeben. Sie belichten beispielsweise einen 400 ASA-Film bei 1600 ASA. Der Film wird so gezielt unterbelichtet und anschließend einer empfindlichkeitssteigernden Entwicklung unterzogen. Das heißt, die Entwicklungszeit muss verlängert werden. Eine Empfindlichkeitssteigerung kommt in Frage, wenn Sie bei schwachem Licht aus der Hand fotografieren wollen. Sie können den Effekt auch kreativ nutzen.

Dieses Verfahren funktioniert bei Farb- und Schwarz-Weiß-Filmen. Wenn ein Film mit 400 ASA bei 800 ASA belichtet wird, erhöht sich die Empfindlichkeit um eine Blendenstufe, bei einer Einstellung von 1600 ASA um zwei. Die Filmempfindlichkeit lässt sich auch verringern – Sie fotografieren bei geringerer ASA-Zahl und machen für die Entwicklung entsprechende Angaben.

Kunstlicht- und Infrarotfilm

Kunstlichtfilm ist auf Kunstlicht und nicht auf Tageslicht abgestimmt. Er soll die Farben eines mit Kunstlicht ausgeleuchteten Motivs korrekt wiedergeben. Bei Verwendung eines Kunstlichtfilms bei Tageslicht weist das Ergebnis einen Blaustich auf, da das Tageslicht kälter ist als künstliche Beleuchtung. Mehr zur Farbe des Lichts erfahren Sie im folgenden Kapitel.

Farb-Infrarotfilm ist sowohl für sichtbares Licht als auch für Infrarotstrahlen empfindlich. Das Resultat sind kräftige, zum Teil vom natürlichen Farbeindruck abweichende Farben.

Cross-Entwicklung

Bei der Cross-Entwicklung wird ein Farbdiafilm in Chemikalien für Farbnegativfilme entwickelt. Viele Fotolabore lehnten solche Experimente anfangs ab, weil man meinte, das Verfahren verderbe die C41-Chemikalien, was aber nicht der Fall ist. Dias verwandeln sich bei der Cross-Entwicklung in dichte, kontrastreiche Farbnegative. Die resultierenden Farbbilder sind

Ein Beispiel für Cross-Entwicklung: Dieses Foto mit seinen intensiven Farben wurde auf Diafilm aufgenommen und wie ein Negativ entwickelt, von dem dann der Abzug erstellt wurde.

„Die Ergebnisse der Cross-Entwicklung sind absolut unvorhersehbar. Manchmal ist ein Bild total rot oder total grün. Das Verfahren ist ein Glücksspiel."
Fabian Monheim, Fotograf

„Professional"

Die Hersteller behaupten, dass Empfindlichkeit und Farbgleichgewicht von Filmen, die auf der Verpackung als „professional" bezeichnet werden, konstanter und präziser seien als bei sogenannten Amateurfilmen und einen höheren Preis rechtfertigten. Aber auch manch billiger Filme liefert in bestimmten Situationen fantastische Farben.

Emulsionsnummer

Alle Filme mit der gleichen Emulsion bekommen eine Emulsionsnummer, da bei der Herstellung leichte Schwankungen auftreten können. Werden mehrere Filme mit exakt der gleichen Lichtempfindlichkeit benötigt, nimmt man welche mit der gleichen Emulsionsnummer. Sie steht auf der Verpackung.

„Am Computer gibt es keine kreativen Unfälle – nur Katastrophen. In der Dunkelkammer passieren oft versehentlich interessante Dinge und können dann kreativ genutzt werden. Am Computer nie."
Kjell Ekhorn, Fotograf

Daniel Alexander, *Screaming Heads*, 2004

Die Kunst von Daniel Alexander beruht auf kreativen Verfahren in der Farb- und Schwarz-Weiß-Dunkelkammer **(rechts)**.

„Zeitungen faszinieren mich – insbesondere die Regenbogenpresse mit ihrer merkwürdigen Mischung aus Sex und Katastrophen. Ich fand dieses Bild einer Frau, die schreiend vor einem Polizeiwagen stand. Da kam mir die Idee, den Kopf zweimal zu verwenden, so dass es aussieht, als schreie sie sich selbst an. Der Kopf rechts sollte wie das CT eines Gehirns aussehen: ein Blick in den Kopf der Frau, voller Informationen. Damit wollte ich zum Ausdruck bringen, dass man vor Wut schreien könnte, weil die Regenbogenpresse unser Hirn mit all diesem Zeug voll stopft – was wiederum nur zu einer weiteren Story in einer Klatschzeitung führen würde.

Ich vergrößerte das Bild und den Artikel und machte daraus eine Collage auf Acetat, von der ich dann in der Dunkelkammer Fotogramme in Farbe und Schwarz-Weiß anfertigte."

faszinierend und fallen bei jedem Diafilmtyp anders aus. Sie können auch einen Farbnegativfilm in E6-Chemikalien entwickeln, die normalerweise für die Entwicklung von Farbdias verwendet werden.

Das Fotolabor Ihres Vertrauens

Die meisten Fotolabore arbeiten heute auch bei der Ausbelichtung von Bildern von Negativen oder Dias mit digitalen Maschinen. Die Bilder werden in digitale Daten umgewandelt und können umfassend korrigiert werden, was Kontrast und Schärfe sowie Belichtungsfehler oder Probleme mit Gegenlicht und Blitz angeht. Staub und Kratzer auf Negativen werden automatisch erkannt und korrigiert. Kompetenz und Erfahrung der Maschinenbediener sind jedoch, wie so oft, auch hier ein entscheidender Erfolgsfaktor.

Lernen Sie Ihr Labor vor Ort kennen; finden Sie alles über die angebotenen Verfahren, über die Arbeitsweise und über die Möglichkeit von Experimenten mit diesen Verfahren heraus.

Farbabzüge

Die Herstellung von Abzügen von Farbnegativen in der Dunkelkammer können Sie selbst erlernen. Das Farbnegativ ist nur der Ausgangspunkt. Die Farbdunkelkammer hält viele kreative Möglichkeiten bereit: Farben und Kontraste können verstärkt, unerwünschte Farbstiche beseitigt und Farben hinzugefügt werden. Experimentierfelder sind das Dye-Transfer-Verfahren und Farbfotogramme.

Digitale Farbfotos

Die Kompatibilität von Kameras, Computern und Druckern gibt dem Fotografen fantastische Möglichkeiten. Zur Anpassung von Farben, Kontrast und Helligkeit können die Digitalfotos am Computer umfassend nachbearbeitet werden. Sie können auf sehr viele verschiedene Materialien gedruckt werden, wobei manche Drucker ein größeres Farbspektrum und feinere Schattierungen und Übergänge bieten als andere. Ausdrucke mit Pigmentfarben sind besonders haltbar.

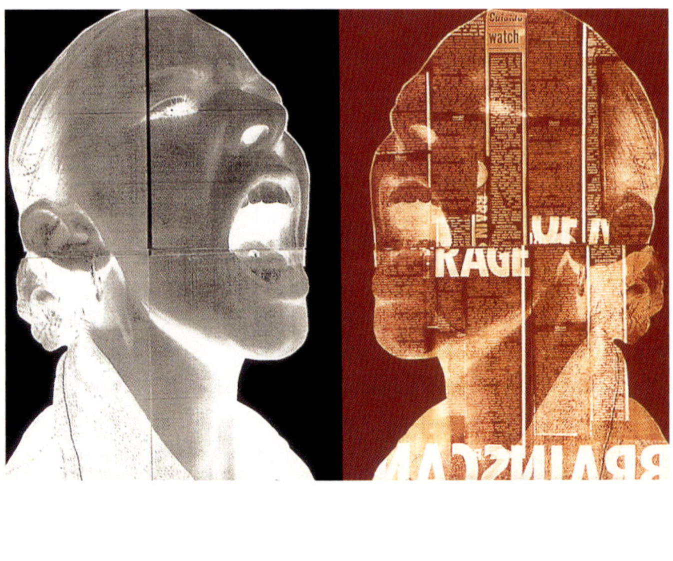

Fotografie und Licht

Zum Fotografieren braucht man Licht. Die vielen zur Verfügung stehenden Lichtquellen können ganz unterschiedlich eingesetzt werden, um eine Vielfalt von Effekten zu erzeugen und ein Motiv jeweils anders darzustellen.

Fotografen entscheiden sich für eine Lichtquelle aufgrund ihrer Qualität und ihrer Charakteristiken. Jeder Fotograf setzt Licht anders ein. Einige arbeiten mit Tageslicht, andere mit direktem Blitzlicht, wieder andere nehmen eine ganze Wagenladung Leuchten mit zu jedem Auftrag. Sie wechseln die Position, um das Sonnenlicht bestmöglich zu nutzen oder stellen ihre Lampen immer wieder um, bis sie die beabsichtigte Wirkung erreicht haben.

Fotografen und Filmemacher brauchen Licht. Einer der Gründe, warum Hollywood zum Zentrum der Filmindustrie wurde, ist das Klima: Jeden Tag sind dort viele Sonnenstunden garantiert.

Sonnenlicht und vorhandenes Licht

Manche Fotografen bevorzugen die Arbeit bei vorhandenem Licht. Sie nutzen das Sonnenlicht, die Straßenbeleuchtung oder die Innenraumbeleuchtung des Gebäudes, in dem sie fotografieren. Der Ausdruck „vorhandenes Licht" bezeichnet also das zum Zeitpunkt der Aufnahme vor Ort verfügbare Licht.

Große Fotografen, die nur mit dem vorhandenen Licht arbeiteten, sind unter anderen Henri Cartier-Bresson und Tony Ray-Jones. Das vorhandene Licht wird auch Umgebungslicht genannt.

Die Nutzung des vorhandenen Lichts ermöglicht ein unauffälliges Vorgehen: Der Fotograf fügt sich in die Szene ein und drückt im richtigen Moment auf den Auslöser. Er braucht nicht viel Gepäck, keine Stative oder sonstige Stützen, und arbeitet mit größtmöglicher Schnelligkeit und Bewegungsfreiheit. Bei vorhandenem Licht aufgenommene Fotos wirken oft natürlicher als Bilder, die mit Blitz oder Kunstlicht ausgeleuchtet werden.

Der Winkel, in dem das Sonnenlicht auf die Erde trifft, und dessen Farbe ändern sich im Laufe des Tages erheblich, sodass man einen Ort auf ganz verschiedene Weise fotografieren kann.

Das vorhandene Licht kann allerdings zu hell, zu schwach, zu ungleichmäßig oder zu kontrastreich sein. Sehr helles, direktes Sonnenlicht ist nicht sehr schmeichelhaft, aber das Fotografieren im Schatten an einem sonnigen Tag kann zu sehr guten Ergebnissen führen, wie auch Gegenlichtaufnahmen.

Bei schwacher Raumbeleuchtung muss der Fotograf sein Motiv optimal positionieren, zum Beispiel an einem Fenster, oder auf lichtstarke Objektive, empfindliche Filme oder höhere ASA-Einstellungen an einer Digitalkamera zurückgreifen. Das führt jedoch eventuell zu flauen Farben, grobem Korn oder Rauschen und einer sehr geringen Schärfentiefe, aber vielleicht wollen Sie genau das erreichen.

Ein Motiv lässt sich auf vielerlei Arten ins Licht setzen

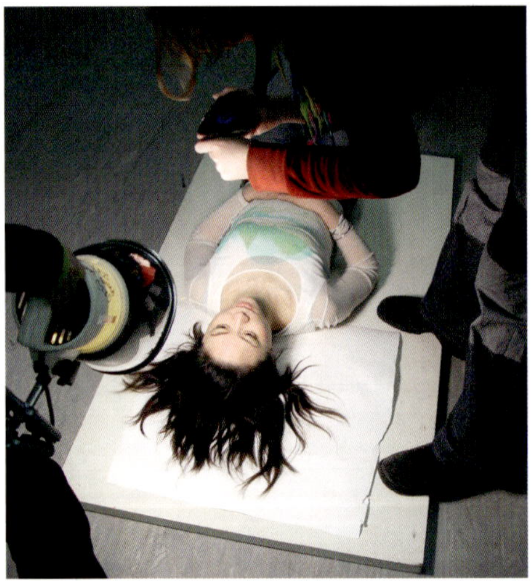

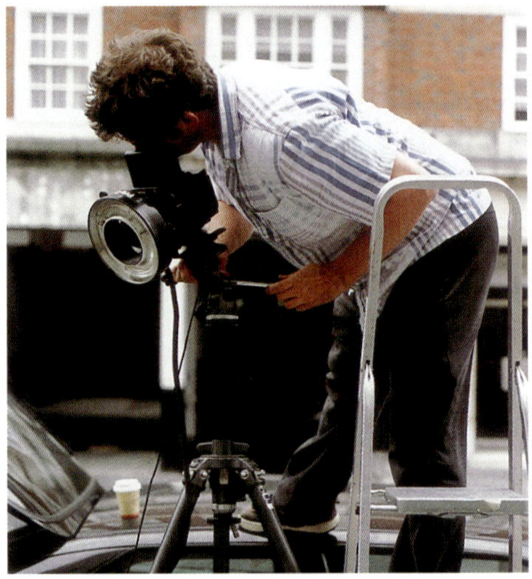

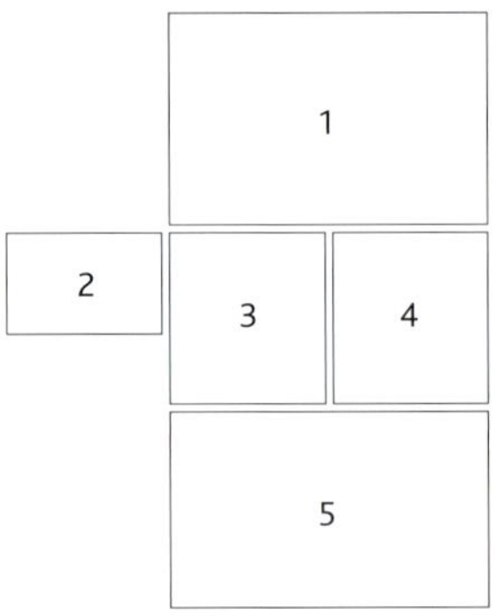

1. Blitz bei Tageslicht. Softbox und ein großer, batteriebetriebener Blitzgenerator
2. Kunstlichtlampen und ein Reflektor
3. Kunstlichtlampe, gehalten von einem Assistenten
4. Ringblitz on location
5. Leuchtkasten zur Ausleuchtung eines Stilllebens im Studio

Kunstlicht

Wenn ein Fotograf Beleuchtungsgeräte zum Aufnahmeort mitnimmt oder im Fotostudio künstliche Lichtquellen nutzt, spricht man von „Kunstlicht“ – die Lichtquelle ist künstlich und nicht natürlich, wie das Sonnenlicht. Kunstlicht macht die Fotografie unabhängig von den Kapriolen, die das Wetter schlagen mag.

Die große Helligkeit künstlicher Lichtquellen wie Kunstlichtlampen garantiert, dass ein Fotograf mit geringempfindlichen, feinkörnigen Filmen oder niedrigen ASA-Einstellungen und kleineren Blende arbeiten kann.

Wenn kein Tageslicht vorhanden ist, imitieren manche Fotografen seine Qualität mit künstlichen Lichtquellen (*siehe* Porträts vor einfachem Hintergrund, S. 32).

Blitzlicht

In den 1860er Jahren wurde erstmalig angezündetes Magnesiumband als Lichtquelle in der Fotografie eingesetzt. Das intensive weiße Licht diente der Ausleuchtung von Fotos in Minen, Höhlen und Grabstätten im alten Ägypten. Seit den 1880er Jahren wurde aus pulverisiertem Magnesium sogenanntes Blitzpulver hergestellt. War der Fotograf aufnahmebereit, zündete er das Pulver mit Reibrad und Feuerstein an und es entstand ein heller Blitz. Mit dieser Methode fotografierte der dänische Fotograf Jacob Riis 1890 die Gangs in den New Yorker Slums (*siehe* Der Welt die Augen öffnen, S. 79).

Die Verwendung von Blitzpulver war kompliziert und gefährlich. Außerdem war es schwer zu dosieren, sodass eine gute Belichtung einem Glücksspiel ähnelte. Probleme, die in den 1920er Jahren mit der Erfindung der einmal verwendbaren Blitzlichtbirne gelöst wurden. Der birnenförmige Glaskolben, gefüllt mit Sauerstoff und einem sehr dünnen Magnesiumband, gab einen kurzen, kontrollierten Lichtblitz ab, der elektrisch gezündet wurde.

Hochgeschwindigkeitsfotografie

Das moderne Blitzgerät wurde von Harold Edgerton erfunden. 1929 wollte Edgerton die Rotoren eines elektrischen Motors in Bewegung beobachten, indem er Lichtblitze mit der Geschwindigkeit, mit der sich der Motor drehte, synchronisierte. Edgerton bemerkte, dass einmalig verwendbare Blitzlichtbirnen dafür ungeeignet waren, und entwarf und baute ein Röhrenblitzgerät, das nacheinander eine Serie von kurzen, hellen Lichtimpulsen abgeben konnte.

Edgertons Blitzgerät, das immer wieder gezündet werden konnte, gab Fotografen und Wissenschaftlern ein brillantes Werkzeug an die Hand. Bei der Fortsetzung seiner Experimente stellte Edgerton fest, dass Blitze mit einer Dauer von nur $1/100\,000$ s und schnelle Blitzfolgen möglich waren, die sogenannte Stroboskopbeleuchtung, mit der er die Bewegung der Rotorblätter beobachten konnte.

Edgerton brachte auf seinen Fotos die Zeit zum Stillstand. Er fror den Flug von Projektilen und das Fallen von Tropfen ein und zeigte in *Wester Fesler Kicks a Football* die enorme Verformung eines Balls in dem Moment, in dem er getreten wird. Edgerton fotografierte den Schwung eines Golfers und den Aufschlag beim Tennis. Seine Arbeit trug ihm einen Oscar für seinen Kurzfilm *Quicker than a Wink* ein, bei dem er ebenfalls Stroboskopblitze einsetzte (*siehe* Was macht einen großen Fotografen aus?, S. 130, und Die Kamera – eine Zeitmaschine, S. 144).

Blitzlicht verwenden

Blitzlicht kann als harte Lichtquelle oder zur Imitation von weichem Tageslicht eingesetzt werden. Wird ein Blitzgerät nicht auf der Kamera, sondern auf einem Stativ befestigt, kann der Fotograf die Position der Lichtquelle frei wählen und hat viel mehr Beleuchtungsoptionen.

Es gibt verschiedene Möglichkeiten, Blitzlicht zu verstärken oder zu streuen, zum Beispiel mit Vorsätzen, Reflexschirmen und Softboxen.

Das Aufsteckblitzgerät wird in den „Zubehörschuh" der Kamera gesteckt, der mit Kontakten zur Auslösung des Blitzgerätes bei Druck auf den Kameraauslöser ausgestattet ist.

Viele Kameras verfügen serienmäßig über ein eingebautes Blitzgerät.

Größere und leistungsstärkere tragbare Blitzgeräte, die an das Stromnetz angeschlossen oder über Akkus mit Strom versorgt werden müssen, werden über ein Synchronkabel mit der Kamera synchronisiert.

Direktes Blitzlicht kann mit Diffusoren oder Transparentpapier gestreut werden.

Messung des Blitzlichts

Ein Blitzgerät liefert einen kräftigen, kurzen Lichtblitz, der aufgrund seiner kurzen Dauer nicht mit Belichtungsmessern, die für die Messung von Umgebungslicht ausgelegt sind, gemessen werden kann. Für die Messung des Blitzlichts braucht man einen Blitzbelichtungsmesser.

Viele Kameras sind mit einem eingebauten Belichtungsmesser im Objektiv (TTL) ausgestattet, der die Leistung des Blitzgeräts an die Einstellungen der Kamera anpasst.

Handbelichtungsmesser messen die Helligkeit des auf das Motiv treffenden Blitzlichts.

Nach der Anpassung des ASA-Werts an die ASA-Einstellung Ihrer Kamera halten Sie den Sensor an das Motiv und lösen den Blitz aus, um die Blende abzulesen.

Direktes Blitzlicht – harte Beleuchtung

Manche Fotografen leuchten das Motiv am liebsten mit dem direkten Licht eines auf der Kamera befestigten Blitzgerätes aus. So entsteht ein flacher, zweidimensionaler Effekt, bei dem jedes Detail des Motivs gnadenlos sichtbar wird. Bei Verwendung von direktem Blitzlicht ist aufgrund des Lichtabfalls der Vordergrund heller als der Hintergrund. Falls sich das Motiv nah an einer Wand oder sonst einem Hintergrund befindet, entsteht ein schwarzer, harter Schatten. Zu den Fotografen, die diese Effekte gestalterisch nutzten, gehören Diane Arbus und Roger Ballen.

Garry Winogrand nutzte ebenfalls die Wirkung des direkten Blitzlichts, das von Fenstern, glänzenden Oberflächen und sogar von der Brille seines Modells reflektiert wurde. William Klein beschrieb in seinem Buch *Close Up*, was er am Blitzlicht schätzte: „Ich gehe von Tisch zu Tisch und sage ‚nicht bewegen!' dann ‚Wunderbar' und löse den Blitz aus [...]. Das harte Blitzlicht konnte unvergleichliche Schundfotos hervorbringen."

Ein Aufsteckblitz auf der Kamera kann auf Decken oder Wände gerichtet werden. Die daraus resultierende indirekte Beleuchtung ist viel weicher und gleichmäßiger als direktes Blitzlicht. Viele Aufsteckblitzgeräte sind dazu mit verstellbaren Blitzköpfen ausgestattet.

Einfrieren von Bewegungen mit Blitz

Das Blitzgerät vermag mit seinem kurzen Lichtimpuls Bewegungen einzufrieren, was vor allem in der Zeitungsfotografie, im Fotojournalismus und in der Sportfotografie ein großer Gewinn ist. Die von Harold Edgerton aufgenommenen Fotos von festgehaltenen Bewegungen inspirierten zahlreiche seiner Kollegen, darunter den in Albanien geborenen Fotografen Gjon Mili. Er fror mit Blitzlicht die Bewegungen von Tänzern beim Sprung ein, wie auf dem faszinierenden Foto *Willa Mae Ricker and Leon James Demonstrating the Lindy*. Seine Bilder beeinflussten wieder andere Fotografen, zum Beispiel Lois Greenfield (*siehe* Der Körper in Bewegung – Tanz, S. 64).

Serienblitze machen den Rhythmus einer Bewegung und ihren Ablauf sichtbar. Mili fotografierte mit sechs Blitzen den über eine Bühne tanzenden Gene Kelly. Ralph Morse nahm den Ablauf eines 50-m-Laufs im Madison Square Garden in New York mit einer einzigen Aufnahme auf. Er fotografierte aus einer Position, in der sich alle Läufer auf die Kamera zubewegten, und zündete während der 6,2 Sekunden drei Blitzgeräte hintereinander, die er am Start, in der Mitte und am Ziel positioniert hatte, wo sie die Bewegungen jeweils festhielten, sodass man sieht wer führt.

Serienblitz und Mehrfachbelichtung sind zwei unterschiedliche Arbeitsmethoden, auch wenn die Ergebnisse ähnlich ausfallen können. Aufnahmen mit Serienblitz werden in einem abgedunkelten Studio oder in einem dunklen Bereich bei geöffnetem Kameraverschluss gemacht. Mehrfachbelichtung heißt, ein Foto wird aufgenommen, dann wird der Verschluss aufgezogen, um ein weiteres Foto über das erste aufzunehmen usw. Beide Methoden funktionieren am besten vor dunklem Hintergrund.

Blitz bei vorhandenem Licht

In Kombination mit vorhandenem Licht erzielt Blitzlicht entweder eine sehr subtile oder eine höchst dramatische Wirkung. Das Verhältnis zwischen Blitzlicht und vorhandenem Licht kann vom Fotografen beeinflusst werden. Mit Blitzlicht bei Tageslicht können zum Beispiel Schatten aufgehellt und der Kontrast reduziert werden. Man nennt dies „Aufhellblitz". Es gibt aber auch kreativere Einsatzmöglichkeiten.

Bruce Gildens Aufnahmen von New Yorkern unterwegs zur Arbeit machte der Fotograf an hellen Tagen mit Blitzlicht. Die Menschen sehen aus wie zwischen die Bildränder gezwängt. Boshaft offenbart das Blitzlicht ihre grimmige Entschlossenheit, sich ihren Weg zu bahnen.

Blitzlicht bei Tageslicht kann die Stimmung eines Fotos verstärken. Viele Fotografen setzen es zur Freistellung des Motivs ein, wie Rineke Dijkstra bei ihrer Serie von jungen Mädchen am Strand (*siehe* Porträts vor einfachem Hintergrund, S. 32). Auch Annie Leibovitz arbeitet so.

Der Einsatz von Blitz bei Tageslicht kann als Mittel der Übertreibung verstanden werden, wenn das Motiv vor einem dramatischen Himmel positioniert und der Blitz als Hauptlicht verwendet wird. Wählt man eine längere Verschlusszeit verdunkelt sich der Hintergrund weiter. Im Extremfall erreicht man einen völlig dunklen Hintergrund, während das Motiv vom Blitzlicht hell ausgeleuchtet wird.

Blitz bei langer Belichtungszeit

Auf dem Verschlusszeitenwahlrad ist die kürzeste Blitzsynchronzeit angegeben, in der Regel $\frac{1}{125}$ oder $\frac{1}{250}$ einer Sekunde. Eine Obergrenze für die Synchronisation von Blitzgerät und Kameraverschluss gibt es nicht. Der Blitz kann gezündet werden, obwohl der Verschluss $\frac{1}{4}$, $\frac{1}{2}$, 1 Sekunde oder noch viel länger geöffnet bleibt. Auf diese Weise lässt sich Blitzlicht mit schwachem vorhandenem Licht kombinieren. So kann bei einer Aufnahme von einer Person bei Nacht vor einer Skyline das Modell mit Blitzlicht beleuchtet und der Verschluss viele Sekunden lang offen gehalten werden, um die Lichter im Hintergrund ebenfalls aufzuzeichnen. Damit das Foto gelingt, muss die Kamera auf einem Stativ befestigt werden, und die Person darf sich während dieser langen Belichtung nicht bewegen.

Blitz und Unschärfe

Mit langen Belichtungszeiten in Kombination mit Blitz lassen sich Schärfe und Unschärfe mischen: Der größte Teil des fotografierten Motivs wird durch den Blitz scharf abgebildet, während seine Bewegung bzw. Bewegungen, die der Fotograf mit der Kamera macht, weiter aufgezeichnet werden, weil der Verschluss noch offen ist. Auf diese Art fotografierte William Klein das Chaos hinter den Kulissen der Pariser Modenschauen.

Bei Offenblitzaufnahmen bleibt der Verschluss geöffnet, während das Blitzgerät von Hand gezündet wird.

Mischung von Blitz mit anderen Lichtquellen

Gjon Mili machte ein großartiges Bild von Picasso in dem dunklen Atelier der Töpferei in Vallauris, umgeben von seinen Werken. Er leuchtete den Künstler für den Bruchteil einer Sekunde von der Seite mit Blitzlicht aus, ließ dann aber den Verschluss der auf einem Stativ befestigten Kamera viele Sekunden lang geöffnet, während Picasso mit einem Leuchtstift einen riesigen Zentauren in die Luft malte. Die Mischung beider Lichtquellen ist überzeugend und die Finesse der Zeichnung bestens eingefangen.

Gjon Mili, *Picasso at the Madoura Pottery Workshop, Vallauris, France*, 1949

Inspiriert von Harold Edgerton experimentierte Gjon Mili mit Licht. Hier mischte er zwei Lichtquellen: Blitz und das Licht eines Leuchtstifts, mit dem Picasso einen Zentauren in die Luft malte.

Ringblitz

Ein Ringblitz hat eine runde Blitzröhre, die um das Kameraobjektiv herum angeordnet ist. Diese Blitzröhre liefert eine weiche, gleichmäßige frontale Beleuchtung mit wenigen Schatten um das Motiv herum. Kreativ eingesetzt wurde dieses Blitzgerät in der Modefotografie von Helmut Newton und Nick Knight und in der Dokumentarfotografie von Martin Parr.

„Rote Augen" treten auf, wenn der Ringblitz oder ein anderes Blitzgerät nah am Kameraobjektiv angeordnet ist, und resultieren daraus, dass das Blitzlicht von der Retina im Auge des Modells reflektiert wird. Der Fotograf Paul Graham setzte den Effekt in einer Serie von Nahaufnahmen junger Diskogänger gestalterisch ein. Mit ihren glühenden roten Augen sehen sie aus wie Raubtiere.

Blitzlicht: Pro und Kontra

Blitzlicht kann ein wichtiges kreatives Werkzeug sein. Aufsteckblitzgeräte und kleine, tragbare Modelle sind leicht zu transportieren und leicht zu bedienen und können die vorhandene Beleuchtung im Nu ergänzen, wenn schnelles Arbeiten gefragt ist. Der helle Blitz bedeutet, dass Sie einen gering-empfindlichen Film verwenden bzw. eine niedrige Empfindlichkeitseinstellung an der Digitalkamera wählen können, auch die Einregelung einer kleinen Blende zur Erhöhung der Schärfentiefe ist möglich. Außerdem wirkt das auf Tageslicht abgestimmte Blitzlicht sehr natürlich.

Blitzlicht kann die Stimmung oder Atmosphäre eines Fotos allerdings auch völlig verderben. Der Benutzer einer analogen Kamera sieht den Effekt des Blitzlichts erst nach der Entwicklung des Films, da er beim Blick durch den Sucher der Kamera nicht zu erkennen ist.

Kunstlichtlampen

Kunstlichtlampen erzeugen ein helles Dauerlicht und sind meist entweder mit sehr großen Birnen ausgestattet, die wie übergroße Haushaltsglühbirnen aussehen, oder mit sehr kleinen Birnen, in denen man die gebogenen Metalldrähte sehen kann, wenn die Lampe ausgeschaltet ist.

Kunstlichtlampen haben eine Farbtemperatur von circa 3200 Kelvin. Für das menschliche Auge sieht dieses Licht warm oder gelblich aus. Das Licht einer solchen Leuchte kann, wie Blitzlicht, direkt genutzt, reflektiert, gebündelt, gestreut oder indirekt eingesetzt werden. Um die Lichtfarbe natürlich wiederzugeben, braucht man einen Kunstlichtfilm.

Kunstlicht und Tageslichtfilm

Kunstlicht auf Tageslichtfilm ergibt einen starken Gelbstich, der mit einem blauen Konversionsfilter vor dem Objektiv korrigiert werden kann.

Die Verwendung von Filmen bei einer Beleuchtung, für die sie nicht ausgelegt sind, kann zu großartigen Ergebnissen führen. Lernen Sie Ihr Filmmaterial, Ihre Lichtquellen und deren Farbtemperatur kennen.

Pro und Kontra Kunstlichtlampen

Kunstlicht lässt sich ohne weiteres mit Tageslicht mischen, insbesondere in Kombination mit Farbfiltern zur Anpassung der Lichtfarbe. Die Abbildung im Sucher entspricht in etwa dem späteren Ergebnis. Einfache Kunstlichtleuchten sind kostengünstig, leicht und lassen sich auf verschiedene Arten einsetzen: direkt, mit einem Spotvorsatz oder einer Torblende, indirekt, reflektiert und gestreut.

Kunstlichtlampen werden jedoch sehr heiß, sodass es am Aufnahmeort unangenehm warm werden kann. Und sie haben eine begrenzte Lebensdauer, viel kürzer als die von Blitzlicht.

Janebeams, Kunstlichtscheinwerfer mit 800 W (Redhead) oder 2000 W (Blonde), sind auf den Einsatz im Studio ausgelegt, wo der große Strombedarf nicht zum Problem wird. Wenn sie an das normale Haushaltsstromnetz angeschlossen werden, könnte es passieren, dass die Sicherung durchbrennt.

Studiobeleuchtung

Eine Studiobeleuchtung sorgt für maximalen kreativen Spielraum und totale Kontrolle über das Bild. Tendenziell sind Aufnahmen bei Studiobeleuchtung jedoch „überbeleuchtet", was die Stimmung zerstören kann.

Kim von Coels und Ken Chung, *Face*, 2004

Diese Arbeit ist das Ergebnis einer Zusammenarbeit zwischen dem Fotografen Kim von Coels und dem Illustrator Ken Chung. „Wir machten einige Experimente mit Taschenlampen und langen Belichtungen im abgedunkelten Studio," erklärt von Coels. „Ken trug schwarze Kleidung und malte mit einer kleinen Taschenlampe, die mit einem roten Gelatinefilter ausgestattet war, in der Luft herum. Ich fotografierte mit einer Hasselblad-Mittelformatkamera auf Stativ und ließ den Verschluss etwa zehn Sekunden lang offen, bis die Zeichnung fertig war."

Experimente mit der Beleuchtung

Die von Bill Brandt aufgenommenen Fotos von London bei Mondschein wurden mit Belichtungszeiten von einer halben Stunde gemacht. Unter dem Titel *The Magic Lantern of a Car's Headlights* veröffentlichte er gespenstische Bilder von einem nur von den Scheinwerfern seines Autos ausgeleuchteten Friedhof. Kim von Coels und Paolo Roversi setzten effektvoll das Licht von Taschenlampen ein (*siehe* Lustvolles Farbtheater, S. 70). Infrarotes Blitzlicht wurde von Weegee benutzt, um unbemerkt die Zuschauer in einem Kino und nächtliche Strandbesucher zu fotografieren. Ob Leuchtkästen, Kerzenlicht, Neonlicht, Leuchtstoffröhren oder ultraviolettes Licht, alle diese Lichtquellen können in der Fotografie zur Beleuchtung genutzt werden. Denken Sie daran, es gibt immer genug Licht zum Fotografieren. Der Verschluss muss nur lange genug geöffnet bleiben.

Wellenlängen des Lichts

Das menschliche Auge kann nur einige Wellenlängen in der Mitte des elektromagnetischen Spektrums wahrnehmen, das sogenannte „sichtbare Spektrum". Manche Filme und Kameras sehen mehr als das menschliche Auge und zeichnen Röntgenstrahlen, Infrarotlicht und Wärme auf.

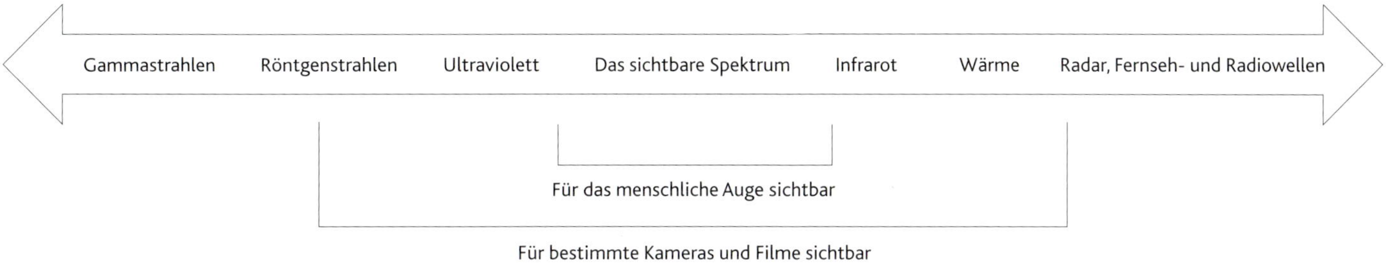

Die Farbtemperatur des Lichts

Farbfilme und Digitalkameras reagieren sehr empfindlich auf Veränderungen der Farbe bei verschiedenen Lichtquellen. Obwohl unsere Augen uns sagen, dass ein weißes Hemd sowohl draußen bei hellem Sonnenlicht als auch drinnen bei künstlichem Licht weiß ist, wirkt die Farbe des Hemds auf einem Foto jedes Mal anders. Dies liegt an den unterschiedlichen Farbtemperaturen der einzelnen Lichtquellen. Sie sind wärmer bzw. kälter. Die genaue Farbtemperatur wird mit einem Farbmessgerät ermittelt und in Kelvin (K) angegeben.

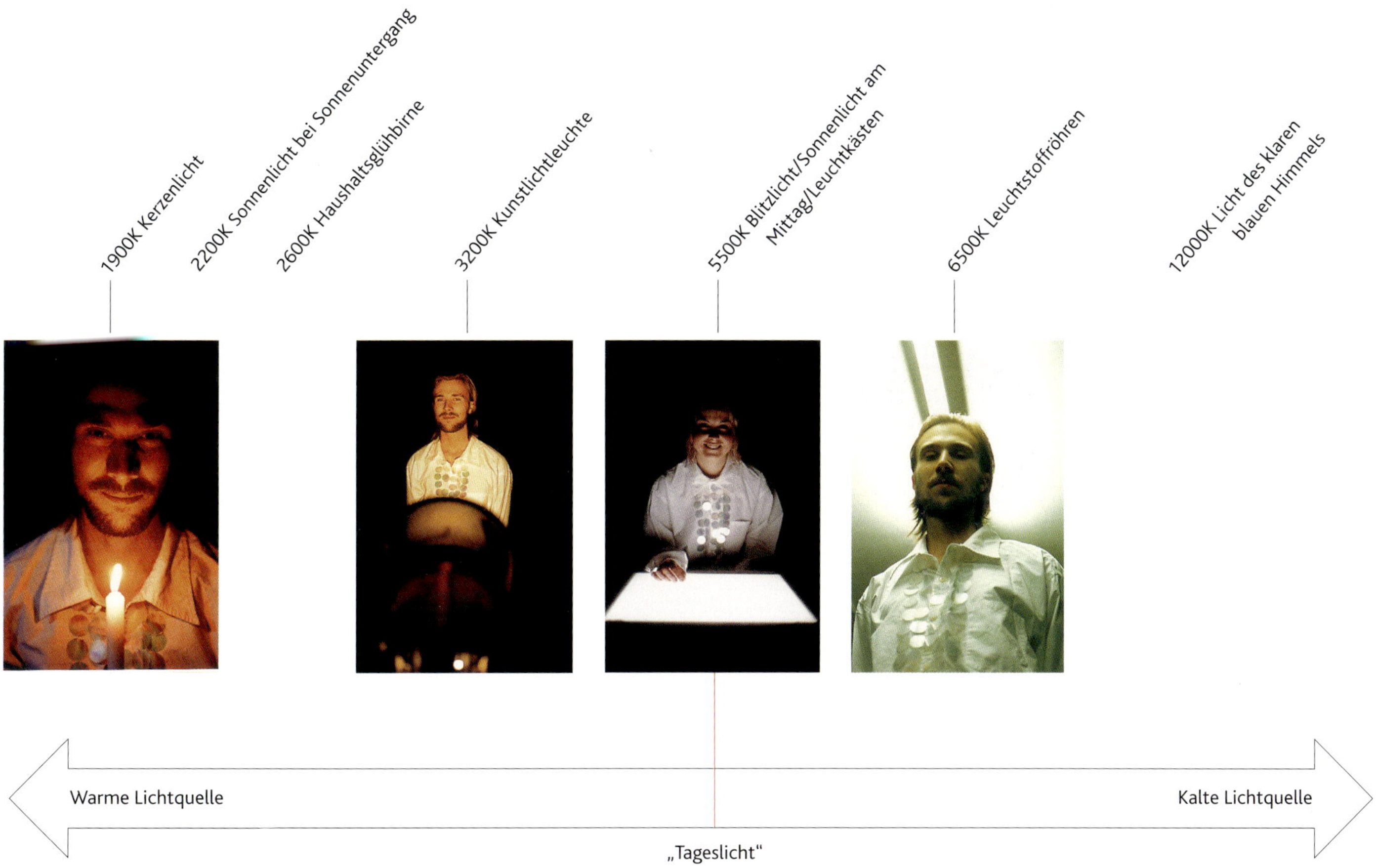

Photoshop

Photoshop ist das Standard-Computerprogramm zur Bearbeitung und Retusche von Fotos. Es bietet schier unbegrenzte Möglichkeiten zur Anpassung und kann zur Gestaltung von Fotos verwendet werden, die auf keine andere Art und Weise zustande kommen könnten. Das Programm ist ein einfaches Werkzeug, sobald man die verwirrende Vielfalt von Optionen beherrscht.

Für die Arbeit mit Photoshop braucht man keine Digitalfotos. Jedes Foto – Dias, Negative und Papierbilder – kann eingescannt und digitalisiert werden.

Farbbalance, Kontrast, Helligkeit und Schärfe lassen sich ändern, und auch in der digitalen Dunkelkammer kann man Bildpartien abwedeln und nachbelichten. Fotos können nahtlos oder nur grob miteinander kombiniert und auf Knopfdruck in Schwarzweiß umgewandelt werden. Jeder Bereich eines Fotos, von winzigen Details bis zu größeren Bildelementen, lässt sich relativ schnell verändern. Photoshop bietet auch verschiedene Filter, die den Charakter eines Fotos stark verfremden. Wenn Ihnen die vorgenommenen Änderungen nicht gefallen, können Sie problemlos zur letzten Version zurückkehren oder von Neuem beginnen.

Sobald Sie mit einem Foto zufrieden sind, können Sie es jetzt, in einer Woche, in einem Jahr oder auch in zehn Jahren ausdrucken. Das Ergebnis ist immer das gleiche. Beim Vergrößern eines Fotos in der Dunkelkammer fängt man dagegen jedes Mal von vorn an.

Tetsuya Tamanos Bilder **(oben)**, die seinen Blick auf die heutige Welt zeigen, entstehen am Computer.

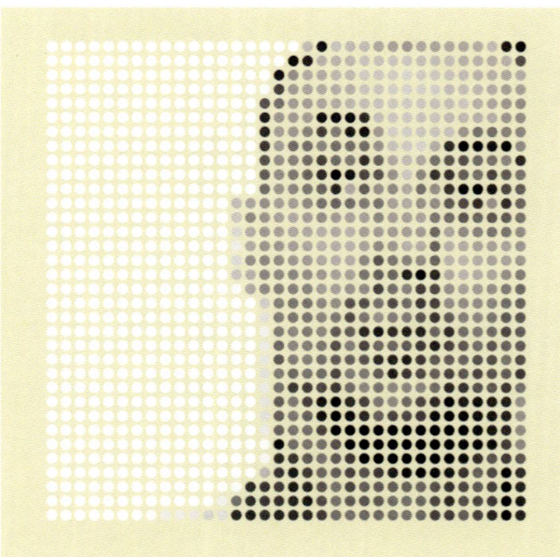

Bild aus Dominic Dysons Buch *Monstrous Desires: Without Shame* **(links)**, in dem der Fotograf die Macht der Medien, Skandale zu inszenieren, analysiert.

Dyson verwendet eine Story von einer Internet-Nachrichtenseite und schuf das Bild am Computer. „Ich suchte eine Methode, die gleichzeitig manipulativ und objektiv bis zur Abstraktion sein sollte."

Siehe Dysons Website typeandline.com

Zoe Sinclair und Andrea Blood, bekannt als „The Girls", schufen dieses 5 x 1,5 m große faszinierende Wandbild mit dem Titel *The Embodied Soul Passes through Girlhood to Death*, zu dem sie Selbstporträts, Schnappschüsse aus der Kindheit und eine Panoramaaufnahme verschmolzen, die sie aus mehreren von Sonnenaufgang bis Abenddämmerung aufgenommenen Fotos zusammenfügten.

Das Fotostudio – eine Welt der Wunder

Ein Fotostudio ist wie ein verzauberter Ort, an dem wundervolle, unerwartete Dinge geschehen können. Es bietet dem Fotografen die Möglichkeit, seine Visionen kompromisslos umzusetzen, denn es macht ihn unabhängig. Zum Beispiel vom Sonnenlicht, das unvorhersehbar ist – eventuell zu schwach, zu hell, am falschen Ort oder gar nicht vorhanden. Im Studio kann der Fotograf seine Lichtquelle genau da platzieren, wo er sie haben möchte, oder mehrere Lichtquellen verwenden, um eine spezielle Stimmung zu erreichen. Er muss sich nicht mit den Gegebenheiten eines Aufnahmeortes abfinden und kann alle Bildelemente genau nach seinen Vorstellungen anordnen.

Maler arbeiten seit Jahrhunderten in lichtdurchfluteten Ateliers mit riesigen Fenstern. Auch viele Fotografen schätzen die Qualität und die Eigenschaften des Tageslichts. Wenn aber kein geeignetes Tageslicht herrscht, kann es im Studio mit Studiobeleuchtung imitiert werden.

Ein Studio ist ein leerer Raum. Je größer, höher, breiter und länger er ist, desto besser. In großen, hohen Räumen hat der Fotograf die Möglichkeit, die Position zu wechseln, kann mit verschiedenen Objektiven arbeiten und größere Kulissen und Beleuchtungsaufbauten installieren. Die Wände in einem Studio sind weiß, der Boden ist grau oder schwarz. Farbige Wände sind problematisch, denn sie verursachen Farbstiche. Ein Studio muss abgedunkelt werden können, damit lange Belichtungen nicht durch unerwünschten Lichteinfall verdorben werden.

Das Potenzial seiner Ausrüstung kann der Fotograf im Studio voll ausreizen. Er kann zum Beispiel mehrere, aufeinander abgestimmte Blitzgeräte verwenden. Mehrfachbelichtungen oder mehrfach geblitzte Aufnahmen sind möglich, und Lichtquellen lassen sich mischen. Fotografen wie David LaChapelle, Nick Knight und William Klein sind mit fantastischen Kulissen, überdimensionierten Requisiten, Aufbauten mit falscher Perspektive und geführter, gemischter Beleuchtung faszinierende Studioaufnahmen gelungen. Manche Studios sind mit einer Hohlkehle ausgestattet, das ist ein weißer Hintergrund mit ausgerundeter Kante, der beleuchtet den Eindruck erweckt, als stünde das Motiv in einem unendlichen Raum.

Ein Studio für einen halben oder ganzen Tag zu mieten ist teuer. Einige Studiobesitzer stellen nicht nur die Raummiete, sondern auch jeden Meter Hintergrundkarton in Rechnung und bitten heftig zur Kasse, wenn Sie länger bleiben als geplant. Bereiten Sie Ihre Aufnahmen daher gründlich vor, um die Zeit vor Ort optimal zu nutzen.

Bilder machen ohne Kamera

Fotogramme und Chemogramme

Zum Fotografieren braucht man nicht unbedingt eine Kamera. Fotogramme haben eine lange Tradition. Der Name wurde möglicherweise in den 1920er Jahren von dem Bauhaus-Lehrer und Fotografen László Moholy-Nagy geprägt, der sich dem Verfahren näher zuwandte. Bekannt ist die Technik jedoch bereits seit Ende der 1830er Jahre.

Die Bildherstellung erfolgt ohne Kamera. Bei völliger Dunkelheit werden mehr oder weniger transparente, dreidimensionale Objekte direkt auf ein Blatt Fotopapier oder eine andere lichtempfindliche Oberfläche gelegt, die mit einem Vergrößerungsgerät oder einer Haushaltsglühbirne belichtet wird. Die unbedeckten Teile des Papiers verfärben sich schwarz, die bedeckten Bereiche bleiben weiß. Es bilden sich auch graue Partien, bedingt durch die Beugung des Lichts oder eine Teilbelichtung. Während der Belichtung können Objekte entfernt oder hinzugefügt werden. Fotogramme lassen sich mit konventionellen fotografischen Verfahren oder mit dem Glasklischeedruck kombinieren (siehe unten).

Der Magier der Fotokunst Man Ray legte Objekte auf Papier und belichtete sie mehrfach, häufig mit bewegten Lichtquellen. Er nannte seine Experimente mit Fotogrammen „Rayogramme". Der Fotograf Nigel Henderson schuf Fotogramme mit Formen und Strukturen, wie man sie beim Blick durch ein Mikroskop oder aus einem Flugzeug auf die Erde herunter sieht. Er nannte sie „Hendogramme".

Chemogramme entstehen, wenn mit Entwickler und Fixierer auf saugfähige Materialien gemalt wird, die dann auf Fotopapier gepresst und belichtet werden. Die Chemikalien können mit Tapetenkleister verdickt werden.

Glasklischeedruck

Bei diesem Verfahren wird eine Glasplatte mit einer dünnen Schicht schwarzer Farbe versehen, sodass sie lichtundurchlässig wird. In die Beschichtung wird mit einer Nadel eine Zeichnung geritzt. Die Platte dient als Negativ und wird im Kontaktverfahren auf blankes oder bereits mit einer fotografischen Abbildung belichtetes Fotopapier abgezogen. Das durch die geritzten Linien und Schraffuren einfallende Licht erzeugt auf dem Papier eine Abbildung.

Maler des 19. Jahrhunderts wie Jean-François Millet und Camille Corot experimentierten mit dieser Methode als Zeichenhilfe.

Schablonengraffiti

„Als ich meine erste Schablone zuschnitt, spürte ich sofort ihre Kraft."
Banksy, Zitat aus dem Buch *Stencil Graffiti*

Schablonengraffiti haben große Ausdruckskraft. Manchmal meint man, diese Botschaften müssten Revolutionen auslösen oder Kriege beenden können. Großartige Beispiele stammen von dem in Bristol geborenen Sprayer und Aktionskünstler Banksy, dessen echter Name unbekannt ist (er wird polizeilich gesucht). Banksys technisch einwandfreie, geistreiche Schablonengraffiti haben die Straßenkunst revolutioniert. Seine Arbeiten sieht man in London, Paris und Barcelona. *Siehe* banksy.co.uk.

Fotogramme

Ein Skizzenbuch voller experimenteller Fotogramme.

Die ersten Fotogramme wurden wahrscheinlich Ende der 1830er Jahre von W. H. Fox Talbot geschaffen, der Blumen auf lichtempfindliches Papier legte und das Verfahren „photogenische Zeichnung" nannte. Eine Weiterentwicklung sind unter anderem die „Schadografien" des deutschen Künstlers Christian Schad, der in den 1920er Jahren mit dem Verfahren experimentierte.

Cyanotypien

Bei einer Cyanotypie werden Gegenstände auf speziell beschichtetes Papier gelegt. Der Belichtungsprozess, der je nach Intensität des Sonnenlichts mehrere Minuten oder sogar Stunden dauern kann, wird durch Spülen mit Wasser gestoppt, dabei färbt sich das Papier blau. Cyanotypie-Kits sind im Handel erhältlich.

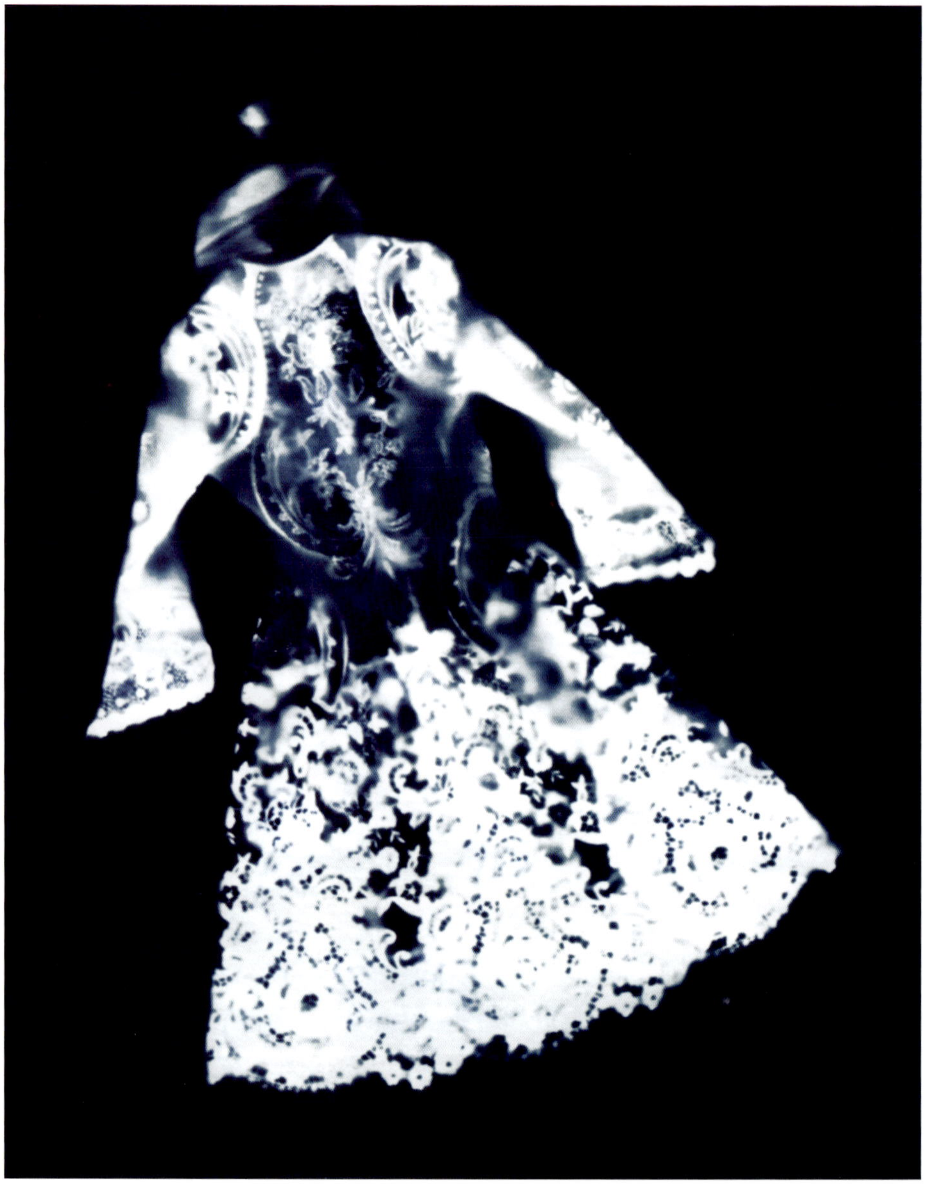

Nancy Wilson-Pajic, *Felicia*, 1998

Eine wunderschöne Cyanotypie, für die ein Kleid von Christian Lacroix auf lichtempfindliches Papier gelegt wurde **(rechts)**. Teile des Stoffs wurden während der langen Belichtungszeit bewegt.

Großes Experimentierfeld

Fotografische Abenteuer lassen sich viele erleben. Malen Sie mit Chemikalien direkt auf Fotopapier, zeichnen Sie auf Film, legen Sie Objekte direkt auf den Scanner oder ein Vergrößerungsgerät, erstellen Sie Fotobatiken und Fotosiebdrucke. Experimentieren Sie mit Lazertran, einer Fototransferfolie, mit der Sie Abbildungen wie ein Abziehbild auf Holz, Leinwand, Porzellan oder Stoff übertragen können.

Eine Karriere als Fotograf

V

Berufsbilder

Die zehn Phasen einer Aufnahmesitzung: Innerer Monolog des Fotografen

1. Ruhig, selbstbewusst: „Ich bin doch schließlich kein Anfänger."
2. Das Shooting beginnt – Selbstzweifel und ein komisches Gefühl im Magen: „Ich werde kein einziges gutes Foto machen, kein Mensch wird die Fotos veröffentlichen wollen, ich werde nicht bezahlt."
3. Panik ... bis –
4. „Ich glaube, jetzt habe ich ein ganz gutes Bild im Kasten ... Damit komme ich vielleicht durch."
5. „Ja, dieses Foto ist brauchbar. Ja, dafür bekomme ich vielleicht Geld."
6. „Dieses Foto war großartig. Dafür bekomme ich *sicher* Geld."
7. „Ein fantastisches Foto – ich bekomme jede Menge Geld."
8. „Vielen Dank!"
9. Erschöpfung, kann kaum noch sprechen: „Ich habe gerade die Arbeit eines ganzen Tages in drei Minuten hingelegt."
10. „Du meine Güte, ich habe noch sieben Motive vor mir."

Nach dem Film *Blow Up* von 1966 wollte jeder Junge mit einer Pentax Fotograf werden wie der von David Hemmings dargestellte Protagonist.

Die Karriere mancher Fotografen wie Cecil Beaton, Richard Avedon und Henri Cartier-Bresson erstreckte sich über ein halbes Jahrhundert. Jacques-Henri Lartigue fotografierte über neun Jahrzehnte. Fotografen hören nie auf zu arbeiten und sind immer bei der Arbeit. Sie sind ständig auf Empfang, immer offen für Ideen und Inspirationen in ihrer Umgebung, und in Gedanken unablässig mit ihren Bildern beschäftigt.

Wenn Sie eine Karriere als Fotograf anstreben, sollten Sie nicht nur hervorragend fotografieren, sondern auch ihren Lebensunterhalt damit verdienen können. Sie müssen deshalb so viel wie möglich über das Medium wissen und Sie müssen Kunden akquirieren. Wenn Sie den Einstieg geschafft haben, heißt der nächste Schritt, sich behaupten. Überlegen Sie, wohin Ihre berufliche Entwicklung führen soll.

Jobs und berufliche Chancen für Fotografen stehen nicht in der Zeitung. Um in diesem Bereich Arbeit zu finden, müssen Sie verstehen, wie die kreative Branche funktioniert und wie Sie Teil davon werden können.

Aufbau einer Karriere

Um eine Karriere aufzubauen und im Geschäft zu bleiben, haben sich die meisten Fotografen ein breites Spektrum von Kompetenzen angeeignet. Manche sind zwar Spezialisten, aber die meisten sind auf verschiedenen Tätigkeitsfeldern aktiv. Die Entwicklung der Karriere eines Fotografen hängt von seinen Aufträgen ab, und die meisten Fotografen wechseln im Laufe ihres Berufslebens zwischen einzelnen fotografischen Genres hin und her.

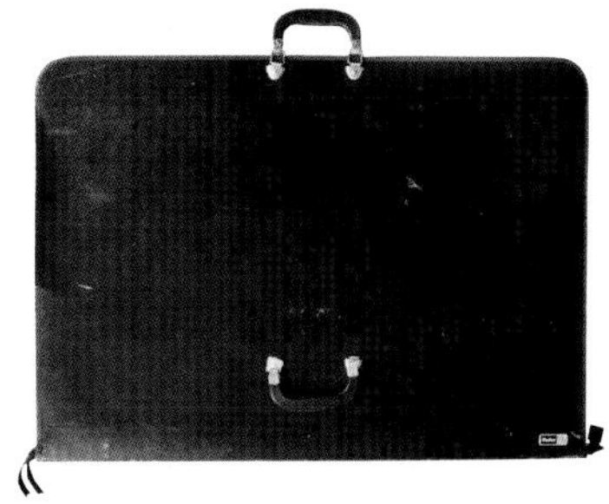

Wer Fotograf werden möchte, muss keinen vorgegebenen Weg einschlagen. Manche praktizieren *Learning by Doing*, andere beginnen als Assistent bei einem bekannten Fotografen oder machen eine Ausbildung, wieder andere haben studiert – einige haben alle diese Möglichkeiten kombiniert. In diesem Kapitel beschäftigen wir uns mit den Berufsmöglichkeiten in der Fotografie und den Laufbahnen, die man einschlagen kann.

Fotografen müssen heute jede Möglichkeit nutzen, mit ihrer Arbeit Geld zu verdienen. Sie fotografieren deshalb nicht nur für unterschiedliche Kunden und Projekte, sondern leben auch von Ausstellungen und dem Verkauf ihrer Bilder sowie von der Vergabe von Nutzungsrechten.

Frei oder festangestellt?

Wochen- und Tageszeitungen, Presse- und Sportagenturen beschäftigen festangestellte Fotografen. Auch bei der Polizei und in der Medizin gibt es spezielle Stellen im Bereich Fotografie. Die meisten Fotografen arbeiten jedoch frei, das heißt für Kunden, die sie tageweise oder für einen Auftrag buchen. Werbeagenturen, Grafikdesignbüros und Zeitschriften geben alle Fotos bei freien Fotografen in Auftrag.

Um als freiberuflicher Fotograf finanziell auf festen Füßen zu stehen und eine Karriere aufzubauen, müssen Sie regelmäßig Aufträge haben. Viele Kunden vergeben ihre Aufträge an einen kleinen, festen Fotografenstamm, bei dem sie wissen, was sie erwarten können. Ein Fotograf kann seine Kunden viele Jahre lang an sich binden, wenn er Beziehungen zu anderen Kreativen aufbaut, die seinen Beitrag zu einem Projekt zu schätzen wissen.

Portfolio und Vorstellungsgespräche

Um als Freiberufler Aufträge zu bekommen, brauchen Sie ein Portfolio, mit dem Sie potenziellen Kunden zeigen können, was Sie anbieten und welche Leistungen Sie bereits erbracht haben. In der Regel enthält ein Kundenportfolio etwa dreißig Seiten mit Ihren Fotos. In der Kreativbranche wird das Portfolio auch als Mappe bezeichnet.

Wenn Sie einen potenziellen Kunden kontaktieren, gibt man Ihnen vielleicht einen Termin, damit Sie dem Artdirector, einem Layouter oder einem Bildredakteur Ihre Arbeiten zeigen können. Fotografen sollten jede Gelegenheit nutzen, sich durch solche Vorstellungsgespräche bei so vielen Kunden wie möglich bekannt zu machen. Unter Umständen wird man Sie auffordern, Ihre Mappe abzugeben. Da Sie in diesem Fall keine Gelegenheit haben, mit dem Kunden über die Bilder zu sprechen, müssen die Fotos für sich selbst sprechen.

In Ihrem Kundenportfolio präsentieren Sie nur Ihre besten Arbeiten. Zeigen Sie genau die Art von Fotos, die Sie im Rahmen eines Auftrags gern aufnehmen würden. Ihre Mappe sollte Auskunft darüber geben, wofür Sie sich begeistern und wo Ihre Stärken liegen.

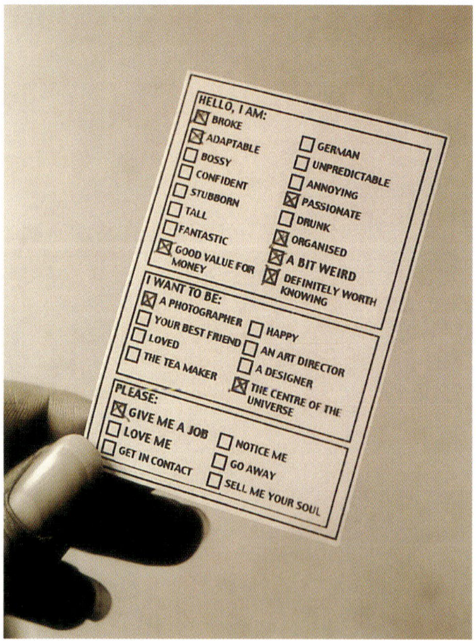

Geben Sie den Menschen, denen Sie bei Vorstellungsgesprächen begegnen, Ihre Visitenkarte.

Werbung in eigener Sache

Sobald Sie ein gutes Portfolio zusammengestellt haben, müssen Sie bei potenziellen Kunden Werbung für sich selbst machen. Dazu gibt es viele Möglichkeiten, zum Beispiel eine Website aufbauen oder eine elektronische Version Ihres Portfolios anfertigen, die sich via E-Mail verschicken lässt. Sie können auch ein CD-Portfolio herstellen, um es auf dem Postweg zu versenden. Ansprechende Visitenkarten und Drucksachen gehören auch zum Werbematerial.

Um von der Öffentlichkeit wahrgenommen zu werden, nehmen viele Fotografen an Wettbewerben teil und stellen ihre Arbeiten so oft wie möglich aus (*siehe* Wettbewerbe, S. 226).

Wenn Ihnen die Arbeit einer bestimmten Zeitschrift, eines Grafikdesignbüros, einer Agentur oder eines Artdirectors besonders gut gefällt, nehmen Sie Ihre Mappe unter den Arm und gehen Sie dorthin. Selbst wenn Sie keinen Auftrag ergattern können, sammeln Sie Erfahrungen und knüpfen neue Kontakte.

Der Fotojournalist Thurston Hopkins konnte die Zeitschrift, für die er unbedingt arbeiten wollte, für sich gewinnen, indem er eine Dummy-Ausgabe des Magazins mit eigenen Fotos und Texten gestaltete und an die Redaktion sandte. Er erhielt sofort einen Auftrag.

Erstellung einer Website

Nutzen Sie das Internet als unkompliziertes und sofort zugängliches Schaufenster für Ihre Arbeit. Dazu ist allerdings anzumerken, dass viele Auftritte im Web alles andere als gelungen sind. Die besten Foto-Websites sind einfach und klar aufgebaut. Am leuchtenden Computerbildschirm sehen gute Bilder ohnehin immer eindrucksvoll aus. Die Wirkung einer Website kann mit diversen Gestaltungsmitteln noch gesteigert werden. Lernen Sie aus Foto-Websites, die Ihnen gefallen und die funktionieren, bevor Sie Ihre eigene erstellen.

Die Vorgabe

Ein professioneller Fotograf muss sich nach den Vorgaben eines Auftraggebers richten. Eine Vorgabe ist eine kreative Aufgabenstellung, die innerhalb einer festgelegten Frist auf originelle und kreative Weise umgesetzt werden muss. Je besser Sie auf die Vorgabe eingehen und die darin enthaltenen Probleme lösen, desto größer die Aussicht auf Folgeaufträge.

Redaktionelle Fotografie – die Arbeit für Zeitungen und Zeitschriften

Aufnahmen, die im Auftrag von Zeitschriften und Zeitungen zur Veröffentlichung mit einem Artikel gemacht werden, heißen redaktionelle Fotos. Viele freie Fotografen arbeiten in diesem Bereich und profitieren von der Bandbreite von Themen und Projekten, die dort vergeben werden.

Bei einer Zeitschrift haben die Mitarbeiter eine klare Vorstellung davon, wer ihre Leser sind, zu welcher Alters- und Berufsgruppe sie gehören und welchen Geschmack, welche Wünsche und finanziellen Möglichkeiten sie haben. Jede Redaktion hat einen fiktiven „idealen" Leser vor Augen und kennt die Position ihrer Zeitschrift auf dem Markt.

Zeitungsjournalisten haben ebenfalls eine genaue Vorstellung davon, was der Leser lesen und sehen möchte. Sie wissen, ob ihre Leserschaft politisch und gesellschaftlich eher konservativ oder eher progressiv und fortschrittlich eingestellt ist.

Der Chefredakteur

Alle Zeitungen und Zeitschriften haben einen Chefredakteur, der für das, was in einer Publikation erscheint, verantwortlich ist. Der Chefredakteur trifft alle wichtigen Entscheidungen in der aktuellen Produktion, zum Beispiel welche Storys gedruckt werden und wer auf den Titel kommt. Er überwacht auch, dass die Linie des Blattes eingehalten wird. Der Chefredakteur bestimmt, welche Mitarbeiter und Freiberufler beschäftigt werden. Für Falschmeldungen und für Umsatzrückgänge muss er den Kopf hinhalten.

Der Artdirector

Der Artdirector, der vom Chefredakteur ausgewählt wird, ist für das äußere Erscheinungsbild einer Publikation zuständig. Er entwirft das visuelle Konzept einer Publikation und arbeitet unter Hinzuziehung von Fotografen und Illustratoren seiner Wahl an der Entwicklung und Umsetzung in Bild, Typografie und Layout. Er überwacht die Gestaltung jeder Ausgabe. Bei einer Zeitschrift kontrolliert der Artdirector auch den Druck und stellt größtmögliche Qualität sicher. Je umfangreicher eine Publikation, desto wichtiger ist die Rolle des Artdirectors, der darauf achtet, dass gestalterische Prinzipien durchgehend eingehalten werden.

Als Leiter der Abteilung Editorial Design führt der Artdirector die Grafiker, die das Layout gestalten, und die Mitarbeiter der Bildredaktion, die für die Beschaffung des Fotomaterials verantwortlich sind und die Fotoaufträge vergeben und koordinieren. Die Karriereleiter in dieser Abteilung beginnt beim ausführenden Grafiker und endet in großen Unternehmen beim Creativdirector, der noch über dem Artdirector steht.

Sehenswerte Arbeiten von Artdirectoren

- Alexei Brodowitsch für *Harper's Bazaar*. Brodowitsch war auch ein großer Fotograf, der ein berühmtes Buch mit Ballettfotos veröffentlichte, das er selbst gestaltete *(siehe* Der Körper in Bewegung – Tanz, S. 64).
- Alexander Liberman für *Vogue*
- George Lois für *Esquire*
- David Hillman für *Nova*
- Derek Birdsall für *Town* und das Magazin des *Independent*
- Fabien Baron für *Interview*, *Harper's Bazaar* und die italienische Ausgabe der *Vogue*

Der Bildredakteur

In einer Bildredaktion arbeiten häufig mehrere Bildredakteure. Sie verwalten die Adressen der freien Mitarbeiter, suchen geeignete Fotografen für die Projekte aus und planen und verhandeln die Kosten. Berufseinsteiger organisieren die Rücksendung und Ablage des Materials. Bei großen Unternehmen gibt es einen Leiter der Bildredaktion, der dieser Abteilung vorsteht.

Der Bildredakteur vergibt die Aufträge und organisiert die Shootings oder er beschafft Bilder aus Bildagenturen und von Fotografen und handelt die Nutzungsvereinbarungen aus. Er prüft die Qualität des abgelieferten Materials und wählt die besten Bilder aus. Vor Abdruck holt er, wo nötig, die Freigabe von Fotos ein.

Der Bildredakteur einer Zeitung vergibt Aufträge an festangestellte und freie Mitarbeiter der Zeitung. Für die verschiedenen Ressorts sind unterschiedliche Bildredakteure zuständig: Politik, Sport, Kultur usw. Wenn keine Zeit bleibt, ein Foto in Auftrag zu geben, gehen die Bildredakteure oft unter großem Zeitdruck Tausende von Bildern der internationalen Bildagenturen durch und wählen die Fotos aus, die am besten zu dem Beitrag, um den es geht, passen.

Aufträge von Zeitungen und Zeitschriften

Wenn Sie für Zeitungen und Zeitschriften arbeiten möchten, müssen Sie Ihre Arbeiten einem Bildredakteur oder dem Artdirector zeigen. Magazine brauchen Fotografen in den Bereichen Porträts, Prominente, Stillleben, Fotojournalismus, Beauty und Mode *(siehe* Modezeitschriften, S. 216). Mitarbeiter von Zeitschriften suchen häufig auf Ausstellungen in Galerien und Kunsthochschulen nach neuen Talenten. Um zu erreichen, dass eine Publikation immer frisch wirkt, nehmen Artdirectoren nicht selten junge Fotografen, die am Anfang ihrer Karriere stehen, unter ihre Fittiche und bauen langfristige Arbeitsbeziehungen mit ihnen auf.

Überregionale Zeitungen vergeben besonders viele Aufträge an Freiberufler, vor allem im Bereich der regionalen Berichterstattung. Die Bildredakteure unterhalten landesweite Netzwerke von Fotografen, die mit aktuellen Storys in ihrem Gebiet beauftragt werden. Einige Zeitungen bieten Schulungen für Nachwuchsfotografen an. Häufig werden für diese Plätze Fotowettbewerbe ausgeschrieben *(siehe* Wettbewerbe, S. 226).

Heutzutage arbeiten weitaus mehr Fotografen als bei Zeitungen festangestellt sind für Nachrichtenagenturen. Nachrichtenagenturen geben lizenzierte Fotos ihrer Fotografen an ihre Kunden weiter, die sie entsprechend der Lizenz verwerten dürfen *(siehe* Syndikation, S. 227). Diese Agenturen fördern auch junge Talente.

Arrangierte Fototermine

Der Pressesprecher des amerikanischen Präsidenten Richard Nixon prägte den Typus des sorgfältig vorbereiteten Fototermins: Für die Kameras der Presse wurden kurze Auftritte inszeniert, auf denen der Pressesprecher seinen Vorgesetzten ins bestmögliche Licht rückte und versuchte, Kontrolle über die Bilder zu erlangen, die in den Medien erschienen.

Berufswunsch: Zeitungsfotograf

Zeitungsfotos müssen mit fett gedruckten Schlagzeilen konkurrieren und eine unmittelbare Wirkung erzielen. Sie müssen mitteilen, wer, was, wo, wann und warum gemacht hat und sollen vom Betrachter schnell erfasst werden können.

Gute Fotografen lösen sich von der Meute der übrigen Reporter und finden selbst bei Fototerminen und Pressekonferenzen neue oder eigenwillige Perspektiven. Gelingt das, kann der banalste Anlass ein großartiges Zeitungsfoto abgeben. Zeitungsfotografen brauchen ein hohes Maß an Eigeninitiative und einen Instinkt „zur richtigen Zeit am richtigen Ort" zu sein. Gemeint ist das Talent, auch dorthin zu gelangen, wo sie nicht unbedingt erwünscht sind bzw. mitten im Zentrum des Geschehens. Sie müssen manchmal stunden- oder tagelang warten und trotzdem von einer Sekunde auf die nächste reagieren und selbst im größten Chaos gelungene Fotos produzieren. Die schwierigen Umstände interessieren niemanden.

Zeitungsfotografen brauchen ein dickes Fell. Man erwartet von ihnen, dass sie auch in gefährlichen Situationen nur an ihr Foto denken, und sie müssen mitunter auch unangenehme Aufträge erledigen, beispielsweise Personen auflauern, die im Zuge eines Skandals oder einer Tragödie ins Rampenlicht geraten sind. Ein Zeitungsfotograf wird möglicherweise auch aufgefordert, Menschen, zum Beispiel Politiker, so zu fotografieren, dass sie in einem schlechten Licht erscheinen.

Medienbetreuer, PR-Spezialisten und Sicherheitskräfte weisen den Fotografen oft feste Standorte zu, um sie auf Abstand zu halten und zu kontrollieren. Journalisten und Fotografen müssen sich dieser Behandlung manchmal beugen, wenn sie Zugang zu einem Ereignis bekommen wollen. Damit man nicht zu stark eingeschränkt wird, braucht es Mut und eine sorgfältige Vorbereitung.

Als Zeitungsfotograf müssen Sie ständig den Finger am Auslöser haben, denn Sie können nicht vorhersehen, wie sich ein Ereignis entwickeln wird. Machen Sie Fotos im Hoch- und im Querformat. Sie kennen den Ausgang der Geschichte nicht und wissen nicht, wer Sieger, wer Verlierer sein wird. Manchmal wissen Sie noch nicht einmal, wer die Beteiligten sind. Worauf richten Sie also die Kamera? Nehmen Sie die Story selbst ins Visier.

Pressefotografen und Fotojournalisten fotografieren sowohl im Hoch- als auch im Querformat, damit die Bildredakteure die Wahl haben. Hochformate sind für Titelblätter und Einzelseiten besser geeignet, querformatige Fotos lassen sich vergrößern und auf einer Doppelseite abbilden. Alle Fotografen wollen aufs Cover. Niemand wird sich von vornherein um die Chance auf ein Titelbild bringen und nur Querformate abliefern *(siehe* Komposition – Ordnung oder Chaos, S. 182).

Ein Pressefotograf sollte bei jeder Gelegenheit nach neuen Blickwinkeln Ausschau halten.

Berufswunsch: Fotojournalist

Fotojournalisten sollten neugierig und humanitär gesinnt sein. Sie brauchen einen Bick für Kleinigkeiten und Einzelheiten des menschlichen Lebens und Mitgefühl. Sie müssen diskret arbeiten. Wie der Zeitungsfotograf fotografiert auch der Fotojournalist hintereinanderweg – im Hoch- und im Querformat. Es gibt Agenturen, die Fotojournalisten beschäftigen und deren Fotos an viele verschiedene Zeitungen weitergeben (*siehe* Syndikation, S. 227).

Berufswunsch: Porträtfotograf

Porträtfotografen kennzeichnet besonderes Interesse für Menschen. Sie sind empathisch, fühlen sich in ihre Modelle hinein und sorgen dafür, dass sie sich vor ihrer Kamera wohl fühlen und ihnen vertrauen. Fast alle Porträtfotografen arbeiten gern im Team und fühlen sich in der Gesellschaft der unterschiedlichsten Menschen wohl.

Berufswunsch: Sportfotograf

„Der Zufall spielt in der Sportfotografie immer eine Rolle. Aber ein guter Sportfotograf zeichnet sich dadurch aus, dass er eine Gelegenheit, die sich ihm bietet, nicht verpasst." Sportfotograf Neil Leifer in einem Interview mit der Zeitung *The Observer*, nachdem sein Bild von Muhammad Ali nach seinem Sieg über Cleveland Williams, das er aus dem Lichtrigg über dem Boxring fotografierte, zum besten Sportfoto aller Zeiten erklärt worden war.

Viele Zeitungen und Presseagenturen beschäftigen Fotografen, die auf Sportfotografie spezialisiert sind. Der überwiegende Teil von Sportfotos wird mit Digitalkameras aufgenommen und während der Wettkampf oder das Spiel noch im Gange ist, per Mobiltelefon an die Zeitung oder die Agentur übertragen, damit die Bilder in der nächsten Ausgabe erscheinen können. Bei Großveranstaltungen stellt eine Agentur mehrere Fotografen zur Berichterstattung sowie Assistenten zur Versendung der Bilder ab.

Für die Fotografen ist häufig ein eigener Bereich am Spielfeldrand oder im Stadion vorgesehen. Es gibt aber auch Sportarten, bei denen sich akkreditierte Fotografen mehr oder weniger frei bewegen und sich ihren Blickwinkel suchen können. Sportfotografen müssen den Sport, den sie fotografieren, mögen und etwas davon verstehen. Die Situation erfordert häufig, dass sie bei ungeeignetem Licht und in großer Entfernung zum Geschehen fotografieren. Schnelligkeit ist gefragt, weil die Lieferfristen knapp sind. Außerdem brauchen Sportfotografen eine Portion Glück, damit sie in spielentscheidenden Momenten zur Stelle sind.

Viele Sportfotografen arbeiten mit mehreren Kameras, damit sie nicht etwa beim Objektivwechsel eine Schlüsselszene verpassen. Manche stellen mehrere Kameras im Sportstadion auf und lösen sie aus der Ferne aus. Von einem Sportfotografen wird viel verlangt. Während die Menge tobt, muss er ruhig bleiben und alle Tore, Home Runs, Sprünge, Würfe, Finale usw. sowie Freude und Verzweiflung der Sieger und Verlierer einfangen.

Berufswunsch: Promifotograf

Promifotografen müssen nicht nur dafür sorgen, dass die Modelle entspannt und gelöst sind, auch sie selbst müssen trotz der Gegenwart einer Berühmtheit ruhig und konzentriert sein. Sie müssen Menschen, die schon unzählige Male fotografiert worden sind, aus neuer Sicht darstellen können. In diesem Bereich ist schnelles Arbeiten gefragt, denn die ersten Worte eines Prominenten lauten oft: „Wie lange wird das hier dauern?"

Je nach Bedeutung der Person gibt es bei solchen Aufnahmesitzungen mehr oder minder strenge Regeln und Konventionen. Ein Superstar verlangt maximale Kontrolle über sein eigenes Porträt und schreibt dem Fotografen oft ausdrücklich vor, wie er fotografiert werden will.

Zeitungen und Zeitschriften wollen immer Exklusivfotos von Prominenten, insbesondere auf dem Titelblatt. Diese Bilder werden meist eigens für die Publikation aufgenommen, um ihrem Stil und ihrer Leserschaft gerecht zu werden und zu vermeiden, dass ein Konkurrenzmagazin dasselbe Bild auf das Cover nimmt. Die erste Hürde bei einem Titelfoto besteht darin, den Star zu überreden, für ein Foto zur Verfügung zu stehen. Prominente erklären sich häufig erst dann dazu bereit, wenn sie Werbung für einen Film, ihre neue CD oder andere Produkte machen möchten.

Hat man sich geeinigt, kann das Shooting erst stattfinden, wenn die lange Liste von Bedingungen des Vorvertrags erfüllt ist, den der Agent des Stars ausgehandelt hat. Nicht selten wählt der Star den Fotografen, die Kleidung, den Friseur und den Visagisten selbst aus, schreibt vor, dass das Ergebnis auf jeden Fall auf dem Titelblatt erscheinen muss, legt den Aufnahmeort fest und genehmigt die letztendlichen Fotos und ihre Retusche.

Diese Bilder zeigen Sportfotografen bei der Aufnahme und Sichtung ihrer Bilder. Auf dem Schwarz-Weiß-Foto oben stellt ein Fotograf seine Kamera vor dem Anpfiff an einer Stelle auf, die er selbst während des Spiels verlassen muss. Der Verschluss kann aus der Ferne ausgelöst werden. Oben links sichtet eine Fotografin ihre Bilder und verschickt sie vom Laptop per Mobiltelefon. Oben improvisiert ein Fotograf einen Sonnenschutz, damit er seine Bilder auf dem Bildschirm ansehen kann.

Modezeitschriften

„Das Moderessort ist eine Zeitschrift in der Zeitschrift, es kümmert sich um nichts anderes als um seine dreißig oder vierzig Seiten Modefotos."
Stuart Selner, Artdirector von *Marie Claire*

Das Moderessort einer Zeitschrift ist für Serien von Modefotos, sogenannte Modestrecken, verantwortlich, die in einer Ausgabe erscheinen. Die Leitung hat der Moderedakteur, der für die Vergabe von Aufträgen für Modefotos zuständig ist.

Der Artdirector hängt die einzelnen, fertig gestalteten Seiten einer Zeitschrift an der Pinnwand in seinem Büro auf.

In diesen Modestrecken wird die Kleidung vorgestellt, die demnächst in den Läden zum Verkauf stehen wird. Als Inspiration dienen die internationalen Modenschauen, die jeden Frühling und Herbst mit großem Rummel in Mailand, Paris, New York und London stattfinden und auf denen die Crème de la Crème der Modedesigner ihre Kleidung für die kommende Saison vorstellt.

Der Moderedakteur

Die Catwalk-Shows werden von allen Moderedakteuren und allen Einkäufern großer Unternehmen besucht. Nach der Show wählt der Moderedakteur Trends und Themen – Stil und Farben – aus, und entwickelt auf dieser Grundlage seine Ideen für Modestrecken für die nächsten Ausgaben der Zeitschrift.

Der Job des Moderedakteurs besteht darin, spannende Bilder zu gestalten, in einer Bildsprache, die die Leserschaft anspricht. Dazu wählt er Modefotografen, Stilisten, Friseure, Visagisten und Models sehr sorgfältig aus.

Da die Magazine den Geschmack unterschiedlicher Leser bedienen, achten die Moderedakteure darauf, dass sie mit den Fotos möglichst keinen Leser abschrecken oder sogar verlieren, etwa weil die Bilder nicht zur Qualität und Position der Zeitschrift auf dem Markt passen. Außerdem müssen sie auch Kleidung von Herstellern berücksichtigen, die in ihrer Publikation Werbung machen.

Es gibt viele kleinere Mode- und Lifestyle-Magazine, die sich diesem Druck nicht beugen müssen. Sie lassen sich von jungen Designern, Street Fashion und Pop-Kultur inspirieren, anstatt sich an den Schöpfungen der etablierten Modedesigner zu orientieren.

Das Cover

Die Coverfotos einer Modezeitschrift sind eine ernste Angelegenheit. Gute Cover treiben die Anzahl verkaufter Exemplare einer Ausgabe spürbar in die Höhe. Bei jedem Shooting werden auch Titelfotos gemacht. Der Artdirector trifft eine Auswahl von drei oder vier Bildern pro Vorschlag und lässt damit Probecovers anfertigen, die er mit dem Redakteur bespricht. Coverfotos müssen mit dem Logo und den Titelzeilen konkurrieren können und sind oft sehr einfache, ausdrucksstarke Bilder, die danach ausgewählt werden, ob die Zeitschrift durch sie im Zeitschriftenregal sofort ins Auge sticht.

„Das Cover ist das Entscheidende – das Einzige, worauf es bei einem Shooting wirklich ankommt."
Stuart Selner, Artdirector von *Marie Claire*

Die Beauty-Seiten

Neben den Moderedakteuren beschäftigen Modezeitschriften auch Beauty-Redakteure, die für die Seiten über Schönheitsprodukte, Make-up, Körper- und Haarpflege verantwortlich sind. Wie die Modefotografie ist auch die Beauty-Fotografie ein sehr kreativer Bereich. Auf den Beauty-Seiten der Magazine sieht man oft riesige Nahaufnahmen von Augen und Lippen in kräftigen, lebendigen Farben und fantasievolle Stillleben mit Produkten.

Berufswunsch: Modefotograf

Modefotografen müssen in der Welt der Mode zu Hause sein. Sie brauchen ein ordentliches Maß Fantasie, Leidenschaft, Originalität und Kreativität. Viele Modefotografen haben ihre ersten Schritte für eines der zahlreichen kleineren Mode- und Lifestyle-Magazine gemacht. Diese Publikationen mit einem weitaus radikaleren und innovativeren Ansatz sind es, die die Weiterentwicklung der Modefotografie vorantreiben. Für einen neuen Modefotografen sind sie das ideale Sprungbrett.

Grafikdesignbüros und Werbeagenturen

Die meisten Firmen haben keine eigene Grafikabteilung. Wenn sie einen Prospekt, eine Website oder einen Katalog brauchen, vergeben sie diesen Auftrag an ein Grafikdesignbüro. Die Größe dieser Büros schwankt von einigen wenigen Leuten, die sich ein Büro teilen, bis zu Großunternehmen.

Auch über eine eigene Werbeabteilung verfügen nur die großen Unternehmen. Wer ein neues oder auch ein bereits eingeführtes Produkt bewerben möchte, greift auf eine Werbeagentur zurück. Diese Agenturen übernehmen alles, vom Entwurf der Werbekampagne bis zur Buchung der Plakatwände und der Werbeflächen in Zeitungen und Zeitschriften. Die wichtigsten Leute, die ein Fotograf in einer Werbeagentur kennen muss, sind der Artdirector und der Art Buyer. Ein Artdirector einer Werbeagentur hat ganz andere Aufgaben als der Artdirector einer Zeitschrift.

Der Artdirector einer Werbeagentur und der Art Buyer

Der Artdirector einer Werbeagentur entwickelt Werbeideen. Seine Aufgabe ist die Konzeption von brillanten, originellen Werbekampagnen, über die das Produkt an die Zielgruppe des Kunden verkauft wird. Ein Artdirector arbeitet mit einem Texter zusammen. Er entwickelt die visuellen Ideen, der Texter liefert die dazugehörigen Worte.

Der Art Buyer spielt ebenfalls eine Schlüsselrolle in einer Werbeagentur. In seine Verantwortung fällt, dass die Agentur stets mit den neuesten Entwicklungen in der kreativen Welt Schritt hält. Dazu gehört, nach talentierten Fotografen und Illustratoren Ausschau zu halten, indem man Portfolios ansieht, Ausstellungen besucht etc. Erfolgversprechende Entdeckungen stellt er dem Artdirector vor. Gleichzeitig ist der Art Buyer die Kontaktperson für die Kreativen, er betreut zum Beispiel die Honorarverhandlungen mit Fotografen oder Illustratoren.

Artdirectoren und Art Buyer in der Werbung suchen ständig nach neuen Fotografen, um die Arbeiten der Agentur jung und frisch zu halten. Sie begutachten zu diesem Zweck redaktionelle Fotos und besuchen außer Museen und Galerien auch Kunsthochschulen. Fotoagenten bekommen regelmäßig Termine in Werbeagenturen, um den Artdirectoren ihre Nachwuchsfotografen vorzustellen.

Berufswunsch: Werbefotograf

Die Werbefotografie ist ein äußerst kreatives Genre, obwohl für bestimmte Produktwerbungen auch eine ganze Menge langweiliger, stereotyper Fotos von Hausfrauen, Geschäftsleuten oder „Streetkids“ mit umgekehrt aufgesetzten Baseballkappen aufgenommen werden müssen. Immer dann, wenn mit einem Jugendkult oder einem Modestil, von dem Sie einmal echt begeistert waren, Werbung für Waschpulver oder Bankdienstleistungen gemacht wird, wissen Sie, dass seine Zeit lange vorbei ist.

Der Fotoagent

Der richtige Fotoagent kann einen Fotografen beim Aufbau seiner Karriere unterstützen. Er pflegt langjährige Beziehungen zu Agenturen, Zeitschriften, Bildredakteuren, Artdirectoren und Art Buyern, vereinbart Termine für seine Fotografen und schickt potenziellen Kunden ihre Portfolios zu. Manchmal zeigt er die Mappe eines Fotografen auch persönlich bei einer Zeitschrift oder einer Agentur, um das Talent seines Schützlings anzupreisen. Agenten besuchen Ausstellungen von Kunsthochschulen und sehen redaktionelle Fotos an.

Ein Agent kann bei der Organisation von Shootings behilflich sein, indem er Aufnahmeorte sucht, Assistenten engagiert, Genehmigungen einholt und erforderliche Versicherungen abschließt. Er übernimmt auch die Rechnungsstellung und das Eintreiben offener Rechnungen. Für diese Dienstleistungen erhalten Agenten zehn bis zwanzig Prozent des Honorars des Fotografen.

„Den Aufbau von Kontakten zur Kreativbranche überlassen manche Fotografen lieber einem Agenten. Es kann für einen neuen Fotografen sehr schwierig werden, bei wichtigen Kreativen einen Fuß in die Tür zu bekommen."
Alan Latchley, Fotograf

„Eigentlich kann ein Agent einem Fotografen alle Sorgen abnehmen – nur nicht das Fotografieren."
Alison Smithee, Fotografin

Weitere Tätigkeitsfelder in der Fotobranche

Dokumentarfotografen finanzieren sich oft mit Fördergeldern oder nehmen zusätzlich zu ihren meist langfristigen Projekten Aufträge aus anderen Bereichen der Fotografie an. Stilllebenfotografen müssen über große Geduld, Detailbesessenheit und gute technische Fertigkeiten verfügen. Von ihnen erwartet man nicht weniger, als dass sie das Banale in Schönheit verwandeln.

Viele Fotografen, darunter Eve Arnold, Bert Stern, Ernst Haas und Terry O'Neill, haben als Standbildfotografen auf Filmsets gearbeitet. Die Aufnahmen, die während der Dreharbeiten entstehen, finden Verwendung bei der Filmvermarktung. Theater- und Tanzfotografen sollen die Atmosphäre einer Inszenierung aufzeichnen. Aber Probenzeit ist kostbar, deshalb reicht es oft nicht für eine Fotoprobe und die Aufnahmen müssen auch schon mal auf einer Kostümprobe gemacht werden. Fotografen von Live-Auftritten dürfen auf einem Konzert oft nur während der ersten Stücke fotografieren.

Die Architekturfotografie ist ein weiteres Spezialgebiet. Der Fotograf muss die Charakteristik eines Gebäudes zum Vorschein bringen. Klassischerweise wird es dazu direkt von vorn gezeigt, sodass alle Linien parallel zueinander verlaufen. Wegen der Perspektive und für eine gute Detailwiedergabe kommen hier meistens Großformatkameras zum Einsatz.

Eventfotografen sind hinter der Absperrung am Roten Teppich zu Hause und fotografieren von da Menschen, die auf Premieren, Eröffnungen und Partys eintreffen.

Aufträge für Fotografen gibt es auch in den Bereichen Innenarchitektur, Gartenarbeit, Kochen, Wissenschaftsfotografie, Hochzeiten und Katalogproduktion. Spezielle Aufgaben warten in der Gerichtsmedizin, bei der Polizei und in der medizinischen Fotografie – faszinierend, wenn man den Anblick von Leichen, Autopsien und Operationen vertragen kann.

Auch Bildagenturen haben sehr lukrative Verdienstmöglichkeiten für Fotografen anzubieten (*siehe* Bildagenturen, S. 226).

Für ein intimes Bild wie es Alison Jackson mit Doppelgängern von Superstars, Adligen und Politikern nachstellt, würde ein Paparazzo alles geben. Die Fotos mit den typischen körnigen Teleansichten, verschwommenen Vordergründen und der mangelhaften Schärfe echter Paparazzifotos beziehen ihre Anziehungskraft aus unserem Verlangen, Einzelheiten aus dem Privatleben von Prominenten zu kennen. Wären die Bilder von Jackson echt, brächten sie Millionen – ein nackter, aufgedunsener Elton John bei einer Darmspülung, Prinz Philipp beim Betrachten von Pornobildern ...

Berufswunsch: Paparazzo

Der Begriff „Paparazzo" geht zurück auf den italienischen Filmregisseur Federico Fellini, dem in den 1950er Jahren in seiner Heimat eine besondere Sorte von Pressefotografen aufgefallen war. In seinem brillanten Schwarz-Weiß-Film *La Dolce Vita* wird ein Boulevard-Journalist und Playboy quer durch das nächtliche Rom von einem Trupp Fotografen auf Vespa-Rollern verfolgt, die dessen glamouröse Eroberungen in den Nachtclubs und auf der Straße im Bild festhalten wollen. Einer dieser Skandalfotografen heißt Paparazzo, was auf Italienisch so etwas wie „brummendes Insekt" bedeutet. Eine Anspielung nicht nur auf das Motorengeräusch der Vespas und das aufdringliche Verhalten dieser Fotografen, sondern auch auf das Summen der Blitzgeräte.

Heute gelten Fotografen als Paparazzi, die Prominenten auflauern und sie ohne Rücksicht auf ihre Privatsphäre fotografieren. Dabei ist dieses Verhalten nichts Neues: 1898 kletterten Fotografen durch ein Fenster, um Otto von Bismarck auf seinem Totenbett zu fotografieren.

Moderne Paparazzi stillen den Hunger der Öffentlichkeit nach Einblicken in das Privatleben der Reichen und Berühmten mit Bildern von Stars am Strand, bei Alkoholexzessen oder in kompromittierenden Situationen und durch heimliche Aufnahmen von Hochzeiten von Prominenten, bei denen das Fotografieren offiziell verboten ist.

Der Wettstreit zwischen Zeitungen und Boulevardblättern um immer skandalösere Aufnahmen wird von der Gier nach Neuigkeiten weiter angefacht und ist die Ursache für extreme Paparazzi-Methoden. Die Kopfgeldjäger der Neuzeit machen Jagd auf pressescheue Stars, denn sie wissen, dass es für ihre Bilder einen lukrativen Markt gibt. Agenturen versteigern häufig die Rechte an Exklusivbildern und verkaufen sie an den Höchstbietenden.

In technischer Hinsicht sind Paparazzibilder aufgrund der eingeschränkten Aufnahmebedingungen oft schlecht. Sie werden durch das Fenster einer Limousine, aus großer Entfernung oder aus einem Helikopter heraus aufgenommen. Aber vielleicht sind solche Fotos auch gerade deshalb so erfolgreich, weil sie das genaue Gegenteil des üblichen gestellten und perfekt retuschierten Starporträts sind.

Der Originalpaparazzo im Film *La Dolce Vita* von Federico Fellini von 1960.

Der Assistent – ein Zauberlehrling

Als Assistent eines Fotografen kann man die professionelle Fotografie bestens von allen Seiten kennenlernen. In der Geschichte der Fotografie gibt es unzählige Assistenten großer Fotografen, die selbst berühmte Fotografen wurden.

Der Assistent erhält ein kleines Gehalt dafür, dass er den Fotografen bei seiner Arbeit unterstützt. Er kümmert sich beim Shooting um den Aufbau, bereitet das Studio vor, betreut Kunden, besorgt Requisiten, steht für Probeaufnahmen Modell, legt Film ein, versucht vorherzusehen, was der Fotograf braucht, und kocht Kaffee.

Die meisten Assistenten sehen diesen Job als Sprungbrett, um in der Fotobranche Fuß zu fassen, ihre eigene Arbeit weiterzuentwickeln und ein Portfolio zusammenzustellen. Sie arbeiten meist ein oder zwei Jahre als Assistent und sind für einen oder mehrere Fotografen tätig. Auf diese Weise lernen sie die realen Arbeitsverhältnisse kennen, treffen mit Artdirectoren und Mitarbeitern aus Zeitschriftenredaktionen sowie anderen jungen Leuten zusammen, die gerade in die Kreativbranche eingestiegen sind.

In manchen Studios gibt es festangestellte Assistenten, die den Fotografen zur Hand gehen, die das Studio gemietet haben. Wieviel Verantwortung einem Assistenten übertragen wird, hängt von dem Fotografen ab. Es gibt Fotografen, die lieber einen Assistenten beschäftigen, der so gut wie keine Ahnung hat, als einen, der alles besser weiß. Der Assistent sollte eine Hilfe sein, eine Arbeitserschwernis darf er auf keinen Fall darstellen.

Eine Tätigkeit als Assistent ist dann am fruchtbarsten, wenn die Arbeit des Fotografen, für den Sie arbeiten, Sie überzeugt. Viele Fotografen haben selbst als Assistent angefangen und unterstützen gerne junge Menschen auf ihrem beruflichen Weg. Nehmen Sie Ihre eigenen Arbeiten mit, wenn Sie von einem Fotografen zu einem Vorstellungsgespräch als Assistent eingeladen werden. Selbst wenn Sie den Job nicht bekommen, können Sie vielleicht Kontakte knüpfen. Auf der Suche nach einer Assistentenstelle können Sie Anzeigen in Fotolabors und Mietstudios aufhängen. Manche Fotografenverbände veröffentlichen ausgeschriebene Stellen auf ihren Websites.

„Regel Nr. 1 für Assistenten: Ein Assistent sollte sich nie mit einem Kunden des Fotografen für den er arbeitet verabreden, um ihm seine Mappe zu zeigen. Dieser Fehltritt kann zum Rausschmiss führen!"
Alan Latchley, Fotograf

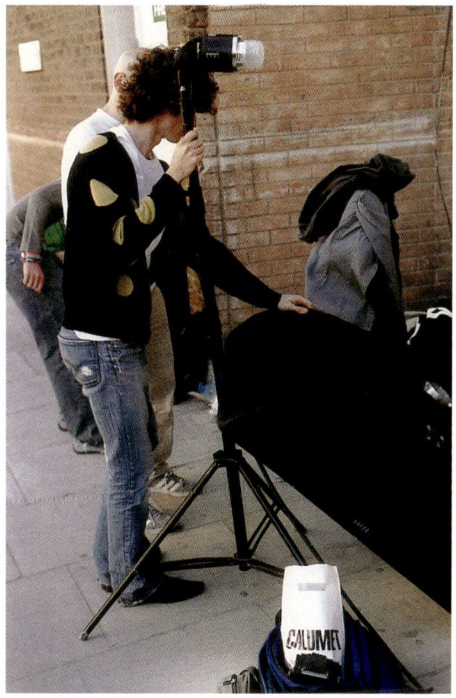

„Ein Assistent muss vorausahnen, was der Fotograf will und das Gewünschte organisiert haben, noch bevor der Fotograf danach fragt."
Kitty McCorry, Fotografin

Was braucht ein Fotograf?

Wissen

Sammeln Sie Hintergrundwissen über das Medium Fotografie. Woher kommt es, wo steht es im Moment und in welche Richtung entwickelt es sich?

Beschäftigen Sie sich mit neuen Technologien. Machen Sie sich mit den Gestaltungsmitteln der Fotografie vertraut. Beleuchtung, Scharfeinstellung, Farbe, Helligkeit und Kontrast müssen Sie beherrschen.

Visionen und Neugier

Gehen Sie neugierig und mit offenen Augen durch die Welt und interpretieren Sie das, was Sie sehen, auf Ihre Weise.

Einen frischen Blick

Finden Sie Wege, die Welt neu zu sehen. Wenn Ihre Bilder erfolgreich sein sollen, müssen Sie ihnen einen eigenen Stempel aufdrücken. Die Bilder sollten Ihre Vision spiegeln und erkennbar Ihre fotografische Handschrift tragen.

Kreativität und Vorstellungskraft

Seien Sie fantasievoll und einfallsreich. Sie müssen originelle Ansätze und gute Ideen haben.

Risikobereitschaft

Probieren Sie immer wieder neue Dinge aus und entwickeln Sie sich in neue Richtungen weiter.

Leidenschaft

Engagieren Sie sich leidenschaftlich für Menschen, für die Gesellschaft und die Kultur – und für den nächsten Auftrag.

Erfindungsgeist

Seien Sie erfinderisch und improvisieren Sie, damit Sie in jeder Situation das gewünschte Ergebnis erreichen.

Energie und Optimismus

Tun Sie mehr, als von Ihnen verlangt wird, und setzen Sie Ihre Ideen von Anfang bis Ende konsequent um.

Kommunikationstalent

Lernen Sie, über Ihre Ideen zu sprechen, um andere Menschen an Ihren Projekten zu beteiligen und um Werbung in eigener Sache zu machen.

Glück und Beharrlichkeit

Seien Sie mit Ihrer Kamera und Ihrem Portfolio zur richtigen Zeit am richtigen Ort. Packen Sie eine Gelegenheit beim Schopf.

Fotografiestudium

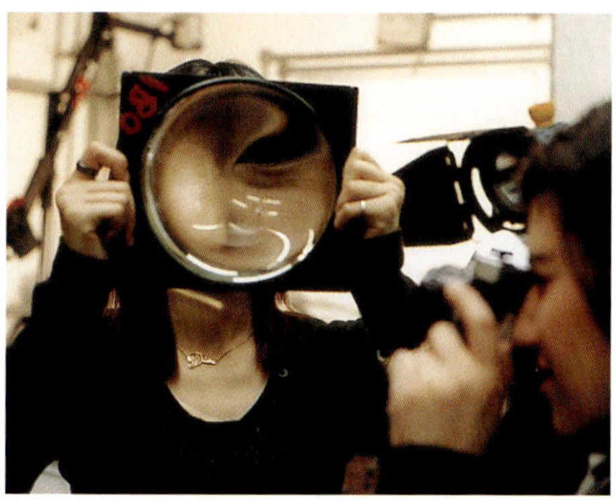

Fotoschulen, Kunsthochschulen, Universitäten

Ein Studium an einer Hochschule oder einer Universität verschafft Ihnen die Möglichkeit, Ihre Kenntnisse zu vertiefen, technische Fertigkeiten zu verbessern, mit neuen Geräten zu experimentieren und Berufschancen auszuloten.

An einer Universität oder Kunsthochschule treffen Sie auch Menschen aus vielen anderen kreativen Disziplinen, mit denen Sie zusammenarbeiten können. Referieren und Präsentieren schult die rhetorischen Fähigkeiten, die Sie später gut gebrauchen können, wenn es darum geht, Ihre Arbeiten und Ideen zu diskutieren und zu „verkaufen".

Im praktischen Teil des Studiums lernen Sie Vorgaben umzusetzen. Die Ergebnisse werden der kritischen Prüfung unterzogen. Theoriekurse beschäftigen sich mit der Geschichte der Fotografie, ihrer Bedeutung und ihrer Zukunft. Die Studenten werden ermutigt, an Fotowettbewerben teilzunehmen, bei denen idealerweise Veröffentlichungsmöglichkeiten oder Kontakte in die Ausstellungs-Szene winken. Manchmal sind auch Sachpreise in Form von fotografischem Gerät zu gewinnen. Auf jeden Fall sammelt man Erfahrung.

Gegen Ende des Studiums stellen die Studenten die Arbeiten aus, die sie im Laufe des Studiums geschaffen haben. Bei diesen Veranstaltungen können Sie potenziellen Kunden, zum Beispiel Artdirectoren, Art Buyern oder Moderedakteuren, Ihre besten Arbeiten zeigen.

Fotoschulen stellen eine spannende Umgebung dar, in der Fotografieren Lernen Freude macht.

Wahl der richtigen Fotoklasse

Es gibt eine Vielfalt von Studiengängen an privaten oder staatlichen Einrichtungen, sowohl ganztägige als auch solche in Form eines berufsbegleitenden Aufbaustudiums. Einige sind betont praxisorientiert und vor allem für Studenten gedacht, die in der Kreativbranche arbeiten möchten. Andere legen den Schwerpunkt auf die künstlerische Fotografie. Wieder andere widmen sich stärker der Geschichte und Theorie der Fotografie. Möglicherweise tendiert ein Studiengang in technischer Hinsicht entweder zur Digitalfotografie oder zu traditionellen Arbeitsmethoden, die besten verbinden beides.

Einige Studiengänge sind besonders breitgefächert und bieten die Möglichkeit eines Auslandsaufenthalts. Manche erlegen den Studenten ein volles Pensum auf, in anderen wird erwartet, dass man seine Zeit selbst einteilt. Sie fördern bzw. fordern die Entwicklung von Eigeninitiative.

Fotografie wird auch im Rahmen von anderen Studiengängen wie Kommunikationsdesign, Kunst und Grafikdesign unterrichtet. Einige Studenten ziehen solche Studiengänge einem reinen Fotografiestudium vor, weil sie davon ausgehen, dass Fachkenntnisse im Bereich Visuelle Kommunikation eine breitere Ausgangsbasis für eine Zukunft mit Karrierechancen sind.

Recherchieren und vergleichen Sie die Angebote verschiedener Universitäten und Hochschulen und informieren Sie sich bei der Studienberatung vor Ort über Ihre Möglichkeiten. Sprechen Sie mit den Dozenten über die Lehrinhalte und fragen Sie bereits eingeschriebene Studenten und Absolventen nach ihren Erfahrungen und Empfehlungen.

Zur Bewerbung müssen Sie in der Regel Bewerbungsunterlagen ausfüllen, Arbeitsproben einreichen und ein Vorstellungsgespräch führen. Manche Einrichtungen sehen über eine unzureichende akademische Qualifikation hinweg, wenn der Bewerber überdurchschnittliche fotografische Leistungen vorweisen kann. Lehrer und Dozenten legen viel Wert auf Interesse und Motivation. Die Arbeitsproben sollten sowohl fertige Projekte und experimentelle Arbeiten als auch Konzeptionen und Studien enthalten. Im Gespräch werden Sie zu Ihrer Arbeit und zu den Gründen befragt, warum Sie sich gerade für dieses Studium entschieden haben.

In Deutschland, Österreich und der Schweiz ist Fotograf auch ein Lehrberuf mit einer dreieinhalbjährigen Ausbildungszeit. Besonders wenn Sie an einer Kunsthochschule oder Kunstakademie studieren möchten, lohnt es sich, darüber nachzudenken, ob Sie vorher eine Lehre machen sollten, da dort keine Grundlagen unterrichtet werden, sondern selbstständiges und freies Arbeiten im Vordergrund steht. Wer studiert, sollte nebenher Praktika absolvieren und gegen Ende des Studiums als Assistent arbeiten. Dabei bekommt man viel Praxis und Kontakte.

Wettbewerbe

Viele Zeitungen und Zeitschriften, Grafikdesignbüros, Werbeagenturen und Fotografenverbände sowie Herstellerfirmen schreiben jedes Jahr Fotowettbewerbe aus, die in Fotofachzeitschriften, Zeitungen, Zeitschriften und im Internet bekannt gegeben werden. Wenn Sie Ihre Arbeit bei einem Wettbewerb einreichen wollen, verschwenden Sie keinen Gedanken daran, was die Jury vielleicht sehen möchte. Geben Sie Arbeiten ab, von denen Sie selbst überzeugt und begeistert sind.

Die Teilnehmer solcher Wettbewerbe können wertvolle Preise gewinnen, zum Beispiel die Publikation ihrer Arbeiten, Aufträge, Veröffentlichungen in Zeitungen und Zeitschriften, Kontakte, Geld, fotografisches Gerät und sogar Ausstellungen in nationalen und internationalen Galerien.

Bildagenturen

Archiv im All

In den 1970er Jahren schickte die NASA mit der Sonde Voyager 116 Archivbilder in die Tiefen des Weltalls. Diese Bilder, die das Leben auf der Erde beschreiben sollen, zeigen klassische Archivmotive: Wolkenkratzer, Mütter mit Kindern, Babys. Was die Außerirdischen davon hielten, ist noch nicht bekannt.

Die ersten Bildarchive

Die ersten Bildarchive wurden von Zeitungen angelegt, die Fotos von Personen und Ereignissen zur späteren Verwendung aufbewahrten. Schnell wurden sie zu wertvollen Quellen sofort verfügbarer Bilder, die auch anderen Verlagen gegen eine Gebühr zur Nutzung zur Verfügung gestellt wurden. Aus diesen Bildarchiven haben sich bis heute riesige Bildagenturen entwickelt. Das Archiv von *National Geographic* beispielsweise verfügt über zehn Millionen Bilder.

Mit der Zeit etablierten sich die Archive auch als Bildlieferanten für Grafiker und Werbeagenturen. Fotografen boten ihnen ihre Fotos an, gezahlt wurde bei Verwendung. Die Bildagenturen begannen, ihre Fotos in telefonbuchdicken Hochglanzkatalogen zu präsentieren.

Früher war es eine Beleidigung, wenn man einem Fotografen sagte, sein Bild sähe aus wie ein Foto aus einem Bildarchiv. Die Kataloge der Agenturen waren voll von stereotypen Sonnenuntergängen, Urlaubsorten und unglaublich glücklichen und schönen Familien mit strahlenden Gesichtern und perfekten Zähnen. Die heutigen Bildagenturen arbeiten jedoch ganz anders.

Moderne Bildagenturen

Das Internet hat den Umgang mit Material aus den Bildagenturen vollkommen verändert, mit Auswirkungen auf die professionelle Fotografie. Der Handel mit Fotorechten ist heute ein Milliardengeschäft. Viele Artdirectoren, Grafiker, Layouter und Bildredakteure, die früher einen Fotografen mit der Aufnahme eines Fotos beauftragten, stöbern heute stattdessen in den Internet-Datenbanken der Bildagenturen, um aus Milliarden von Archivfotos eines auszuwählen, das sie sofort in ihr Layout einsetzen können.

Von jedem Motiv gibt es unzählige Aufnahmen, die nur einen Bruchteil eines eigens zu diesem Zweck in Auftrag gegebenen Fotos kosten. Auf diese Weise haben die Bildagenturen die Verdienstmöglichkeiten der Fotografen empfindlich eingeschränkt.

Anstatt darauf zu warten, dass die Fotografen ihre Bilder einreichen, geben Bildagenturen heute selbst Shootings in Auftrag, um sicherzustellen, dass für jedes nur denkbare aktuelle oder zukünftige Thema Fotos bereitstehen. Diese Fotos lassen sich auf dem globalen Markt gut verkaufen. Für eine kleine Gruppe von Fotografen bedeutet diese Umstrukturierung bei den Bildagenturen einen Arbeitszuwachs.

Die Gebühr für das Archivfoto wird vom Verkaufsteam der Bildagentur ausgehandelt. Die Höhe hängt davon ab, wer es benutzen möchte und für welchen Zweck. Die Bildagenturen der neuen Art sind ein gutes Geschäft sowohl für die Agenturen wie auch für die Fotografen. Wenn Sie daran interessiert sind, für eine Bildagentur zu fotografieren, sollten Sie um einen Termin bitten, um Ihr Portfolio vorzuzeigen.

Ihr Archiv

Ihr Archiv könnte Ihre Altersversorgung werden. Die Bilder, die Sie aufgenommen haben – auch die Ihrer Ansicht nach bedeutungslosen –, können Ihnen in der Zukunft vielleicht Geld einbringen. Archivieren Sie sorgfältig alle Arbeiten. Heben Sie alles auf, Papierabzüge, Negative, Dias, CDs und DVDs. Wer weiß? Eines Tages wird eine von Ihnen porträtierte Person berühmt oder ein Foto aus dem täglichen Leben bekommt historischen oder nostalgischen Wert und wird kommerziell nutzbar.

Syndikation

Syndikation bezeichnet die Weitergabe eines lizenzierten Fotos an möglichst viele Kunden, die es entsprechend der Lizenz verwerten dürfen. Das Internet hat dieses Verfahren enorm vereinfacht. Bilderdienste für Zeitungen und Sportbildagenturen präsentieren ihre Fotos auf ihren Websites und verkaufen sie an jeden, der sie will. Der Preis hängt vom Verwendungszweck ab.

Falls Sie in die Situation kommen, für ein paar Minuten einen Prominenten vor der Kamera zu haben, können Sie damit, sollte die Popularität der Person anhalten, vielleicht Jahre lang Geld verdienen. Aber so ein Foto muss schon gelungen sein, wenn es etwas abwerfen soll.

Wenn Sie Ihre Arbeit bei einer Bildagentur einreichen, haben Sie die Chance, ihr Geld im Schlaf zu verdienen – abgesehen davon, dass Sie zunächst einmal Bilder machen müssen, die jemand kaufen will.

Lizenzgebühren

Die aus dem Verkauf von Archivfotos resultierenden Einkünfte heißen Tantiemen. Es gibt branchenübliche Preise für die Nutzungsrechte von Fotos. Sie variieren je nach Größe, in der das Foto gedruckt wird, und nach Art der Nutzung, etwa durch einen Grafikdesigner oder eine Werbeagentur. Werden Ihre Fotos auf großen Plakatwänden veröffentlicht, dürfen Sie mit fürstlichen Einnahmen rechnen.

Die Gebühr für den Verkauf von Archivfotos einer Bildagentur wird in der Regel zu gleichen Teilen zwischen der Agentur und dem Fotografen aufgeteilt.

„Es gibt heute eine Alternative zur kommerziellen Fotografie. Denken Sie vorausblickend. Ihre Zukunft könnten Ausstellungen sein und Menschen, die Ihre Fotos als Kunst kaufen."
Nicky Michelin, Kurator, *The Photographers' Gallery*, London

Ausstellungen

Eine neue Generation von jungen Fotografen verkauft ihre Arbeiten über Galerien, anstatt Aufträge von Zeitschriften oder Agenturen anzunehmen. Einige dieser Fotografen haben sich international einen Namen gemacht und eine Anzahl eifriger Sammler um sich geschart. Sie steigern ihre Reputation durch Veröffentlichungen und Preise, die sie bei Wettbewerben gewinnen oder für die Sie nominiert werden. Zu den Fotografen, die diesen Weg eingeschlagen haben, gehören unter anderen Wolfgang Tillmans, Philip-Lorca diCorcia und Roger Ballen.

Prints und limitierte Auflagen

Handel mit Prints

Das Interesse an Prints von berühmten und von jungen Fotografen wächst. Wie Gemälde werden die Bilder von den Museen für ihre Sammlungen, von Privatsammlern und von Investoren gekauft. Der Markt blüht besonders in den USA, wo die Preise bei einer Auktion Hunderttausende von Dollar erreichen können.

Der Handel mit Prints ist ein neues Phänomen. Es gibt traurige Geschichten von großen Archiven, die ins Feuer geworfen wurden, oder von historischen Glasnegativen, die zur Verglasung von Gewächshäusern herhalten mussten. Ein für dieses Buch interviewter Fotograf erinnerte sich, dass die Bilder von Diane Arbus, die heute so viel wert sind wie ein Mehrfamilienhaus, im Chaos des Kunstressorts der *Sunday Times* an eine Pinnwand geheftet waren und von jedem mit nach Hause genommen werden konnten.

Limitierte Editionen

Zeitgenössische Prints bekommen Wert, wenn eine limitierte Auflage produziert wird. Das heißt, der Fotograf fertigt nur einige wenige Handabzüge vom Negativ an. Vielleicht zehn oder zwanzig, in der gleichen Größe und zur gleichen Zeit. Der Preis wird zusammen mit der Galerie oder dem Händler festgelegt. Selbstverständlich kann der Fotograf zu einem späteren Zeitpunkt weitere Auflagen produzieren.

Limitierte Auflagen von Digitalfotos werden auf die gleiche Weise produziert. In diesem Fall muss garantiert werden, dass von diesem Werk keine weiteren Prints hergestellt werden.

„Vintage Prints können sensationell sein, wenn das Bild ganz in das Papier eingesunken zu sein scheint."
Nicky Michelin, Kurator, *The Photographers' Gallery*, London

Vintage Prints

Ein alter Originalabzug ist viel mehr wert als ein moderner. Vintage Prints sind Abzüge, die vom Fotografen zum Zeitpunkt der Aufnahme oder kurz danach hergestellt wurden. Häufig handelt es sich um Fotopapier, das es heute gar nicht mehr gibt. Vintage Prints berühmter Fotografen sind seltene und wertvolle Sammlerobjekte, besonders, wenn sie signiert sind. Nach dem Tode eines Fotografen geben seine Erben oder Nachlasspfleger häufig weitere Editionen seines Werkes heraus.

Aufgrund ihrer Seltenheit kann der Wert von Vintage Prints ins Unermessliche steigen. So gibt es nur drei bekannte Originalabzüge von Man Rays *Tears*. Jeder davon ist Hunderttausende von Euro wert.

Nachladen VI

Was bisher geschah

1826 Joseph Nicéphore Niépce nimmt das erste erhaltene Foto der Welt auf, das er „Heliografie“ nennt. Belichtungszeit: acht Stunden.

1839 Louis-Jacques-Mandé Daguerre gibt die Erfindung der Daguerreotypie bekannt. Es ist das erste praxistaugliche Verfahren zur Herstellung von fotografischen Abbildungen. Belichtungszeit: etwa dreißig Minuten.

1840er Jahre Die Belichtungszeiten reduzieren sich auf einige Minuten. Die ersten Porträts werden aufgenommen.

1841 W. H. Fox Talbot lässt sein Kalotypie-Verfahren patentieren, mit dem von einem Wachspapiernegativ mehrere Abzüge erstellt werden können.

1842 Sir John Herschel erfindet das Cyanotypie-Verfahren.

1844 Talbot veröffentlicht den ersten Fotobildband *The Pencil of Nature*.

1845 Friedrich von Martens baut das „Megaskop“, die erste Panoramakamera.

1849 Sir David Brewster entwickelt das zweiäugige Betrachtungsgerät zum Betrachten von Stereoskopien.

1850er Jahre Das Kollodium-Nassplatten-Verfahren in Kombination mit dem Albumindruck ersetzt die Daguerreotypie als fotografisches Standardverfahren.
Mathew Brady veröffentlicht eine Sammlung von Fotos berühmter Amerikaner.
Von einem Fesselballon aus wird das erste Luftbildfoto aufgenommen.

1853 Eines der ersten Pressefotos ist ein Foto von einer brennenden Mühle.

1854 In Frankreich werden Visitenkartenporträts, die sogenannten Cartes-de-visite, patentiert. Auf der Rückseite der Karten stehen Name und Adresse des Person. Die Karten lösen eine Manie aus. Auf der ganzen Welt schießen Porträtstudios wie Pilze aus dem Boden.

1855 Der erste offizielle Kriegsfotograf, der Brite Roger Fenton, begleitet als Berichterstatter die britischen Soldaten in den Krimkrieg.

1857 Erfindung des Vergrößerungsgeräts

1858 Der Engländer Francis Frith fotografiert die ägyptischen Pyramiden und nutzt Gräber als Dunkelkammer.

1861 Der Physiker James Clerk Maxwell produziert ein Farbbild. Er fotografiert durch einen Rot-, einen Grün- und einen Blaufilter und projiziert die Bilder mit einer Laterna magica deckungsgleich übereinander.

1861–64 Mathew Brady fotografiert mit einer Gruppe von Fotografen im amerikanischen Bürgerkrieg.

Mitte der 1860er Jahre Die Carte-de-visite wird von der größeren Kabinettkarte verdrängt.

1870er Jahre Nach der Einführung des Verschlusses in Kameraobjektiven verkürzen sich die Belichtungszeiten auf Bruchteile von Sekunden

1870er und 1880er Jahre In der Blütezeit der Stereofotografie produzieren die Hersteller 25 000 Stereokarten pro Tag.

1872 Eadweard Muybridge fotografiert mit Verschlusszeiten von etwa $\frac{1}{500}$ s die Bewegungsphasen eines galoppierenden Pferdes.

1878 Die Gelatine-Trockenplatte ersetzt das Nassplatten-Negativ.

1880 Der *New York Daily Graphic* veröffentlicht erstmalig ein gerastertes Zeitungsfoto.

1882 Das erste Silbergelatine-Papier wird hergestellt. Es ist bis heute das Standardpapier für Schwarz-Weiß-Handabzüge.

1886 Das Filmnegativ, das heißt eine lichtempfindliche Emulsion auf einem Papierträger, wird eingeführt.

1887 Erfindung des Blitzlichtpulvers.

1888 George Eastman bringt die die erste Kamera mit Negativfilm auf den Markt. Die Kodak-Kamera kostet 25 Dollar.

1890 *How the Other Half Lives* von Jacob Riis, ein Bildband über die Slums der New Yorker Lower East Side, zeigt frühe Blitz-Fotografie.

1890er Jahre Allmählich verdrängen Fotos die gezeichneten Illustrationen aus der Werbung.

1892 Die Zeitschrift *Vogue* kommt auf den Markt.

1895 Wilhelm Röntgen entdeckt die Röntgenstrahlen und sieht mit einer Kamera in den menschlichen Körper hinein.

1900 Die Kodak „Brownie" für 1 Dollar kommt auf den Markt.

Um 1900 Die Ansichtskarte wird für drei Jahrzehnte der absolute Renner. Die Post führt sechs Zustellungen pro Tag aus. Kameras, die Abzüge in Postkartengröße liefern, werden gebaut. Fotostudios bieten üppige Hintergründe und Requisiten für Aufnahmen an.
Der erste Versuch, die afrikanische Landschaft zu fotografieren, endet in einer Katastrophe: Der Ballon, an dem die Kamera hängt, ist an einer Kuh festgebunden. Die Kuh wird von einem Windstoß in die Luft gewirbelt, weder sie noch der Ballon oder die Kamera werden jemals wieder gesehen.

1901 *The Human Figure in Motion* von Eadweard Muybridge erscheint.

1902 Alfred Stieglitz, Edward Steichen und Clarence White eröffnen die 291 Gallery in New York, in der neben Gemälden bedeutender Künstler Fotografien ausgestellt werden.

1904 Die erste Illustrierte Großbritanniens, *The Daily Illustrated Mirror*, kommt auf den Markt.

1905 620 Millionen Postkarten werden in Großbritannien versandt.

1907 Auguste und Louis Lumière erfinden in Frankreich das Autochrome-Verfahren, die erste praxistaugliche Methode zur Herstellung von Farbfotos. Die Aufnahme auf Autochrome-Platten ist bis in die 1930er Jahre das Standardfarbverfahren.

Um 1910 Das Foto kommt in den Ausweis.
Lebende Porträts in Form von Daumenkinos werden erfunden.

1912 Die erste Pressekamera, die legendäre Speed Graphic, wird hergestellt.

1920er Jahre Die illustrierten Zeitungen *BIZ* und *MIP* erscheinen in Berlin und München.

Die ersten Bildtelegramme, die via Telefon versendet werden, beschleunigen die Verbreitung von Fotos.
Man Ray fertigt Fotogramme („Rayogramme"), indem er Objekte auf Fotopapier legt und mit einer einfachen Glühbirne belichtet.

1925 Die Leica kommt auf den Markt. Die erste seriengefertigte Kleinbildkamera ist mit einem 50-mm-Objektiv und einem Sucher oben auf der Kamera ausgestattet und wird mit dem bis heute verwendeten Kleinbildfilm bestückt.
Die einmal verwendbare Blitzbirne wird patentiert.
Der erste Passbildautomat wird patentiert.

1928 Die zweiäugige 6-x-6-cm-Spiegelreflexkamera Rolleiflex kommt auf den Markt.
Die erste Ausgabe der Illustrierten *Vu* erscheint in Paris.

1931 Harold Edgerton erfindet die Hochgeschwindigkeitsfotografie.
Die Belichtungszeiten verkürzen sich auf $1/100\,000$ s.

1932 Die Group f64 wird gegründet.
Der Belichtungsmesser kommt auf den Markt.

1933 *Paris de Nuit* von Brassaï erscheint.

1935 Die Farm Security Administration beauftragt Fotografen mit der Dokumentierung der Armut der Landbevölkerung. Über eine Viertelmillion Fotos entstehen.

1936 Die Zeitschrift *Life* erscheint zum ersten Mal.

Anfang der 1940er Jahre Edwin Land erfindet den Schwarz-Weiß-Polaroidfilm.

1942 Der Kodacolor-Negativfilm kommt auf den Markt.

1945 Das Buch *Naked City* von Weegee erscheint.

1946 Die ersten Fotos vom Weltraum werden von einer Rakete aufgenommen.

1947 Die Fotoagentur Magnum wird gegründet.

1948 Die in Schweden hergestellte Hasselblad-Mittelformatkamera mit Wechselobjektiven kommt auf den Markt.
Die Polaroidkamera, die eine Minute nach der Aufnahme bereits ein fertiges Bild liefert, kommt in den Handel.

Ende der 1940er Jahre Der Farbnegativfilm kommt auf den Markt.

1955 Edward Steichen ist der Kurator der Ausstellung *The Family of Man* im Museum of Modern Art in New York.

1958 Das Buch *The Americans* von Robert Frank sorgt für Empörung.

1959 Die Nikon F mit Schnellschalthebel, Wechselobjektiven, optionalem Motordrive, TTL-Sucher und Abblendtaste kommt auf den Markt.
Xerox produziert den von Chester Carlson erfundenen Fotokopierer.
Das erste Foto von der Erde wird von einem Satelliten aufgenommen.

1963 Kodak bringt die Instamatic auf den Markt.
Polaroid bringt Polaroid-Farbfotos auf den Markt.

1967 In der bahnbrechenden Ausstellung *New Documents* im Museum of Modern Art in New York werden Arbeiten von Diane Arbus, Garry Winogrand und Lee Friedlander präsentiert.

1970er Jahre Farbdiafilm wird Standardfilmmaterial der Profifotografen.

1972 Das erste Buch von Diane Arbus erscheint.

1973 Polaroid führt die SX70-Kamera ein.
Das Farbnegativverfahren C41 wird eingeführt.

1976 Der Apple-Computer kommt auf den Markt.

1978 Konica bringt die erste Kompaktkamera mit Autofokus heraus.

1980er Jahre Die Still-Videokamera, die Film durch Pixel ersetzt, geht in Produktion.
Die ersten Kompaktkameras mit Zoomobjektiven kommen auf den Markt.
Die Einführung der DX-Filmkodierung für das Kleinbildformat ermöglicht die automatische Erkennung der Filmempfindlichkeit.

1981 Sony bringt die erste kommerzielle elektronische Kamera ohne Film auf den Markt. Die Fotos werden auf CD aufgezeichnet und am Fernsehbildschirm gezeigt.
Erfindung der Computermaus.
Die *Untitled Film Stills* von Cindy Sherman werden erstmalig ausgestellt.

1982 Erfindung der Kompaktkamera von Lomo.

1984 Apple startet die Werbekampagne „think different".

Mitte der 1980er Jahre Erste Digitalkameras und Scanner.

1986 Kodak erfindet die erste Kamera mit Megapixeln.

1987 Fuji führt die Kleinbild-Einwegkamera ein.

1989 150 Jahre Fotografie werden gefeiert.
Einführung des Action Samplers.
Das Computerprogramm Photoshop kommt auf den Markt.

1990er Jahre Digitalkameras werden zum Standardgerät der Zeitungs- und Sportfotografen.
Die Schnappschussfotografie von Profifotografen etabliert sich in vielen großen Zeitschriften.

1990 Kodak bringt die Foto-CD auf den Markt.

1991 Kodak bringt die erste professionelle Digitalkamera, die Nikon F3, auf den Markt, die mit einem Sensor mit 1,3 MP ausgestattet ist.

1994 Das World Wide Web wird für die Nutzung durch die Allgemeinheit freigegeben.

Mitte der 1990er Jahre Die Welt wird von der Lomo-Manie erfasst.

2000 Einführung des Kamerahandys.

2003 In den USA werden mehr Digitalkameras als analoge verkauft.

2004 Kodak stellt allmählich die Herstellung von Filmen ein.

2005 Vom Saturnmond Titan werden Farbfotos 120 Millionen Kilometer weit zur Erde gefunkt.

2008 Die erste Spiegelreflexkamera mit echter Videofunktion kommt auf den Markt.

2009 Kompaktkameras werden mit Sensoren ausgestattet, die so groß sind wie die hochwertiger Spiegelreflexkameras.

2010 Digitalkamera mit 30-fachen optischem Weitwinkel-Zoom vorgestellt.

Fotografie und Recht

Pressefreiheit oder Recht auf Privatsphäre?

Ein Fotograf ist ein Staatsbürger mit Kamera, das heißt, er muss sich an das Gesetz halten wie jeder andere. In den meisten Ländern bemüht sich die Rechtsprechung aufrichtig darum, die Pressefreiheit und das Recht auf Privatsphäre in Einklang zu bringen. Allgemein gilt, dass ein Fotograf nicht ohne Genehmigung fotografieren darf, wenn sich ein Motiv auf Privatgelände, zum Beispiel in einem Haus oder Garten, befindet. Auch in bestimmten Bereichen am Flughafen oder im Gericht ist das Fotografieren verboten.

Fotografen vor Gericht

Beim Fotografieren von Personen, die in der Öffentlichkeit stehen, gelten von Land zu Land unterschiedliche Gesetze, die mitunter sehr weit ausgelegt werden können. In Großbritannien zum Beispiel erwies sich die Verabschiedung eines Rahmengesetzes über Eingriffe in die Privatsphäre als unmöglich. Die Folge sind endlose Gerichtsverhandlungen, aus denen nur die Rechtsanwälte mit ihren astronomischen Honoraren als Sieger hervorgehen. Noch komplizierter wird die Rechtslage dadurch, dass Klagen gegen Fotos und deren Veröffentlichung unterschiedliche Rechtsbereiche betreffen können, zum Beispiel Verleumdungsparagraphen, Datenschutz und Menschenrechte.

In der EU bestehen Widersprüchlichkeiten zwischen der Gesetzgebung einzelner Länder und dem Recht der Europäischen Union. In den USA ist das Recht auf freien künstlerischen Ausdruck zwar in der Verfassung verankert, aber die Situation ist kompliziert, weil die Gesetze von einem Bundesstaat zum anderen variieren.

Prominente ziehen regelmäßig vor Gericht, weil sie verhindern wollen, dass die Presse sie in ihrer Berichterstattung in einem schlechten Licht oder zu privaten Situationen zeigt. Auch Firmen verklagen heute schnell Fotografen, weil sie nicht damit einverstanden sind, wie ihre Produkte auf Fotos zu sehen sind. Oft genug ist es vorgekommen, dass Personen, die zufällig auf einem Foto zu sehen waren, das berühmt wurde, versucht haben, eine Beteiligung zu erstreiten.

Diese Entwicklung könnte eines Tages zu der absurden Situation führen, dass die Veröffentlichung oder Ausstellung eines Fotos oder Kommentars zu einer Person oder einem Produkt nicht mehr möglich ist. Fotografen sollten das Recht haben, an öffentlichen Orten zu fotografieren und anspruchsvolle, kreative Ideen umzusetzen, ohne fürchten zu müssen, vor Gericht gezerrt zu werden. Auf der anderen Seite wurde die Einführung eines Gesetzes zur Einschränkung der heimlichen Nutzung von Fotohandys in Großbritannien von Presse und Öffentlichkeit einvernehmlich begrüßt.

Urheberrecht

Die Bilder eines Fotografen sind urheberrechtlich geschützt, das heißt, alle Rechte an den Fotos sind Eigentum des Fotografen, der das Foto aufgenommen hat, wenn keine anderslautende schriftliche Vereinbarung existiert.

Das Urheberrecht bietet kreativ Tätigen Schutz vor der nicht-genehmigten Nutzung ihrer Werke und gilt in Deutschland bei Künstlern und Schriftstellern bis siebzig Jahre, bei Fotografen bis 75 Jahre nach dem Tod des Urhebers weiter. Es gibt die Möglichkeit, anderen Nutzungsrechte an seinem Werk einzuräumen. Diesen Vorgang bezeichnet man auch als Lizenzierung. Wenn zum Beispiel ein Verlag ein Foto, das Sie gemacht haben, für ein Poster verwenden möchte, das er in den Handel bringen will, können Sie darüber mit ihm einen Lizenzvertrag aushandeln. Für die Vergabe von Lizenzen für die Nutzung von Fotos in unterschiedlichen Medien gibt es Standardtarife, die als Grundlage solcher Vereinbarungen dienen sollen.

Falls ein Unternehmen eines Ihrer Fotos ohne Ihre vorherige Genehmigung veröffentlicht, verletzt es damit Ihr Urheberrecht. Sie können die Firma verklagen, um eine Einstellung der Rechtsverletzung zu erzwingen und Schadensersatz zu verlangen. Die zuerkannten Beträge beruhen bei gütlicher Einigung normalerweise auf dem Doppelten der Gebühren, die für die Vergabe einer Lizenz für die Nutzung des Fotos hätten bezahlt werden müssen. Sie können außerdem verlangen, dass alle Kopien, die Ihr Urheberrecht verletzen, vernichtet werden. Darüberhinaus verfügen Kreative über ein sogenanntes Recht auf Werkintegrität: Sie können sich dagegen wehren, wenn zu ihrem Werk etwas hinzugefügt oder etwas daraus entfernt wird oder wenn das Werk auf eine Art und Weise verändert oder verfälscht wird, dass ihr Ruf Schaden nimmt.

Fachvokabular

Janebeam, Lichtwanne, Abwedeln, Sklavenblitz, Zubehörschuh und Torblende – lauter Begriffe aus der umfangreichen fototechnischen Terminologie.

A

Abwedeln Aufhellung einer Partie eines Papierabzugs durch Abhalten des Lichts während der Belichtung.

Airbrush Druckluft-Spritzpistole zum Aufsprühen von Farbe oder Tinte. In den 1890er Jahren erfunden, prädigitales Retuschewerkzeug.

Albuminpapierabzug Albuminpapier wird mit einer Eiweiß-Salz-Lösung überzogen und anschließend mit einer Silbernitratlösung sensibilisiert. Um 1850 wurde der Albuminpapierabzug vom Kollodium-Negativ zum Standardverfahren und blieb es bis um 1900. Julia Margaret Cameron arbeitete damit. In der künstlerischen Fotografie wird es heute wieder angewendet. Das Albumin sorgt für eine glänzende, glatte Oberfläche und verstärkt die Brillanz der Lichter. Goldgetonte Albumindrucke weisen eine leicht Violettbraunfärbung auf.

Ambrotypie Verfahren zur direkten Herstellung einer positiven Abbildung auf einer Glaspatte.

Anaglyph Bild, dass bei der Betrachtung durch eine 3D-Brille die Illusion einer dreidimensionalen Ansicht vortäuscht. Die Aufnahme erfolgt mit zwei Kameras, deren Objektive nicht weiter als Augenabstand voneinander entfernt sind. Die Zwillingsbilder werden meist Rot/Blau oder Rot/Grün eingefärbt und übereinandergelegt. Horrorfilme der 1950er Jahre setzten diesen Effekt ein, zum Beispiel *Das Kabinett des Professor Bondi* und *Der Schrecken vom Amazonas*. Einige Fotografen haben sich auf Anaglyphen spezialisiert. *Siehe* **Stereofotografie**.

Arbeitsschutz und -sicherheit Bei der Arbeit mit fotografischem Gerät und fotografischen Verfahren müssen Fotografen verantwortungsvoll handeln und Herstellerempfehlungen beachten. Das gilt besonders für strombetriebene Geräte und Chemikalien, die bei unsachgemäßer Anwendung eine Gefahr für Leben und Gesundheit darstellen können.

Archivfestigkeit Langzeithaltbarkeit von Papierabzügen und Negativen.

ASA System zur Klassifizierung der Lichtempfindlichkeit von Filmen. Von der American Standards Association entwickelt, heute international gebräuchlich. *Siehe* **ISO**.

Auflicht Licht, das auf eine Oberfläche fällt.

Auflösung Relative Qualität und Detailgenauigkeit eines Digitalfotos.

Ausschnittsucher Hilfsmittel zur Festlegung des Bildausschnitts in der Dunkelkammer

Autofokus System zur automatischen Scharfeinstellung des Objektivs auf einen bestimmten Bereich, zum Beispiel auf die Bildmitte.

Autochrome Erstes Verfahren zur Herstellung von Farbfotos, das 1907 von den Brüdern Lumière auf den Markt gebracht wurde. Wurde von Jacques-Henri Lartigue angewendet.

B

Baryt-Papier Schwarz-Weiß-Fotopapier für die Schalenentwicklung.

Belichtung Vom Fotografen gesteuerte, auf das lichtempfindliche Material fallende Lichtmenge.

Belichtungsmesser Gerät zur Messung der Helligkeit eines Motivs zur Bestimmung von Blende und Belichtungszeit.

Belichtungsspielraum Toleranzbereich, innerhalb dessen Filmmaterial ohne große Qualitätseinbußen über- oder unterbelichtet werden kann.

Blende Größe der Öffnung des Objektivs, durch die das Licht in die Kamera einfallen kann. Wird durch die Blendenzahl charakterisiert.

Blendenzahl/Blendenstufe Zahl, die die Blende beschreibt. Je höher die Zahl, desto kleiner die Blendenöffnung.

Blitz Künstliche Lichtquelle, die einen sehr kurzen, sehr hellen Lichtimpuls gibt.

Blitzbelichtungsmesser Messgerät, das die Intensität von Blitzlicht misst und die Einstellung der korrekten Blende ermöglicht.

Blitzgenerator Elektronische Steuereinheit, die an einen Blitzkopf angeschlossen wird, um mehrere kontrollierte Lichtblitze zu erzeugen.

Blitzkopf Vorrichtung mit einer Blitzröhre, die bei Auslösung einen hellen Lichtblitz abgibt.

Bracketing Erstellen einer Belichtungsreihe mit Aufnahmen, die etwas stärker und etwas schwächer belichtet sind als vom Belichtungsmesser angegeben. Stellt zumindest *eine* korrekte Belichtung sicher.

Brennweite Die Brennweite eines ein Objektivs ist ein Indikator dafür, in welcher Größe es ein Motiv erfasst. Je länger die Brennweite, umso kleiner der Bildwinkel, umso größer der Abbildungsmaßstab. Die Brennweite ist auf der Fassung oder dem Ring des Objektivs eingraviert.

C

C41 Chemikalien zur Entwicklung von Farbnegativfilmen.

Camera lucida Von Malern verwendete Zeichenhilfe mit Prisma. Man blickt durch ein Guckloch direkt über die Kante eines Prismas, das die Umrisse des Motivs auf das Zeichenpapier wirft und so das Abzeichnen erleichtert.

CCD Charged Coupled Device. Sensorchip in Digitalkameras, Scannern, Fernseh- und Videokameras, der Licht, Farben und Helligkeit erfasst.

CD Compact Disc. Datenträger zur Speicherung von digitalen Daten.

Cibachrome Verfahren zur Herstellung von Abzügen von Dias, von Agfa entwickelt.

Clip-Test Methode zur Sicherstellung einer korrekten Belichtung bei der Entwicklung von Negativ- oder Diafilmen. Ein oder mehrere Bilder werden bei völliger Dunkelheit vom belichteten Film abgeschnitten. Diese Stücke werden vorab entwickelt und geprüft. Je nach Ergebnis wird der restliche Film genauso bzw. länger oder kürzer entwickelt.

C-Print/Colorprint Farbabzug vom Farbnegativ.

Cropping Änderung des Bildausschnitts mit dem Vergrößerungsgerät, am Computer oder durch Beschneiden der Ränder eines Papierabzugs.

Cross-Entwicklung Entwicklung eines Farbdiafilms in Chemikalien, die normalerweise zur Entwicklung von Farbnegativfilmen verwendet werden. Dias verwandeln sich bei der Cross-Entwicklung in dichte, kontrastreiche Farbnegative, die nach dem Abzug extrem gesättigte Farben aufweisen. Auch die Entwicklung eines Farbnegativfilms in Chemikalien für Farbdiafilme ist möglich.

Cyanotypie 1842 von Sir John Herschel erfundenes Verfahren zur Herstellung dauerhafter Abbildungen. Gegenstände oder Negative werden auf Papier gelegt, das mit einer Lösung aus Ammoniumeisenzitrat und Kaliumferricyanid sensibilisiert wurde. Die Belichtung erfolgt mit Sonnenlicht und wird durch Spülen mit Wasser gestoppt. Anschließend weist das Papier eine intensive Blaufärbung auf. Die Cyanotypie wird auch als Eisenblaudruck oder Blaudruck bezeichnet.

D

Daguerreotypie Das erste praxistaugliche fotografische Verfahren, von Louis-Jacques-Mandé entwickelt. Produzierte kleine, detailreiche Unikate auf versilberten Kupferplatten, die Spiegelbilder der Originalansicht waren.

Diapositiv Kurzform: Dia, abgeleitet von dem griechischen Wort für durch. Durchscheinende (transparente) direkte positive Abbildung.

Diashow Projektion von Dias auf eine Leinwand. Nachfolger der Laterna-magica-Vorführungen im 19. Jahrhundert. Wird heute wiederum zunehmend von Beamer-Projektion und Powerpoint-Präsentation verdrängt, die jedoch in punkto Ausdruck, Klarheit und Farbe nicht mit Dias mithalten können.

Digital Imaging Verarbeitung digitaler Bilder mithilfe des Computers.

Digitalisieren Umwandlung oder Konvertierung von Papierabzügen, Dias oder Negativen in digitales Material, das am Computer bearbeitet und gespeichert werden kann.

DIN Vom Deutschen Institut für Normung definiertes System zur Angabe der Lichtempfindlichkeit eines fotografischen Films. Alternative zur ASA-Norm.

Direktpositiv Foto ohne Negativ.

Drahtauslöser Biegsamer Draht zum Auslösen des Verschlusses. Wird häufig bei langen Belichtungen mit einer auf einem Stativ befestigten Kamera verwendet, verhindert ungewollte Kamerabewegungen.

Dunkelkammer Lichtdichter Raum zur Entwicklung und Vergrößerung von Bildern mit einer Arbeitsbeleuchtung, für deren Licht das belichtete Filmaterial unempfindlich ist.

Dunkelkammerlampe Schwache Beleuchtung in einer Dunkelkammer, bei der keine Gefahr einer unerwünschten Belichtung von Schwarz-Weiß-Abzügen besteht.

Duplikat Fotografische Kopie eines Originaldias oder -negativs.

DX-Kodierung System zur automatischen Erkennung der Lichtempfindlichkeit des Films in Kleinbildkameras.

Dye-transfer-Druck Verfahren zur Herstellung von lichtbeständigen Farbdrucken, zum Beispiel für Museen. Vom Original werden Farbauszüge angefertigt, indem es durch einen Rot-, einen Grün- und einen Blaufilter fotografiert wird. Aus den Negativen werden Gelatinematrizen erstellt, die nach der Behandlung mit der jeweiligen Komplementärfarbe präzise übereinandergedruckt werden. So entsteht das Originalbild neu. In der Hand des Fotografen ist das Verfahren ein Werkzeug zur optimalen Farbkontrolle. Wurde z. B. von Harold Edgerton angewendet.

E

E6 Chemikalien zur Entwicklung von Farbdiafilmen.

Einbeinstativ Stativ mit einer Säule.

Einstelllicht Kleine, in ein Blitzgerät eingebaute Kunstlichtlampe zur Führung des Blitzlichts.

Eisenblaudruck *Siehe* **Cyanotypie.**

Ektacolor-Abzug Farbfotoabzug auf Ektacolor-Papier. Wird z. B.von Philip-Lorca DiCorcia praktiziert.

Empfindlichkeitssteigerung Film wird bei einer höheren ASA-Zahl als der tatsächlichen Filmempfindlichkeit belichtet. Bei der Entwicklung wird die Unterbelichtung wieder ausgeglichen.

Emulsion Lichtempfindliche Beschichtung von Filmen und Fotopapieren.

Emulsionsnummer Ziffernfolge auf der Verpackung von Filmen und Fotopapieren. Da während der Herstellung leichte Schwankungen der Zusammensetzung auftreten können, verwenden Fotografen, die identisches Material haben wollen, Filme mit der gleichen Emulsionsnummer.

Entwickler Chemikalie, die ein latentes (unsichtbares) Bild in ein sichtbares verwandelt.

F

Fadenzähler Starke Lupe zur Betrachtung von Dias und Negativen.

Farbdia Farbige positive Abbildung auf Film. Dias können auf einem Leuchtpult betrachtet oder mit einem Diaprojektor auf eine Leinwand projiziert werden. Zur Reproduktion in Zeitschriften, Büchern usw. müssen sie gescannt werden. Von den 1970er Jahren bis zum Aufkommen der Digitalfotografie war der Diafilm das Standardmaterial der Profifotografen.

Farbfilter Dünne Scheiben aus eingefärbtem Glas, Kunststoff oder Gelatinefolien vor dem Objektiv, die bestimmtes Licht bzw. bestimmte Farben durchlassen oder sperren.

Farbkorrektur Prozess der Korrektur bzw. Bearbeitung der Farben einer Abbildung.

Farbnegativfilm Film, der nach der Entwicklung eine farbige negative Abbildung liefert.

Farbstich Verschiebung aller Farbtöne in einer Abbildung.

Farbtemperatur Begriff zur Beschreibung der farblichen Zusammensetzung einer Lichtquelle. Wird in Kelvin oder K angegeben.

Farbumkehrfilm Film, der nach der Entwicklung eine farbige positive Abbildung liefert. Eine andere Bezeichung ist Farbdiafilm.

Faxgerät Gerät zur Übertragung von Dokumenten über das Telefonnetz. David Hockney experimentierte mit Faxgeräten.

Ferrotypie Direktes positives Bild auf Metall.

Film Transparentes Kunststoffmaterial, das mit einer lichtempfindlichen Emulsion beschichtet ist.

Filmempfindlichkeit Relative Lichtempfindlichkeit eines Films. Es gibt hochempfindliches und geringempfindliches Filmmaterial.

Filmpatrone Lichtdichtes Metall- oder Kunststoffgehäuse, das den Kleinbildfilm enthält und direkt in die Kamera eingelegt wird.

Fischauge Ultraweitwinkelobjektiv. Verwendet von z. B.David McCabe.

Fixieren Abschließender Prozess bei der Filmentwicklung, mit dem das Foto haltbar gemacht wird und nach dem es nicht länger lichtempfindlich ist.

Flau Auch kontrastarm. Abbildung, auf der helle und dunkle Farbtönen nah beeinanderliegen. Das Gegenteil ist kontrastreich.

Flüssigemulsion Flüssige Fotoemulsion, die auf viele Materialien aufgebracht werden kann, zum Beispiel auf Glas, Metall, Holz, Leinwand, Stoff, Gips oder dreidimensionale Objekte wie Steine und Kacheln.

Format Maße eines Negativs oder Papierabzugs.

Formatieren Vorbereitung einer wiederbeschreibbaren Speicherkarte auf die erneute Aufzeichnung von Fotos, indem alle vorherigen Bilder gelöscht werden.

Fotografie Abbildung, die durch Lichteinwirkung auf eine lichtempfindliche Oberfläche erzeugt wird.

Fotogramm Foto, das ohne Kamera entsteht. Bei völliger Dunkelheit werden mehr oder weniger transparente, dreidimensionale Objekte direkt auf ein Blatt Fotopapier oder eine andere lichtempfindliche Oberfläche gelegt, die anschließend mit einem Vergrößerungsgerät oder einer Haushaltsglühbirne belichtet wird.

Fotokopierer Gerät zur Herstellung von Kopien nach Originalvorlagen. Der führende Hersteller Xerox brachte 1959 das erste Gerät auf den Markt. Beim Fotokopieren kommt ein fotografisches Verfahren zum Einsatz. Mit elektrischen Ladungen wird ein Bild von der Vorlage erzeugt. Helles Licht führt zur Zerstörung der Ladung in den weißen Bereichen, so dass eine Abbildung der schwarzen Partien mit Text oder Bildern übrigbleibt. Das latente Bild wird dazu benutzt, einen Toner aufzutragen und ein Abbild der Vorlage auf Papier zu erzeugen, die mit Hilfe von geheizten Walzen fixiert wird. Das Verfahren wird auch „Elektrofotografie" genannt. Dick Jewell und David Hockney experimentierten mit Fotokopierern.

Fotomontage Aus mehreren Fotos zusammengefügtes Bild.

Freistellen Ein Objekt wird vor einem weißen oder neutralen Hintergrund fotografiert, sodass es sich möglichst deutlich abhebt.

Fresnelscheibe Zubehör zur Aufhellung der Abbildung im Kamerasucher. Hilfreich bei Gegenlicht.

Frontprojektion Technik, um im Studio ein Motiv vor einem künstlichen Hintergrund aufzunehmen. Der Hintergrund wird von vorne auf die Leinwand projiziert, vor der das Motiv steht, das unter sorgfältiger Vermeidung von Streulicht auf dem Hintergrund separat ausgeleuchtet wird. Bei gleicher Brennweite der Objektive von Projektor und Kamera ist kein Schatten des Motivs auf dem Hintergrund sichtbar.

Fülllicht Lichtquelle zur Aufhellung von Schatten und zur Reduzierung des Kontrasts.

G

Gegenlicht Licht, das von einer Lichtquelle hinter dem Motiv Richtung Kamera fällt.

Gelatinefilter Dünne, transparente, eingefärbte Acetatfolien zur Änderung der Lichtfarbe.

Gigabyte Maßeinheit für Datenmenge. Entspricht 1000 Megabyte. *Siehe* **Megabyte.**

Glasklischeedruck Auf einer Glasplatte wird in eine lichtundurchlässige, dünne Schicht dunkler Farbe eine Zeichnung geritzt. Die Glasplatte wird als fotografisches Negativ benutzt und auf Fotopapier kontaktkopiert. Die lichtdurchlässige Ritzung erzeugt eine Abbildung.

Gradation Norm für das Kontrast-Wiedergabevermögen eines Fotopapiers. Auf einer Skala von 0 bis 5 steht 0 für eine eine flache Gradation, das heißt eine weiche, kontrastarme Darstellung und 5 für eine steile Gradation, das heißt eine harte, kontrastreiche Wiedergabe.

Gradationswandelpapier Fotopapier für Schwarz-Weiß-Vergrößerungen, bei dem sich der Kontrast variabel steuern lässt. Die Alternative sind Papiere mit fester Gradation.

Großformat Bezeichnung für Kameras, die 5-x-4-inch- und 10-x-8-inch-Film verwenden.

Gummiarabikum Dickflüssige, lichtempfindliche Masse, die für den Gummidruck auf verschiedene Oberflächen aufgebracht werden kann, zum Beispiel auf Papier, Stoff, Holz und Metall. Zur Färbung der Abbildung kann sie mit Farbpigmenten wasserlöslicher Farben versetzt werden. Der Gummidruck wurde von Edward Steichen angewendet, Piktorialist und Mitglied der Fotografengruppe Photo Secession. *Siehe* Pioniere der Fotokunst, S. 121.

H

Heliografie „Sonnenzeichnung", von Nicéphore Niépce entwickeltes Verfahren, das die ersten lichtbeständigen fotografischen Abbildungen lieferte.

High-key-Foto Foto mit Tonwerten ausschließlich im oberen Bereich der Grauskala, das heißt mit überwiegend hellen Tönen. Wird durch Beleuchtung, Entwicklung, Vergrößerung oder digitale Nachbearbeitung erreicht. Das Pendant ist Low-key.

Hochempfindlicher Film Filmmaterial mit hoher Lichtempfindlichkeit, das bei schwachem Licht eingesetzt werden kann.

Hochglanzpapier Fotopapier mit glatter, glänzender Oberfläche, die eine besonders detailreiche Bildwiedergabe ermöglicht.

Hohlkehle Studiohintergrund mit ausgerundeter Kante. Erweckt den Eindruck, als wäre der Raum, in dem das Modell steht, unendlich weit. Kann farbig ausgeleuchtet werden.

I

Indirektes Licht Licht, das nicht direkt von der Lichtquelle auf das Motiv fällt, sondern von einer Fläche, zum Beispiel einem Reflektor, einer Wand oder einer Decke reflektiert wird.

Infrarotfilm Filmmaterial, das sowohl für sichtbares Licht als auch für für unser Auge unsichtbare Infrarotstrahlung empfindlich ist. Schwarz-Weiß-Infrarotfilm lässt Hauttöne leuchten und Augen sehr dunkel erscheinen, Landschaften wirken geisterhaft. Minor White und Weegee arbeiteten mit Schwarz-Weiß-Infrarotfilm.

Infrarotindex Anzeige auf dem Objektiv, die die erforderliche Änderung der Scharfeinstellung bei Infrarotaufnahmen angibt. Dies ist notwendig, weil die sichtbaren Lichtstrahlen, die wir zur Fokussierung heranziehen, anders gebrochen werden als Infrarotstrahlen.

Irisdruck Mit einem Computerdrucker erzeugtes Farbfoto.

ISO System zur Klassifizierung der Lichtempfindlichkeit von Filmen. ISO ist die Abkürzung von International Standards Organization. Alternative zur ASA-Norm. *Siehe* **ASA**.

J

Janebeam Kunstlichtscheinwerfer mit 800 W (Redhead) oder 2000 W (Blonde).

Joiners David Hockneys Bezeichnung für seine fotografischen Collagen.

Joule Maßeinheit zur Angabe der Leistung eines elektronischen Blitzes.

JPEG Format zur Speicherung von Digitalfotos. Abkürzung von Joint Photographic Experts Group.

K

Kabinettkarte In den 1860er Jahren aufkommende Form der Porträtaufnahme im Format 16,5 x 11,5 cm. Verdrängte das kleinere Format der Cartes-de-visite (*siehe* **Visitenkartenporträt**). Die Bezeichnung stammt daher, dass die Bilder in Vitrinenschränken in den Empfangszimmern (Kabinett) aufgestellt wurden. Sie waren meist auf Karton aufgezogen und auf der Rückseite kunstvoll mit dem Namen des Fotografen und des Ateliers bedruckt.

Kalotypie Nach dem Erfinder William Henry Fox Talbot auch „Talbotypie" genanntes Verfahren, das 1841 patentiert wurde. Von einem Negativ wurden mit Sonnenlicht im Kontaktverfahren beliebig viele Abzüge erstellt. Dieses Negativ-Positiv-Verfahren ist der direkte Vorläufer der modernen Fotografie.

Kartenlesegerät Gerät, das mit dem Computer oder dem Drucker verbunden wird und die Informationen auf der Speicherkarte einer Digitalkamera liest.

Kassettenschieber Lichtdichter Filmhalter für großformatigen Planfilm.

Kelvin oder K Maßeinheit der Farbtemperatur zur Angabe der relativen Qualität von Lichtquellen. Tageslicht hat 5500 K, Kunstlicht 3200 K.

Kodachrome Feinkörniger Farbdiafilm mit hoher Sättigung von Kodak.

Kollodium-Nassplatten-Verfahren Im 19. Jahrhundert gebräuchliches Verfahren zur Herstellung von Negativen. Glasplatten wurden mit einer zähflüssigen Lösung namens Kollodium und lichtempfindlichen Silbersalzen sensibilisiert. Die noch feuchte Platte wurde in die Kamera gesteckt und belichtet. Ließ man die Platten trocknen, verringerte sich die Lichtempfindlichkeit deutlich. Das Verfahren wurde mit dem Albumindruck kombiniert. Es verdrängte die Daguerreotypie und die Kalotypie und wurde gegen Ende der 1870er Jahre vom Trockenplatten-Verfahren abgelöst. Julia Margaret Cameron arbeitete damit. Ein andere Bezeichnung ist Nasses Kollodiumverfahren.

Komprimierung Verfahren zur Reduzierung der Dateigröße eines

Digitalfotos für die Übertragung oder Speicherung.

Kontaktkopie/Kontaktabzug Der Kontaktabzug entsteht, indem das Negativ in Kontakt mit lichtempfindlichen Material gebracht und belichtet wird, wobei ein Positiv in der Größe des Negativs entsteht. Vor der Erfindung des Vergrößerungsgeräts waren Kontaktkopien der einzige Weg, ein Bild abzuziehen.

Kontrast Auf einer Abbildung herrschender Unterschied zwischen dunklen und hellen Anteilen.

Kontrastreich Abbildung, auf der ein großer Unterschied zwischen hellen und dunklen Farbtönen besteht. In der Schwarz-Weiß-Fotografie Abbildung, die fast nur aus schwarzen und weißen Flächen besteht. Das Gegenteil ist kontrastarm bzw. flau. Durch Beleuchtung, Entwicklung, Vergrößerung oder digitale Nachbearbeitung kann dieser Effekt bewusst herbeigeführt werden. Eingesetzt z. B. von Daido Moriyama.

Konversionsfilter Dünne Glas- oder Gelatinefolienfilter vor dem Objektiv, die die Farbtemperatur des in die Kamera einfallenden Lichts beeinflussen, zum Beispiel um es auf den verwendeten Film abzustimmen.

Korn Kleine Kristallstrukturen, die nach der Entwicklung auf dem Film sichtbar sind und zusammen die Abbildung erzeugen. Vergrößert werden sie vom menschlichen Auge zu einem glaubhaften Bild verschmolzen. Die Größe des Filmkorns entscheidet über die Detailwiedergabe auf dem Abzug. Je nach verwendetem Filmmaterial, Belichtung und Entwicklung kann ein Foto fein- oder grobkörnig sein. Alison Jackson und José Luis Neto nutzen Grobkörnigkeit als Gestaltungsmittel.

Kunstlicht Licht, das durch eine künstliche Lichtquelle wie Glühbirne oder Blitz erzeugt wird.

Kunstlichtfilm Farbfilm, der so abgestimmt ist, dass er bei Kunstlicht, zum Beispiel in Innenräumen, naturgetreue Farben liefert.

Kurator Ausstellungsgestalter oder Sammlungsbetreuer in einem Museum. Wählt Künstler und Werke aus.

L

Lambdadruck Druckverfahren, das archivfeste Bilder erzeugt.

Latentes Bild Abbildung, die auf einer lichtempfindlichen Oberfläche vorhanden, aber für das Auge noch nicht sichtbar ist (das heißt, sie muss noch entwickelt werden).

Laterna magica Vorläufer des Dia- und des Filmprojektors. Vor hundert Jahren projizierten elektrisch angetriebene Laterna magicas Bilder ebenso deutlich wie ein moderner Filmprojektor.

LCD Monitor auf der Rückseite einer Digitalkamera zur Betrachtung der aufgenommenen Bilder. LCD steht für Liquid Crystal Display.

Lentikulartechnik Verfahren zur Herstellung von 3D-Bildern, die ohne 3D-Brille angesehen werden können.

Leuchtkasten Vorrichtung zur Betrachtung von Dias. Leuchtkästen sind mit auf Tageslicht abgestimmten Leuchtstoffröhren ausgestattet.

Lichter Hellste Tonwerte eines Fotos.

Lichtschlucker Schwarze Fläche, die aufgestellt wird, um unnötiges Licht zu schlucken.

Linse Sphärischer Glaskörper, der das Licht bricht.

Lith Printing Verfahren in der Schwarz-Weiß-Dunkelkammer, das dramatische Bilder mit kräftigen Tonwerten und Kontrasten hervorbringt.

Lomo-Kamera Kostengünstige Kamera von dem russischen Hersteller Lomo. Von Fotografen wegen ihrer einfachen Bedienung und der präzisen Ergebnisse bei langen Verschlusszeiten geschätzt.

Low-key-Foto Foto, in dem dunkle Tonwerte vorherrschen. Das Pendant ist High-key-Fotografie.

M

Makrofotografie Das Fotografieren kleiner Objekte mithilfe eines Spezialobjektivs, mit Zwischenringen zwischen Kameragehäuse und Objektiv oder mit einer Nahlinse vor dem Objektiv.

Makroobjektiv Ermöglicht die Aufnahme von Objekten mit einer stärkeren Vergrößerung als 1 : 1. Einige Zoomobjektive sind mit einer Makrofunktion ausgestattet.

Mappe In der Kreativbranche übliche Bezeichnung für ein Portfolio.

Maske Mit Masken kann man Bildteile ausblenden.

Mattpapier Nicht reflektierendes Fotopapier

Mechanische Kamera Kamera ohne Automatikfunktionen für Scharfeinstellung und Steuerung von Blende und Verschlusszeit.

Megabyte Maßeinheit für die Datenmenge eines Digitalfotos und die Speicherkapazität einer Speicherkarte.

Megapixel Kurzform für ein Million Pixel. Norm für die relative Qualität und das Auflösungsvermögen einer Digitalkamera, das heißt, der Detailgenauigkeit der Abbildung, die sie aufzeichnet.

Mischlicht Kombination verschiedener Lichtquellen, zum Beispiel Blitz und Tageslicht.

Mittelformat Alle Formate, die größer als Kleinbildformat und kleiner als Großbildformat sind, bezeichnet man als Mittelformate. Das kleinste Mittelformat ist 4,5 x 6 cm, das größte 6 x 9 cm. Hersteller von Mittelformatkameras sind unter anderem Hasselblad, Bronica und Mamiya.

Mitziehen Der Bewegung eines Objekts mit der Kamera folgen.

Motordrive In die Kamera eingebauter Motor, der den Film nach jeder Belichtung automatisch weitertransportiert.

Multimedia Kombination mehrerer digitaler Medien, zum Beispiel von Digitalfotos, bewegten Bildern, Grafiken, Text und Sound am Computer. Kann künstlerischen oder kommerziellen Zwecken dienen.

N

Nahlinse Linse, die für Nah- oder Makroaufnahmen vor das Objektiv gesetzt wird.

Nachbelichtung Methode zur dunkleren Wiedergabe einer bestimmten Bildpartie durch stärkere Belichtung beim Vergrößern.

Negativ Die auf einer fotografischen Emulsion durch Belichtung und anschließende Entwicklung produzierte Abbildung mit umgekehrten Tonwerten.

P

Panoramakamera Kamera, die eine extreme breite Ansicht erfassen kann.

PC-Objektiv Objektiv, das zur Perspektivkorrektur horizontal und vertikal verschwenkt werden kann, zum Beispiel um in der Architekturfotografie Verzerrungen zu vermeiden.

PE-Papier Fotopapier, das mit einer dünnen Kunststoffschicht überzogen ist, wodurch es sich sehr gut für die automatische Entwicklung eignet. Kann aber auch für die Schalenentwicklung verwendet werden. PE-Papier ist in verschiedenen Ausführungen erhältlich, zum Beispiel matt und hochglänzend.

Photogravüre Von den Piktorialisten angewandtes Reproduktionsverfahren. *Siehe* Pioniere der Fotokunst, S. 121.

Photoshop Standardprogramm zur Fotobearbeitung und Retusche am Computer.

Physiogramm Abbildung, die mithilfe einer bewegten Lichtquelle und langer Belichtungszeit entsteht.

Pixel Zusammenziehung des englischen Begriffs *picture element*, Bildpunkt. Bildpunkte, aus denen sich ein Digitalfoto zusammensetzt.

Platindruck Druckverfahren, das mehr Tonwerte liefert als ein Silbergelatine-Abzug. Mit Beginn des Ersten Weltkriegs wurde es kaum noch angewendet, weil Platin aufgrund seiner Verwendung bei der Herstellung von Munition knapp geworden war. Die einzigartige Qualität und lange Haltbarkeit der Ergebnisse haben den Platindruck jedoch wieder populär gemacht. *Siehe* Pioniere der Fotokunst, S. 121.

Plattenkamera Kamera aus der Frühzeit der Fotografie, mit der Glasplatten belichtet wurden.

Polarisationsfilter Filter, das Spiegelungen im Wasser und auf Glas je nach Filterstellung reduziert oder beseitigt. Kann auch zur dunkleren Wiedergabe des Himmels eingesetzt werden.

Polaroid Film- und Kamerasystem, das binnen einer Minute ein Positiv liefert, das ein Unikat ist.

Polaroid-Rückteil Kamerarückteil mit einem Polaroidfilm, das an Kameras aller Art angesetzt werden kann, um Polaroidfotos aufzunehmen. Viele Fotografen arbeiten mit diesem System, um vor der eigentlichen Aufnahme Belichtung und Komposition auf einer Probeaufnahme zu prüfen. Polaroid-Rückteile sind für analoge Kameras aller Formate erhältlich.

Positiv-Positiv-Verfahren Farbvergrößerung direkt vom Dia.

Print Fotografische Abbildung auf Papier, Papierabzug.

Probestreifen Hilfsmittel in der Dunkelkammer, um die nötige Belichtungszeit für einen Abzug zu ermitteln. Dazu wird ein Bogen Fotopapier Streifen für Streifen immer etwas mehr belichtet. Das Ergebnis sind fünf bis sechs schmale Streifen mit unterschiedlicher Belichtung, aus denen man das beste Ergebnis auswählt.

Pseudo-Solarisation *Siehe* **Sabattier-Effekt.**

R

RA4 Chemikalien zur Entwicklung von Farbnegativfilmen.

Randlosdruck Der Druck geht bis zum Papierrand. Zwischen Bild und Kante, zum Beispiel auf einer Buch- oder Zeitschriftenseite, ist kein Papierweiß mehr sichtbar. Man sagt auch, das Bild ist abfallend oder angeschnitten gedruckt.

Reflektor Fläche, die Licht reflektiert und auf das Motiv lenkt oder Schatten aufhellt.

Reflexschirm Zubehör zur Streuung des Lichts. Die Lichtquelle scheint entweder durch den Reflexschirm hindurch, oder das Licht wird vom Schirm reflektiert.

Retusche Nachträgliche Veränderung einer Abbildung zur Korrektur und Verbesserung oder zur Fälschung der Bildaussage.

Ringblitz Runde Blitzröhre um das Kameraobjektiv herum.

Röntgenstrahlen Für das menschliche Auge unsichtbare Lichtstrahlen, die Materie durchdringen können. Auf Film erzeugen sie ein schwarzweißes Schattenbild. Z. B. von Helmut Newton in der Modefotografie eingesetzt.

Rote Augen Effekt des Blitzlichts, das von der Retina im Auge des Modells Richtung Kamera reflektiert wird. Tritt am häufigsten auf, wenn das Blitzgerät nah am Objektiv der Kamera angeordnet ist und wenn ein Ringblitz verwendet wird.

Rückprojektion Objekte oder Menschen werden für eine Aufnahme im Studio vor einer Bildwand aufgestellt, auf die von hinten eine Hintergrundaufnahme projiziert wird.

S

Sabattier-Effekt Verfahren, bei dem ein Papierbild oder Film während der Entwicklung kurz belichtet wird, sodass ein teils positives, teils negatives Bild entsteht. Die Unberechenbarkeit machte diese Verfremdungstechnik unter den Surrealisten beliebt, insbesondere Man Ray experimentierte viel damit. In den 1940er Jahren wurde sie von dem Modefotografen Erwin Blumenfeld sowohl in Farbe als auch in Schwarz-Weiß eingesetzt. Zu Ehren des Franzosen Armand Sabattier, der den Effekt in den 1860er Jahren entdeckte, wird die Technik Sabattier-Effekt genannt.

Scannen Umwandeln von Papierabzügen, Negativen und Dias in digitale Daten.

Servoblitz Auch entfesselter Blitz, *siehe* **Sklavenblitz.**

Schadografie *Siehe* **Fotogramm.**

Schärfentiefe Der Bereich einer Aufnahme vor und hinter dem Scharfeinstellpunkt, in dem alle Details akzeptabel scharf erscheinen. Auch Tiefenschärfe genannt.

Schnappschuss Spontane Aufnahme, meist aus der Hand aufgenommen.

Silbergelatine-Abzug Heutiges Standardverfahren zur Herstellung von Schwarz-Weiß-Fotos von Negativen in einer Dunkelkammer.

Silhouettenaufnahme Foto vom klar erkennbaren Umriss einer Person oder eines Objekts, der eine dunkle Fläche umschließt. Hundert Jahre vor der Erfindung der Fotografie war der Schattenriss eine verbreitete und kostengünstige Porträtmethode. Auch heute gehört er zum Repertoire zeitgenössischer Künstler wie z. B. Kara Walker, die ihn in ihren kritischen Arbeiten zu Themen wie Macht, Unterdrückung und Rassismus einsetzt.

Sklavenblitz Räumlich von der Kamera getrenntes Blitzgerät, das von einem Hauptblitzgerät oder Sender ausgelöst wird.

Softbox Großes, rechteckiges oder längliches Beleuchtungsgerät mit einem Blitzkopf und lichtdurchlässigem Stoff, um das direkte Blitzlicht zu streuen. Auch Lichtwanne genannt.

Sonnenblende Runder oder rechteckiger Vorsatz vor dem Objektiv, der unerwünschten Lichteinfall verhindert.

Speicherkarte/Memory Stick Datenträger zur Aufzeichnung von Digitalfotos.

Spiegelreflexkamera Kamera mit einem internen Spiegel, der die Abbildung zur Betrachtung und Scharfeinstellung in den Sucher einspiegelt.

Spotbelichtungsmesser Belichtungsmesser zur Messung von Licht, das auf einen kleinen Bereich des Motivs fällt. Dient der Ermittlung der Belichtung bei schwierigen Beleuchtungsverhältnissen, zum Beispiel bei Gegenlicht.

Spotvorsatz Vorsatz vor einer Lichtquelle zur Erzeugung eines gebündelten Lichtstrahls.

Stativ Kamerastütze mit drei Säulen zur Stabilisierung der Kamera. Erleichtert Komposition und Scharfeinstellung und kommt bei langen Belichtungszeiten zum Einsatz, wenn jegliche Kamerabewegung die Aufnahme verderben könnte. Ein Stativ ermöglicht die Einregelung von Belichtungszeiten von vielen Sekunden, Minuten oder Stunden. Das bedeutet die faszinierende Möglichkeit, uns etwas sehen zu lassen, was wir mit unseren Augen nicht sehen können. Z. B. Hiroshi Sugimoto arbeitet damit.

Stereofotografie Fotos, die die Illusion einer dreidimensionalen Ansicht vermittelten. Stereobilder werden mit Kameras mit zwei Objektiven in Augenabstand aufgenommen. Das Bildpaar erzielt bei der Betrachtung durch ein zweiäugiges Betrachtungsgerät namens Stereoskop eine Raumwirkung. Das Verfahren wurde von Jacques-Henri Lartigue angewendet, auch Eadweard Muybridge experimentierte damit.

Stoppbad Bei der Filmentwicklung verwendetete Lösung, um die Entwicklung zu unterbrechen, bevor der Film oder das Papier in den Fixierer gelegt wird.

Streuen Wird Licht gestreut, fallen nicht alle Strahlen aus der gleichen Richtung ein, und die Beleuchtung ist weicher. Sonnenlicht wird an einem bewölkten Tag auf natürliche Weise von den Wolken gestreut.

Streulicht Licht, das innerhalb des Objektivs und des Kameragehäuses durch Reflexionen entsteht. Wird häufig von direkt in eine Linse einfallendem Licht verursacht. Kann kreativ genutzt werden.

Stroboskopbeleuchtung In schneller Folge gezündete Blitze. Harold Edgerton fotografierte den Abschlag eines Golfspielers und löste dazu innerhalb einer Sekunde hundert Blitze aus.

Sucher Kleines Fenster in der Kamera, in dem das Motiv betrachtet und die Bildelemente angeordnet werden.

Synchroballistische Fotografie Aufnahmen mit einer Hochgeschwindigkeitskamera.

Synchronkabel Elektrisches Kabel zum Anschluss eines Blitzgeräts an eine Kamera. Überträgt das Auslösesignal.

Systemblitz Blitzgerät, das bei Verwendung mit einer kompatiblen Kamera automatisch die richtige Belichtung herbeiführt.

T

Tageslichtfilm Film, der bei Ausleuchtung des Motivs mit Licht mit einer Farbtemperatur von 5500K – was Tageslicht, daher die Bezeichnung, oder Blitzlicht entspricht – Farben naturgetreu wiedergibt.

Talbotypie *Siehe* **Kalotypie.**

Teleobjektiv Objektiv mit einer längeren Brennweite als ein Normalobjektiv, zum Beispiel ein 300-mm- oder 400-mm-Objektiv.

Tintenstrahldrucker Druckt ein Digitalfoto durch das Abschießen von Millionen kleinster Tinten- bzw. Farbtröpfchen.

Tonung Änderung der Färbung eines Papierbilds mit Hilfe von chemischen Bädern.

Tonwerte Die unterschiedlichen hellen und dunklen Grautöne zwischen Schwarz und Weiß.

Torblende Vorsatz für einer Lichtquelle, zur Steuerung der Richtung und der Breite des Lichtstrahls mit verstellbaren schwarzen Metallklappen.

TTL-Messung TTL bedeutet *through the lens*. Ein Sensor im Objektiv ermittelt das auf den Film treffende Umgebungslicht. Einige TTL-Systeme messen auch das von einem Blitzgerät abgegebene Blitzlicht und passen die Blitzleistung automatisch an.

U

Überbelichtung Zu starke Belichtung des Films oder Fotopapiers. Überbelichtete Bilder wirken zu hell, die Lichter Fransen aus.

Ultraviolett Lichtwellen außerhalb des sichtbaren Spektrums, die mit speziellen fotografischen Materialien aufgezeichnet werden können.

Umgebungslicht Licht, das während der Aufnahme vorhanden ist, ohne dass der Fotograf irgendeine zusätzliche oder andere Beleuchtung einsetzt. Wird auch als vorhandenes oder natürliches Licht bezeichnet.

Unterbelichtung Zu kurze Belichtung des Films oder Fotopapiers. Unterbelichtete Bilder sind zu dunkel und weisen in den Schatten keine Zeichnung mehr auf.

USB System zur Verbindung eines Computers mit externen Geräten wie Kamera, Drucker und Kartenlesegerät über ein USB-Kabel. USB steht für Universal Serial Bus.

V

Vergrößerung Papierabzug, der von einem Negativ erstellt wird und größer als das Original ist. Beim Vergrößern in der Dunkelkammer wird das Negativ auf Fotopapier oder lichtempfindliches Material projiziert. Je stärker die Abbildung vergrößert wird, desto mehr Qualität geht verloren.

Vergrößerungsgerät Gerät zur Projektion eines Negativs auf sensibilisiertes Papier.

Verreißen Bewegen der Kamera während der Aufnahme, das zu Verzerrungen oder Unschärfen führt. Kann kreativ eingesetzt oder mithilfe eines Stativs vermieden werden.

Vignette Unerwünschte Abdunklung der Bildecken, die auf das verwendete Objektiv zurückzuführen ist, und sich bei der Nachbearbeitung am Computer korrigieren lässt. Kann auch als gewünschter Effekt bei der Vergrößerung oder Bildbearbeitung erstellt werden.

Vintage Print Originalabzug, der vom Fotografen selbst direkt oder kurze Zeit nach der Aufnahme hergestellt wurde.

Visitenkartenporträt Im 19. Jahrhundert in ganz Europa verbreitete Form der Porträtaufnahme im standardisierten Format von 5,5 × 9 cm. Der Franzose André Disderi ließ sich 1854 sein Verfahren zur Herstellung von Cartes-de-visite patentieren. Von ihm stammte auch die Idee, seinen Kunden Porträts in der Größe von Visitenkarten anzubieten, mit Namen und Adresse der Person auf der Rückseite. Mit mehrlinsigen Kameras wurden vier, acht oder zwölf Porträts auf ein einziges Glasnegativ aufgenommen, kontaktkopiert und zugeschnitten. Die Karten von Bekannten und Familienangehörigen, aber auch von Prominenten wie Königin Viktoria oder Napoléon III., wurden in Alben gesammelt.

Vorhandenes Licht *Siehe* **Umgebungslicht.**

W

Weichzeichnen Herbeiführen einer leicht unscharfen Abbildung. Die Linien und Kanten eines weichgezeichneten Fotos erscheinen leicht verschwommen, ohne dass die Abbildung verzerrt wäre. Zur Weichzeichnung kann man spezielle Filter verwenden oder durch eine mit Vaseline eingefettete Glasscheibe (Fettscheibe) hindurchfotografieren. Die Technik wurde z. B. von Norman Parkinson eingesetzt.

Weichzeichnerobjektive Zu Beginn des 20. Jahrhunderts hergestellte Spezial-Objektive, die es Amateurfotografen ermöglichen sollten, ähnliche Effekte zu erzielen wie die berühmten Piktorialisten. *Siehe* Pioniere der Fotokunst, S. 121.

Weißabgleich Funktion einer Digitalkamera zur Abstimmung auf die Farbtemperatur der Lichtquellen an einem Aufnahmeort, um eine natürliche Farbwiedergabe zu erreichen.

Z

Zonensystem System zur Ermittlung der korrekten Belichtung und Entwicklungszeiten, um auf dem Negativ einen maximalen Tonwertumfang zu erreichen. Das System wurde von Ansel Adams entwickelt und eingesetzt.

Zoomobjektiv Objektiv mit variabler Brennweite.

Zubehörschuh Vorrichtung auf der Oberseite der Kamera zur Aufnahme eines Blitzgeräts. Über elektronische Kontakte wird der Blitz bei Druck auf den Auslöser gezündet.

Zwischenringe Metallringe, die zwischen Kameragehäuse und Objektiv gesetzt werden, um bei der Nahfotografie einen größeren Abbildungsmaßstab zu erreichen.

Bemerkenswerte Fotobildbände

HOCHLADEN

Mary Warner Marien, *Photography. A Cultural History*, London 2002
The Photography Book, London 1997
Photographie des 20. Jahrhunderts, Köln 1996

DAS BILD DER BILDER

Porträt

Richard Avedon, *In the American West*, New York 1985
Peter Beard, *Peter Beard*, Paris 1997
Bill Brandt, *Shadow of Light*, London 1977
The Camera I. Photographic Self-Portraits from the Audrey and Sydney Irmas Collection, hrsg. von Robert A. Sobieszek, Los Angeles 1994
Salvador Dalí/Philippe Halsman, *Dalis Schnurrbart. Ein fotografisches Interview*, Paris 1994
Disfarmer. Heber Springs Portraits 1939–1946, Santa Fe 2000
Lee Friedlander, *Self-Portrait*, New York 1970
Peter Hamilton, *Doisneau*, London 1992
Icons of Photography. *The 20th Century*, hrsg. von Peter Stepan, München [u. a.] 1999
Robert Mapplethorpe, *Certain People. A book of Portraits*, Pasadena 1985
Helmut Newton, *Portraits. Bilder aus Europa und Amerika*, München 1987
The Portrait in Photography, hrsg. von Graham Clarke, London 1992
Malcolm Rogers, *Karsh. A Biography of Images*, Boston 2004
Cindy Sherman, München 1987
Skin Deep. The Portraits of Alastair Thain, London 1991
Paul Strand, *Die Welt vor meiner Tür. Ein intimes Porträt*, Frankfurt/M. 1994
Sugimoto. Portraits (Ausst.-Kat.), Ostfildern-Ruit 2000
Adrian Woodhouse, *Angus McBean*, London 1985 (= Masters of Photography)

Stadt

Miles Barth, *Weegee's World*, Boston [u. a.] 1997
Brassaï, *Paris de nuit*, Paris 1933
Robert Doisneau, *Robert Doisneau. Photographs*, London 1980
Gilbert & George, *The Complete Pictures 1971–1985*, London 1986
Sirkka-Liisa Konttinen, *Byker*, Newcastle upon Tyne 1985
Johnnie Shand Kydd, *Spit Fire. Photographs from the Art World. London 1996/97*, London 1997
Jane Livingston, *The New York School. Photographs 1936–1963*, New York 1992
Open City: Street Photographs since 1950 (Ausst.-Kat.), hrsg. von Kerry Brougher, Oxford 2001
Philip-Lorca diCorcia/Peter Galassi, *Philip-Lorca diCorcia* (Ausst.-Kat.), New York 1993
Young Meteors. British Photojournalism 1957–1965 (Ausst.-Kat.), hrsg. von Martin Harrison, London 1998

Landschaft

Mark Holborn, *Beyond Japan. A Photo Theatre*, London 1991
André Kertész, *Day of Paris*, hrsg. von George Davis, New York 1945
André Kertész. *Fotografien 1914–1972* (Ausst.-Kat.), Leverkusen 1977
Nick Knight, *Flora*, München 2000
Irving Penn, *Passage. A work record*, New York 1990
Irving Penn, *Still Life*, München 2001
Aaron Siskind, *Aaron Siskind 100* (Ausst.-Kat.), New York 2003
Hiroshi Sugimoto (Ausst.-Kat.), Norwich 1997
Edward Weston, *The Daybooks of Edward Weston*, New York 1973

Körper

Bill Brandt, *Perspective of Nudes*, London 1961
Alexey Brodovich [englische Umschrift von Alexej Brodowitsch], *Ballet*, New York 1945
The Century of the Body. 100 Photoworks 1900–2000, hrsg. von William A. Ewing, London 2000
Elliott Erwitt, *On the Beach*, Lausanne 1991
William A. Ewing, *The Body. Photographs of the Human Form*. San Francisco 1994
Dick Jewell, *Hysteric Glamour*, 2001
Lewis Morley, *Lewis Morley. Photographer of the Sixties* (Ausst.-Kat.), London 1989
Irving Penn – eine Retrospektive, hrsg. von Colin Westerbeck, München 1997

Mode

Erwin Blumenfeld, *Eye to I. The Autobiography of a Photographer*, London 1999
Guy Bourdin, hrsg. von Charlotte Cotton und Shelly Verthime, London 2003
Charlotte Cotton, *Imperfect Beauty. The Making of Contemporary Fashion Photographs*, London 2000
Polly Devlin, *Vogue Book of Fashion Photography*, London 1979
Horst: Sixty Years of Photography, hrsg. von Richard J. Horst München 2001
The Impossible Image. Fashion Photography in the Digital Age, hrsg. von Mark Sanders, London 2000
William Klein, *In & Out of Fashion*, London 1994
Nick Knight, *Nicknight. Die Photographien von Nick Knight*, München 2009
David LaChapelle, *Hotel LaChapelle*, Boston [u. a.] 1999
David LaChapelle, *LaChapelle Land*, Zürich 2005.
Nova. 1965–1975, hrsg. von David Gibbs, London 1993
On the Edge. Images from 100 Years of Vogue (Ausst.-Kat.), New York 1992
The Sixties. A Decade in Vogue, hrsg. von Nicholas Drake, London 1998
Bruce Weber, *O Rio de Janeiro. A photographic Journal*, New York 1986

Mit Fotos Geschichten erzählen

Diane Arbus, hrsg. von Doon Arbus, Millerton 1972
Diane Arbus, *Revelations*, München 2003
Eve Arnold, *The Fifties. Photographs of America*, New York 1985
Roger Ballen, *Plattenland. Images from rural South Africa*, Rivonia 1994
Richard Billingham, *Ray's a Laugh. Scalo*, Zürich [u. a.] 2000
Robert Capa, *Fotografien*, Frankfurt/M. 2000
Robert Capa. The Definitive Collection, London 2001
Henri Cartier-Bresson, *The Decisive Moment*, Paris 1952
Henri Cartier-Bresson. Das Fotografen-Porträt (Ausst.-Kat.), Luzern 1980
Larry Clark, *Tulsa*, New York 1971
Bruce Davidson, *Bruce Davidson*, Paris 1984
Bruce Davidson, *East 100th Street*, Köln 1999
Roger Fenton, *Roger Fenton. Photographer of the 1850s*, London 1988
Robert Fox, *Camera in Conflict*. Köln 1996
Robert Frank, *Die Amerikaner*, Steidl 2008
Robert Frank, *Lines of my Hand*, London 1989
Robert Frank, London 1991
Vicky Goldberg, *Children at Work. Lewis W. Hine*, München [u. a.] 1999
Die großen LIFE-Photographen, hrsg. von Robert Sullivan, München 2004
Humphrey Spender's Humanist Landscapes. Photo-Documents 1932–1942, New Haven 1997
Jacob A. Riis. Photographer & Citizen, hrsg. von Alexander Alland, Millerton 197
Judith Keller, *Walker Evans. The Getty Museum Collection*, London 1995
William Klein, *New York. Life Is Good and Good for You in New York*, Genf 1956
William Klein, hrsg. von Christian Caujolle, Paris 1985
John Leongard, *Life. Classic Photographs. A personal Interpretation*, Boston [u. a.] 1988
Jorge Lewinski, *The Camera at War. A History of War Photography from 1848 to the Present Day*, London 1978
Danny Lyon, *The Bikeriders*, San Francisco 2003
Magnum Stories, hrsg. von Chris Boot, London 2004
William Manchester, *Zeitblende. Fünf Jahrzehnte Magnum-Photographie* (Ausst.-Kat.), München 1989
Martin Parr, Berlin 2007
Martin Parr, *Autoportrait*, Stockport 2000
Martin Parr, *Common Sense*, Stockport 1999
Martin Parr und Gerry Badger, *The Photobook. A History. Volume 1*, London 2004
Don McCullin, *Is Anyone Taking Any Notice*, Cambridge 1973
Picture Post 1938–50, hrsg. von Tom Hopkinson, London 1984
Sebastião Salgado, *Arbeiter. Zur Archäologie des Industriezeitalters*, Frankfurt/Main 1993
Weegee, *Naked City*, New York 1945

Bildreihen

Bernd und Hilla Becher, *Typologien industrieller Bauten* (Ausst.-Kat.), München 2003
Elliott Erwitt, *Elliott Erwitt – Snaps*, London 2001
Lartigue. Album of a Century (Ausst.-Kat.), hrsg. von Martine d'Astier, Quentin Bajac und Alain Sayag, London 2004
Duane Michals, *Sequences* (Ausst.-Kat.), New York 1970

Werbung und Propaganda

[Anonymus], *Mao Tsetung. A Selection of Photographs*, [Peking?] 1978
David King, *The Commissar Vanishes. The Falsification of Photographs and Art in Stalin's Russia*, New York 1999
Barbara Kruger, *Love for Sale. The Words and Pictures of Barbara Kruger*, New York 1990

Bildmanipulation

Dawn Ades, *Photomontage*, London 1976
David Evans, *John Heartfield. AIZ – Arbeiter-Illustrierte-Zeitung. Volksillustrierte 1930–38,* New York 1992
David Evans, *Photomontage. A Political Weapon*, London 1986

MOTIV UND MEDIUM

Jon Darius, *Beyond Vision*, Oxford 1984
Harold Evans, *Pictures on a Page*, London 1978
The Invisible World. Sights too Fast, too Slow, too Far, too Small for the Naked Eye to See, London 1981
Fotos, die die Welt bewegten. Das 20. Jahrhundert, hrsg. von Peter Stepan, München 2000

Die Kamera in der Hand des Künstlers

David Hockney – Eine Retrospektive (Ausst.-Kat.), Köln 1988
David Hockney – That's the Way I See It, hrsg. von Nikos Stangos, London 1993
Hockney on Photography. Conversations with Paul Joyce, New York 1998
Julia Margaret Cameron. 19th Century Photographer of Genius (Ausst.-Kat.), London 2003
David McCabe/David Dalton, *A Year in the Life of Andy Warhol*, London 2003
Shirin Neshat (Ausst.-Kat.), hrsg. von Gabriele Mackert, Wien 2000
Aaron Siskind, *Aaron Siskind. Photographs*, New York 1976

Was macht einen großen Fotografen aus?

Dorothea Lange. Photographs of a Lifetime, New York 1982
Hans-Michael Koetzle, *Photo Icons. Die Geschichte hinter den Bildern. 1827–1991*, Köln 2002
Lewis Morley, *Black and White Lies. Self-Exposures: Some Long, Some Short, Some Indecent*, Pymble NSW [u. a.] 1992

Die Verantwortung des Fotografen

Don McCullin, *Unreasonable Behaviour. An Autobiography*, London 1990

Der Schnappschuss

Nobuyoshi Araki, *Araki by Araki. The Photographer's Personal Collection*, New York 2003
Brian Coe/Paul Gates, *Schnappschuß-Photographie. Die ersten hundert Jahre Amateurphotographie*, München 1979
William Eggleston's Guide (Ausst.-Kat.) New York 2002
Nan Goldin. I'll Be Your Mirror, hrsg. von Elisabeth Sussman und David Armstrong, Frankfurt/M. 1998
Jacques-Henri Lartigue, *Jacques-Henri Lartigue*, London 1989
Juergen Teller, hrsg. von Cornel Windlin, Köln 1996
Juergen Teller, *Go-Sees*, Zürich [u. a.] 1999
Wolfgang Tillmans, *If One Thing Matters, Everything Matters* (Ausst.-Kat.), Ostfildern-Ruit 2003
Surface. Contemporary Photographic Practice. hrsg. von Simon Browning, London 1996

Die Kamera – eine Zeitmaschine

Barbara Davatz, *As Time Goes By. Portraits 1982, 1988, 1997*, Zürich [u. a.] 1999
Nicholas Nixon, *The Brown Sisters*, New York 1999

DA IST DIE KAMERA – AN DIE ARBEIT!

The Camera. Life Library of Photography, New York 1970
Walker Evans – Polaroids, Zürich [u. a.] 2002
Nigel Henderson, *Parallel of Life and Art*, London 2001
William Klein, *Close Up*, Heidelberg 1989
Tristan Manco, *Stencil Graffiti*, London 2002
The Polaroid Book. Selections from the Polaroid Collection of Photography, hrsg. von Steve Crist, Köln [u. a.] 2008
Andrej Tarkowskij, *Lichtbilder. [Die Polaroids]*, hrsg. von Giovanni Chiaramonte, München 2002
Garry Winogrand, *The Animals*, New York 1969

EINE KARRIERE ALS FOTOGRAF

Gerry Badger, *Collecting Photography*, London 2003
Daniel Meadows, *Set Pieces. Being about Film Stills Mostly*, London 1993.

NACHLADEN

Gilles Mora, *Photospeak. A Guide to the Ideas, Movements and Techniques of Photography. 1839 to the Present*, New York 1998

Websites von Fotografen und Künstlern

Ansel Adams
anseladams.com

Nobuyoshi Araki
arakinobuyoshi.com

Diane Arbus
masters-of-photography.com

Eugène Atget
masters-of-photography.com

Richard Avedon
richardavedon.com

Roger Ballen
rogerballen.com

Banksy
banksy.co.uk

Peter Beard
peterbeard.com

Bill Brandt
billbrandt.com

Brassaï
masters-of-photography.com

Edward Burtynsky
edwardburtynsky.com

Julia Margaret Cameron
masters-of-photography.com

Robert Capa
magnumphotos.com

Henri Cartier-Bresson
henricartierbresson.org

Bruce Davidson
magnumphotos.com

Robert Doisneau
masters-of-photography.com

Nikos Economopoulos
magnumphotos.com

William Eggleston
masters-of-photography.com

Elliott Erwitt
elliotterwitt.com

Walker Evans
masters-of-photography.com

Lee Friedlander
masters-of-photography.com

Ernst Haas
ernst-haas.com

Horst P. Horst
horstphorst.com

Peter Kennard
peterkennard.com

William Klein
masters-of-photography.com

Nick Knight
showstudio.com

David LaChapelle
davidlachapelle.com

Dorothea Lange
masters-of-photography.com

Jacques-Henri Lartigue
lartigue.org

Richard Long
richardlong.org

Robert Mapplethorpe
mapplethorpe.org

Steve McCurry
stevemccurry.com

Vik Muniz
vikmuniz.net

Eadweard Muybridge
masters-of-photography.com

Martin Parr
martinparr.com

Irving Penn
masters-of-photography.com

Sebastião Salgado
masters-of-photography.com

Cindy Sherman
masters-of-photography.com

Aaron Siskind
aaronsiskind.org

Chris Steele-Perkins
magnumphotos.com

Paul Strand
masters-of-photography.com

Oliviero Toscani
toscani.com

Andy Warhol
warhol.org

Bruce Weber
bruceweber.com

Weegee
masters-of-photography.com

Edward Weston
masters-of-photography.com

Minor White
masters-of-photography.com

Donovan Wylie
magnumphotos.com

Informative Websites

Adbusters
adbusters.org

Lomographische Gesellschaft
lomography.com
lomo.de

Fotografie und Fotorecht
dacs.org.uk
fotorecht.de

Lochkameras
pinhole.com

Fotoschulen und Universitäten
foto-studium.de

Register

Fett gesetzte Seitenangaben beziehen sich auf Abbildungen, kursive verweisen auf Begriffsdefinitionen.

L

M

N

O

P

R

S

T

U

V

W

X

Y

Z

Bildnachweis

14 Mit freundlicher Genehmigung von Giles Revell
20/21 Hiroshi Sugimoto / mit freundlicher Genehmigung der Sonnabend Gallery
29 Alastair Thain
33 Mit freundlicher Genehmigung von Rineke Dijkstra
34 Philippe Halsman / Magnum Photos
37 Eugene O. Goldbeck / Harry Ransom Humanities Research Center, The University of Texas, Austin
38 Mit freundlicher Genehmigung von Yasumasa Morimura und Luhring Augustine, New York
40 Mit freundlicher Genehmigung von Pierre et Gilles / Morisot Inc
41 Mit freundlicher Genehmigung von Peter Beard / Art + Commerce
43 Heroische Selbstporträts: Jessica Finaurini, Anke Delke, Anya Bachtin, Hannah Werning, Jessica Lundgren, David Andréas, Danielle Joyce, Georgina Bennet, Kira Trowell, Matt Hyde, Tina Röeder, David Tanguy & Alex Czinczel, Emma Lewis, Jessica Antwi-Boasiako, Helen Yeung
45 Ernst Haas / Getty Images
47 Mit freundlicher Genehmigung von William Klein / Howard Greenberg, New York
57 Edward Weston / Collection Center for Creative Photography ©1981 Center for Creative Photography, Arizona Board of Regents
59 Mit freundlicher Genehmigung von Manabu Yamanaka
62 © Robert DOISNEAU/RAPHO
67 Mit freundlicher Genehmigung von Elaine Constantine
68 Mit freundlicher Genehmigung von Juergen Teller / Katy Baggott Ltd
70 Foto Nick Knight 1995, mit freundlicher Genehmigung der britischen *Vogue*
71 Mit freundlicher Genehmigung von David LaChapelle / Creative Exchange Agency, New York
80 Martin Parr / Magnum Photos
82 Chris Steele-Perkins / Magnum Photos
85 Cecil Beaton mit Genehmigung der Trustees of the Imperial War Museum, London
90 Elliott Erwitt / Magnum Photos
91 © Duane Michals, mit freundlicher Genehmigung von Pace / MacGill Gallery, New York
95 Mit freundlicher Genehmigung von Nick Georghiou
97 Mit freundlicher Genehmigung von Fabrica / Tetsuya Tamano
106 Mit freundlicher Genehmigung von Fabrica / Konzept Guillermo Tragant, Foto Enrico Moro
109 Mit freundlicher Genehmigung von Fabian Monheim, Simon McCann und Gary Wallis
110 Mit freundlicher Genehmigung von Ted Croner / Howard Greenberg, New York
111 Mit freundlicher Genehmigung von Lee Friedlander / Fraenkel Gallery, San Francisco
113 Mit freundlicher Genehmigung von Joana Niemeyer
120 Mit freundlicher Genehmigung von Bohnchang Koo
124 © 1986 David Hockney / The J. Paul Getty Museum, Los Angeles
125 Mit freundlicher Genehmigung von Shirin Neshat / Barbara Gladstone Gallery, New York
131 © Harold & Esther Edgerton Foundation, 2005, mit freundlicher Genehmigung von Palm Press, Inc.
132 Mit freundlicher Genehmigung von „The Children of Erwin Blumenfeld" / Art + Commerce
171 Bill Brandt © Bill Brandt Archive
173 © Norman Parkinson, mit freundlicher Genehmigung von Fiona Cowan
180 Thomas Hoepker / Magnum Photos
181 Weegee / Getty Images
183 Garry Winogrand ©1984 Nachlass von Garry Winogrand, Collection Center for Creative Photography, University of Arizona
186 Weegee / Getty Images
187 © Nachlass von Helmut Newton / Maconochie Photography
198 Gjon Mili / Getty Images
202 Mit freundlicher Genehmigung von Fabrica / Tetsuya Tamano
206 Mit freundlicher Genehmigung von Nancy Wilson-Pajic
208 Mit freundlicher Genehmigung von MGM / Ronald Grant Archive

Alle nicht aufgeführten Diagramme wurden von den Grafikern erstellt.

Dank

Mein Dank gilt Jo Lightfoot und Robert Shore von Laurence King, die dieses Buch in Auftrag gegeben und veröffentlicht haben, Dani Salvadori und Thembi Morris-Hale von Central St Martins, Claire Gouldstone für ihre Hilfe bei der Zusammenstellung der Fotos und Josh Leigh für die Gestaltung.

Ebenfalls danken möchte ich folgenden Personen für ihren wertvollen Beitrag zu diesem Buch: Tim Marshall, Lee Widdows, Stuart Selner, Dan Weston, Michael Hoppen, Nicky Michelin, Andy Watson, Steve Harries, Mel Bles, Dave Hendley, Gary Wallis, Alec East, Dick Jewell, Vincent Lee, Jo Jackson, Katrin Geilhausen, Martyn Goodacre, Blaise Douglas, Brendan Walker, Jamie Dobson, Dominic Dyson, Natalie Loher, Joana Niemeyer, Kitty McCorry, Neil Onslow, Hannah Stanton, Vanessa Marisak, Bugsy Steel, Tetsuya Tamano, Antti Ohrling, Michael Golembewski, Stefano Beggiato, Enrico Moro, Vicky Woolhead, Bohnchang Koo, Guy Patterson, Pete Guest, Susie Dawson, Makin Ma, Tina Maas, Damien Laurent, Fabian Monheim, Kjell Ekhorn, Sandro Sodano, Clive Challis, Gary Welch, Kim von Coels, Nicole Rogers, Daniel Alexander, Hayley Leonard, Will Brook, Johnnie Shand Kydd, Digby Gall, Isobel Brown, Marcio Kelman, Simon McCann, Paula Indrontino, Patrick Meny, Brendan Walker, Andrea Blood und Zoe Sinclair.

Mein Dank für die gute Zusammenarbeit und Unterstützung gebührt auch folgenden Personen: Geoff Fowle, Andrew Whittle, John Myers, Omar Vulpinari, Francis Glibbery, Mana Mohebbi, Andy Haslam, Phil Baines, Rupert Blanchard, Jonathan Barratt, Franco Di Lauro, Chris Stevens, Nikolai Kolstad, Joe Boylan, Sue Walker, Alfie Walker, Mac McAulay, David Jones, Richard Doust, Ian Hessenberg, Oscar Gush, Stuart Taylor, Alan Latchley, Chris Ekins, Andy Vowles, Lisa Comerford, Martin Scully, Diego Paccagnella, Jim Powell, Angela De Marco, Tim Douglas, Hugh McDermott, Joe Cox, Valroy Simpson, Georgina Matthews, Pat Dibben, Hiroshi Kariya, The Riffs, Kuka, Nigel Langford, Ray Barker, Tyrone Messiah, Michele Jannuzzi, Muz Mehmet, Douglas Bevans, Red Saunders, Ian Gordon, Margaret Gordon, Stuart Tidley, John Edwards, Mike Sossick, Margaux Ruiz De Luzuriaga, Jimmy Turrell, Kyung Park, Julien Queyrane, Alex Shields und Arthur Miller.

Dieses Buch wurde mit einem Forschungsstipendium der University of the Arts, London, gefördert.

Widmung

Für E. J., D., O. und D. R.